INHALT

AtV

Egon Erwin Kisch wurde 1885 in Prag als Sohn eines Tuchhändlers geboren. Er absolvierte die deutsche Staatsrealschule und nahm an der Technischen Hochschule der Stadt ein Studium auf. Seine journalistische Laufbahn begann beim „Prager Tageblatt". 1905/06 besuchte er eine Journalistenschule in Berlin. Bis 1913 schrieb Kisch als Lokalreporter für die deutschsprachige Prager Tageszeitung „Bohemia". Im ersten Weltkrieg war er Soldat der k.u.k.-Armee, 1917 Offizier im Wiener Kriegspressequartier. Er wurde Mitglied des Arbeiter- und Soldatenrates und 1918 erster Kommandant der Roten Garden von Wien. 1921 siedelte er nach Berlin über. Große Reportagereisen führten Kisch in die Sowjetunion, die USA, nach China und Australien. Nach dem Reichstagsbrand verschleppte man Kisch in die Festung Spandau, er wurde jedoch bald nach Prag abgeschoben. Stationen seines Exils: von 1933 bis 1939 Paris, 1937/38 in Spanien, nach Kriegsbeginn USA, seit Ende 1940 Mexiko. Im Frühjahr 1946 kehrte Kisch nach Prag zurück, wo er 1948 starb.

Hauptwerke: Der rasende Reporter; Zaren, Popen, Bolschewiken; Paradies Amerika; Prager Pitaval; Marktplatz der Sensationen; Entdeckungen in Mexiko.

Im Oktober 1934 verweigerten die australischen Behörden Egon Erwin Kisch die Einreise. Er war als Delegierter zum Antikriegskongreß in Melbourne gemeldet. Kisch blieb als Gefangener an Bord des Schiffes, das mit ihm einen Hafen nach dem anderen anfährt. Jedesmal werden es mehr Journalisten, Sympathisanten und Neugierige, die „unserem Mann" einen wirkungsvollen Auftritt verschaffen. Die Affäre spitzt sich zu, als Kisch mit einem Sprung über die Reeling den ihm verbotenen Boden des australischen Gemeinwesens betritt. An Krücken humpelt er zu seinen Gerichtsverhandlungen, deren Kuriosität kaum zu überbieten ist, zu Versammlungen der Gewerkschaften und zu Recherchen.

Mit Leidenschaft, Sachlichkeit und Witz hat Egon Erwin Kisch seine Erlebnisse und Entdeckungen auf dem fünften Kontinent beschrieben.

„Landung in Australien" erschien erstmals 1937.

Egon Erwin Kisch

Landung in Australien

Aufbau Taschenbuch Verlag

ISBN 3-7466-5050-x

1. Auflage 1993
Aufbau Taschenbuch Verlag Berlin

Reihengestaltung Sabine Müller, FAB Verlag, Berlin
Einbandgestaltung Frank Odening, FAB Verlag, Berlin
Druck Elsnerdruck, Berlin
Printed in Germany

WEG ZU DEN ANTIPODEN

Ein Königsmord hat sich begeben, Alexander II. von Serbien, vorgestern als Gast nach Frankreich gekommen, wurde bei seinem Einzug in Marseille erschossen. Nicht nur er; der französische Außenminister Barthou saß neben dem König im Wagen und fand gleichfalls den Tod.

Der Attentäter wurde niedergesäbelt, in seinen Taschen war ein tschechoslowakischer Paß. Auch Komplicen, die mit ihm im Hotel gewohnt, hatten dort tschechoslowakische Pässe vorgewiesen.

Razzien auf Tschechoslowaken und Jugoslawen; vierhundertachtzehn wurden allein in Marseille der Präfektur vorgeführt, in Paris mehr als dreihundert. Die Ausfahrtstationen der französischen Bahnlinien und die Häfen stehen unter Bewachung ...

Hell lodert die Aufregung überall in der Welt, insbesondere in Frankreich, insbesondere in Marseille. Die Stelle der Tat ist umlagert; im Mittelpunkt des Menschenkreises wird jeder gegen jeden gedrängt, die dahinter heben sich auf die Zehenspitzen, um eine Spur der Blutlache zu sehen: Königsblut, Ministerblut, Attentäterblut.

Plakate der „Action Française“ und anderer faschistischer Verbände schreien, die Fremden seien schuld, sie, die unwillkommenen Gäste Frankreichs, meucheln die willkommenen; nieder mit den roten Vaterlandsverrätern, den Agenten Moskaus, hinaus mit den Fremden.

Plakate der Antifaschisten antworten: der Wagen des Königs war ungeschützt, wie vor drei Jahren der Präsident der Republik ungeschützt geblieben war. Damals beschuldigte man die Bolschewiken, Doumer umgebracht zu haben. Daß der Täter ein Weißgardist war und sich an Frankreich rächen wollte, weil es keinen Krieg gegen das rote Rußland führe, änderte nichts am einsetzenden Terror gegen links. So soll es diesmal wieder gemacht werden.

Überall stehen diskutierende, streitende Gruppen, vor jenen Häusern, in die Polizisten eingedrungen sind, wartet die Menge.

Durch dieses entfesselte, argwöhnische Marseille geht ein Mann, und ihm ist keineswegs sehr wohl zumute. Er geht vom Bahnhof zum Kai der P. and O. Company, er möchte heute aus Frankreich abreisen, sein Paß ist ein tschechoslowakischer; er ist weder Monarchist noch Faschist; im Gegenteil. Wird das Schiff ihn aufnehmen, wird es?

Das Schiff nimmt ihn auf. Um Mitternacht soll es in See stechen, aber das steht nur auf dem Fahrplan. Wenn sich die Taue lösen, schlafen auch die abergläubischsten Passagiere und merken nicht, daß sie an einem Dreizehnten abgefahren sind, am Samstag, dem 13. Oktober 1934, um fünf Uhr morgens.

Dem Mann mit dem tschechoslowakischen Paß ist das gleichgültig; er freut sich, von Europa abzuschwimmen. Jetzt weiß er eine lange Pause vor sich, ehe er in eine neue Gefahrenzone geraten wird.

Nichts liegt uns ferner, als den Leser auf falsche Fährte führen zu wollen. Deshalb sagen wir gleich, daß der Mann nichts zu tun hat mit dem Attentat auf König Alexander und Minister Barthou.

Dennoch haben wir uns mehr mit dem Mann zu befassen, als uns und ihm lieb ist. Uns: das sind wir, die wir dieses Buch schreiben, der Mann ist dieses Buches Held. „Der Held" – da ist das Wort, das wir gerne vermieden hätten, obwohl wir es natürlich nicht im Sinn von Heros, sondern im Sinn von „literarische Figur" verwenden. Wir wollen den Mann, mit dem wir uns zu befassen haben, in keinem Sinn als Helden hinstellen, aber wir können, so angenehm das wäre, ihn im gegebenen Fall nicht zum Gegenteil stempeln. Denn er steht uns nahe, landsmannschaftlich, gesinnungsmäßig und so weiter; wir solidarisieren, ja, wir identifizieren uns geradezu mit ihm.

Auch dem Mann ist es, wie gesagt, unangenehm, daß man sich mit ihm befaßt. Wenn er es selbst tun, die ihm vorläufig noch bevorstehenden Abenteuer nachstehend beschreiben müßte, er würde sicherlich ebenso tief Atem holen, einen genauso langen Anlauf nehmen, wie wir es getan.

Da ist die „Strathaird", ein Electric Liner von 22 500 Tonnen;

ein großes Schiff; ein noch größeres wäre nicht mehr imstande, den Suezkanal zu passieren.

„Was bedeutet der Name ‚Strathaird'?" fragt unser Mann einen Kabinennachbar. Der ist zufällig ein Schotte (der Zufall ist nicht groß, da fast alle Passagiere entweder Schotten oder Irländer oder Engländer sind) und antwortet, Strathaird sei eine Landschaft in Schottland, eine andere sei Strathnaver, und nach dieser heiße das Schwesterschiff. „In Strathnaver und in Strathaird wird noch Gälisch gesprochen, eine Abart des Keltischen, aber nicht die gleiche wie in Irland, sondern Scotch-Gaelic . . ."

„Sehr interessant", sagt unser Mann, denn ihn interessiert Keltisch nicht im geringsten, geschweige denn die Tatsache, daß es Unterabteilungen davon gibt.

Wir allerdings, wir reiben uns die Hände . . . Warte nur, mein Junge, du wirst dich noch für Schottisch-Gälisch interessieren! Aber wir wollen künftige Ereignisse nicht vorwegnehmen, ebensowenig dem Leser etwas verraten wie dem Mann, der gelangweilt zu seinem Nachbarn sagt: „Sehr interessant."

In sehr weite Fernen fährt die „Strathaird", zum südöstlichen Viertel des Globus. Demgemäß „spielt sie alle Stückln", wie man in Österreich sagt, und die Passagiere sind erfahren in der Kunst des Weltreisens.

Sie betreiben Decktennis, als hätten sie auch zu Hause nie etwas anderes betrieben, sie bereiten ein Turnier vor, wählen ein Sportkomitee, schwingen die Golfschläger, daß es eine Art hat, sie schleudern die Seilringe (Deck-Coyts) aus zehn Meter Entfernung just in das Ziel, sie sind smarte Kenner aller Whisky-Sorten, sie schöpfen Eimer mit Süßwasser für das Abspülen nach dem Wannenbad im Salzwasser. Am Abend wird getanzt. Nach jedem Tanz packen die Smokings einander bei der Hand, schließen einen Kreis und drehen sich zum Klang einer immer gleichen Melodie, ringelringelreihe, um den inneren Kreis der Abendtoiletten so lange, bis das Tradararattattatta abbricht; dann bleiben alle jäh stehen, und jeder Smoking hat mit der Abendtoilette, vor der er sich befindet, den nächsten Tanz zu tanzen.

Man unterhält sich über Kalkutta, Bombay, Peschawar, Lahore oder Ceylon. Man hat gemeinsame Bekannte dort, fragt und informiert einander. Zufällige Gesprächspartner entpuppen sich als

Landsleute aus der gleichen englischen Grafschaft und erfahren nun, daß sie im gleichen Distrikt in Indien lebten und es nicht wußten. Erst jetzt lernen sie einander kennen, welch eine Wendung durch Gottes Fügung, „let's have a drink" – darauf trinken wir eins.

Sogar der griechische Schuster, der nur griechisch spricht und nur griechische Buchstaben, also kein englisches Wort lesen kann, sogar er ist britischer Untertan, denn er stammt aus Malta. Ausländer sind nur vier Italiener, die Meister im Shuffleboard-Sport; einer von ihnen trägt manchmal ein Schwarzhemd.

Kein britischer Untertan ist ferner der Mann, mit dem wir uns zu befassen haben. Niemals ergibt sich aus einem Gespräch, daß er ein Landsmann der Gesprächspartner ist, welcher Grafschaft auch immer sie entsprossen sein mögen; er hat keine gemeinsamen Bekannten mit ihnen, weder im Pandschab noch in Bombay, weder in Haiderabad noch in Kalkutta; er ist ein blutiger Anfänger im Decktennis, im Shuffleboard, im Schiffsgolf, im Kricket, er trinkt keinen Whisky, denn er hat kein Geld, und er besitzt, shocking, nicht einmal einen Smoking, lebt also als Außenseiter der Gesellschaft.

Nur die Kinder sind mit ihm befreundet, weil er Taschenspielerkünste kann, und ein fünfjähriger Freund kommt zu ihm. „Du, erzähl mir manches über den Tod des serbischen Königs, bitte." – „Was? Wie kommst du darauf?" – „Als du vorhin vorbeigegangen bist, hat Papa zu Mama gesagt, der könnte sicherlich manches über den Tod des serbischen Königs erzählen."

Unseren Mann stören die Ansichten der Mitpassagiere wenig, er ist froh, an Bord zu sein und nach Australien zu fahren. (Er fährt nämlich nach Australien.)

Vorläufig ist er noch weit, sehr weit vom Ziel. Die „Strathaird" passiert eben die Bonifatiusstraße, rechter Hand liegt Sardinien, linker Hand Korsika. Mitten im Wege steht ein rauchendes Zelt. Näher kommend, erkennen die Passagiere, daß es ein Berg ist; ungeniert pafft er, der Stromboli, ihnen den Rauch ins Gesicht. Im Felseninnern wirken der Gott der Winde und der Gott des Feuers. Altrenommiert, die Firma „Aeolus & Vulkan", aber längst nicht mehr konkurrenzfähig; in einer einzigen Halle jedes neuzeitlichen Rüstungsbetriebes wäre der ganze Stromboli bequem unterzubringen, und die modernen Giftgasanlagen und Winderhitzer würden die Aeolusschen Blasebälge davonpusten wie nichts. Immerhin raucht der Schornstein noch, und die Passagiere knipsen die überholte Waffenschmiede.

Dagegen läßt man die Liparischen Inseln links liegen, sie erwecken keinerlei Interesse; dort hält Mussolini seit zehn Jahren Sozialisten und Antifaschisten gefangen.

Noch vor vier Tagen saß unser Mann in einem oktoberkalten Nest an Frankreichs Nordküste und schrieb über etwas aus dem achtzehnten Jahrhundert. Da traf ein Telegramm von Henri Barbusse ein: „Könnten Sie sofort nach Paris kommen?" In Paris wurde unser Mann gefragt, ob er als Delegierter des Weltkomitees gegen Krieg und Faschismus zum Antikriegskongreß nach Melbourne fahren wolle.

„Wann?"

„Morgen abend nach Marseille, übermorgen von Marseille nach Australien, aber nicht mit dem Schiff bis Melbourne, da kämen Sie zu spät zum Kongreß. Von Fremantle, dem ersten australischen Hafen, nehmen Sie die Bahn nach Melbourne, das kostet zwölf englische Pfund; die Schiffskarte macht etwa achtzig Pfund, Touristenkarte hin und zurück. Reisegeld haben die Australier telegrafisch geschickt, allerdings . . ."

„Allerdings?"

„Allerdings haben sie's nach England gekabelt, weil das billiger ist, und London wird es mit uns verrechnen. Wir sollen es vorläufig auslegen."

„Könnt ihr es auslegen?"

„Wir müssen, die Australier haben doch das Geld geschickt. Morgen kriegen Sie von uns das Geld."

„Ja, aber . . ."

„Aber? Was: aber? Wollen Sie nicht fahren? Wir haben gedacht, Sie werden begeistert sein."

„Bin ich auch. Aber die Sache hat einen Haken: ich bin aus England ausgewiesen."

„Steht das in Ihrem Paß?"

„Es stand darin, jetzt habe ich einen neuen."

„Nun, wunderbar, da können Sie also fahren."

„Soll ich nicht vorher beim britischen Konsulat fragen, ob keine Schwierigkeiten bestehen? Es wäre doch sinnlos, eine Weltreise zu machen und dann nicht landen zu dürfen."

„Sie werden schon landen."

„Wär's nicht sicherer, statt meiner ein unbeschriebenes Blatt zu schicken?"

„Unsinn! Einen anderen stoppt man auch. Delegierte zu Kongressen gegen Krieg und Faschismus stoppt man immer. Dafür sorgen schon die Hitlerdiplomaten im betreffenden Land."

„Also werde ich doppelt gestoppt?"

„Vielleicht. Aber *Sie* kommen hinein."

„Gott erhalte euch euren Glauben."

„Gut. Und jetzt fahren Sie zu Cook."

Im Reisebüro wußte man nicht, ob noch ein Platz auf der „Strathaird" verfügbar sei – „Jahrhundertfeier in Melbourne, Sie wissen?"

Natürlich wisse er das, antwortete unser Mann, selbstverständlich, of course, naturellement, deshalb wolle er ja nach Australien, gerade wegen der Jahrhundertfeier.

Cook fragte telefonisch in Marseille an, es war noch ein Platz in einer vierbettigen Kabine frei, Preis für Hin- und Rückfahrt 78 Pfund Sterling. „Sollen wir den reservieren?"

„Ja."

„Das ist gleich zu bezahlen."

Unser Mann hat, rein zufällig, nicht soviel Geld bei sich.

„Eine Anzahlung genügt."

Unser Mann hat, rein zufällig, überhaupt kein Geld bei sich. Ob es nicht bis morgen Zeit habe?

„Ohne Garantie."

Unser Mann erkundigt sich, ob ein Einreisevisum erforderlich sei. Nein, erfährt er, Tschechoslowaken mit Rückfahrkarte brauchen kein Visum.

Demnach fehlt nur noch das Fahrgeld. 175 Francs bis Marseille, 78 Pfund Sterling bis zur australischen Westspitze, 12 Pfund von dort nach Melbourne. Und etwas für Wegzehrung, schließlich dauert allein die Fahrt fünf Wochen – und wenn man nicht von Bord dürfte, würde die Rückreise nicht wieder fünf Wochen dauern, sondern zehn: das Schiff dreht ja nicht sofort um, es segelt über Australien hinaus nach Neuseeland. Vorsorglich hat unser Mann im Fahrplan nachgeschlagen; erst am 4. Januar des nächsten Jahres kehrt die „Strathaird" nach Marseille zurück.

Genau 22 französische Francs und 25 Centimes hat unser Mann im Barvermögen. Daß das nicht für eine Reise zu den Antipoden reicht, ist klar. Aber morgen wird er Geld bekommen.

Morgen ist ein schlimmer Tag. Mord, Königsmord, Ministermord, schreien die Zeitungsköpfe, Mord, Mord, murmelt man überall. Fort mit den Métèques, den Ausländern!

Unser Mann muß, bevor er am nächsten Tag sein Hotel verläßt, zwei wißbegierigen Besuchern darüber Rede stehen, warum er in Frankreich lebe, wieso er Tschechoslowake sei, ob er Jugoslawen kenne oder sonst verdächtige Leute. Solche kennt er nicht; er darf gehen. In Paris ist die Hölle los, Haussuchungen, Razzien auf politische Emigranten, Verhaftungen, Interventionen.

Im Komitee erfährt er, man habe bisher nur einen Teil des Reisegeldes aufgetrieben, nur so viel, wie für Paris bis Marseille und die Schiffskarte reicht, nicht auch für die Eisenbahnfahrt quer über das australische Festland. „Aber das bringt Ihnen heute abend Freund Ulrich auf die Bahn."

Bei Cook hört unser Mann, es sei doch ein Visum nötig. „Unerhört", schreit er, „wußten Sie das gestern nicht?" So lange macht er Krach, bis man an das britische Generalkonsulat telefoniert: „Hallo, hier spricht Cook, hören Sie, bitte, bei uns ist ein Gentleman, der infolge unseres Irrtums sein Visum für Australien nicht angefordert hat; wollen Sie es ihm, bitte, gleich ausstellen, er fährt heut abend zum Centenary."

Der Generalkonsul hat die schwarze Liste – unser Mann kennt sie gut – links am Schreibtisch liegen. „Sie sind der Gentleman, der uns von Cook avisiert ist?" sagt er und drückt einen Stempel in den Paß.

British Passport Control
Paris
Date: 11. 10. 1934, Nr. 51 853
Visa for Australia
gez.: C. E. Collinson

Good for any numbers of journeys within
twelve months from date hereof.
Temporary visitor.

Noch ein Weg zur Bibliothek der Geographischen Gesellschaft und Rückweg mit einem Koffer voll Bücher. Solange unser Mann fern von Frankreich weilen wird, gibt es dort keine Literatur über Australien.

Abends, Gare de Lyon. Freund Ulrich, der das Geld bringen soll, ist noch nicht da. Zum Glück ist jemand mitgekommen, der kann tausend Francs leihen, das wird für die Strecke Fremantle-Melbourne reichen.

Freund Ulrich ist nicht zu sehen, und unser Mann sagt: „Dabei ist er doch sonst so zuverlässig. Zum erstenmal läßt er mich im Stich."

Freund Ulrich aber war da, er wußte nicht, daß zwei Züge ungefähr gleichzeitig marseillewärts abgehen, wartete auf dem anderen Bahnsteig und meldete am nächsten Tag dem Komitee, daß der Delegierte nicht abgefahren sei. „Dabei ist er doch sonst so zuverlässig. Zum erstenmal läßt er uns im Stich."

Freund Ulrich erfährt bald, daß er im Irrtum war. Unser Mann wird das noch lange nicht erfahren.

Weil unser Mann als letzter an Bord kam, steht sein Name nicht auf der Passagierliste. Alle anderen, die das gesellschaftliche Leben und Treiben an Bord bewerkstelligen, sind auf der Liste gedruckt, samt Herkunft und Reiseziel. Besagtes gesellschaftliches Leben und Treiben beginnt allmorgendlich mit einem Sturm auf die Rasierbecken im Waschraum und auf die Badewannen.

Die Damen huschen den Weg zum Waschraum mehr oder minder rasch, je nachdem, ob es ihnen wichtiger ist, das noch ungeschminkte, ungepuderte Gesicht zu verbergen oder den grellseidenen Kimono zu zeigen. Beim Breakfast sind sie von anderen Gesichtspunkten aus gedreßt, die mit behaarten oder dicken Beinen ziehen die langen, geschweiften Strandhosen den Shorts vor. Wer von den Damen über die Springschnur hopst, tut es, um sich niedlich zu machen oder aus Entfettungsgründen, die Sittsamen stricken Jumper oder besticken Seide. Kreuzworträtsel werden zu lösen versucht, und wenn jemand mit dem Bleistift in der Hand auf unseren Mann zukommt, so antwortet er „Heine", bevor noch die Frage gestellt wird, welcher deutsche Dichter fünf Buchstaben hat. Würdige Männer und Frauen studieren unausgesetzt die Schiffsliste, obwohl an der Schiffsliste nur eines interessant ist, nämlich: was daran interessant sein kann. Aber vielleicht ist es Neid, wenn unser Mann so denkt, Neid, weil er, der Letztangekommene, als einziger nicht darin steht.

Die Stiefelspitze der Apenninen-Halbinsel glänzt frisch gewichst, und der Fußball Sizilien, in den sie kickt, ist blankes Chromleder. Zwischen Ball und Tritt schlüpft das Schiff hindurch wie zwischen Scylla und Charybdis, ein abgebrauchter Vergleich, fürwahr, aber er ist an seinem Ort, denn hier war es, wo die Ungetüme Scylla und Charybdis einander gegenüber wohnten.

Am Sonntagabend singt man im Salon fromme Choräle. „Fein", rufen die Damen entzückt, wenn der Geistliche ankündigt, welches Lied jetzt angestimmt wird. Nachher wackeln sie zum Klang der Jazzband, der durch drahtlose Kanäle aus der ersten Klasse herabfließt. Welche Metamorphosen, beim Gottesdienst waren sie dezent gekleidet, tagsüber bewegten sie sich im klaffenden Schlafrock, im Schwimmkostüm oder in Hosen, und nachts verbirgt das lange Abendkleid züchtig selbst den Knöchel des Beins, das jeder aufs Haar genau kennt.

1204 Passagiere sind an Bord, darunter der Erzbischof von Bombay, der Lordbischof von Madras, viele Nonnen, die nach Indien gehen, und etliche hohe Offiziere. Es wäre respektlos, zu glauben, daß die etwa Tourist-Class fahren. (Die Nonnen allerdings.) Die Bemannung des Schiffs besteht aus 400 Mann. Offiziere und Matrosen sind englisch, englisch die Stewards, englisch die Pagen, sechzehn- bis achtzehnjährige, ausgesucht hübsche Burschen; ihre weißen Glacéhandschuhe sind wie Epauletten unter die Achselschnur geschoben. Unsagbar ausgemergelte Inder, den Pugree, eine turbanartige umbänderte Schachtel, auf dem Kopf, den Leib gürtet eine violette Schärpe, waschen und schrubben barfüßig, ohne Pause, das Deck.

Die Radio-News melden: Poincaré gestorben; die Kroaten haben ihre Opposition an der Bahre König Alexanders liquidiert;

Widerstand der protestantischen Kirche gegen Reichsbischof Müller.

Am Kai von Port Said legt die „Strathaird" an. Port Said, Wechselbalg dreier Kontinente! Bettel, Kinderprostitution, Handel mit Kantharidin und anderen in Europa verbotenen Reizmitteln, Münzentaucher, Gaukler. Durch den Suezkanal fährt die „Strathaird" aus Europa hinaus.

Nächste Haltestelle: Port Sudan. Beinschwarzes Afrika trotz der modernen Lagerhäuser und der britischen Soldaten, deren Zahl in den letzten Wochen vervielfacht ist, weil man einen Überfall Mussolinis auf Abessinien befürchtet. Ist doch das Rote Meer der flüssige Balkan – Kriegsherd seit Olims Zeiten. Rotes Seegras schwimmt darin, davon hat das Gewässer seinen Namen, nicht von dem Blut, das hier so oft geflossen.

Nachmittags ein Kinderfest an Bord. Die Kleinen, herausstaffiert, trippeln mit scheuen und ängstlichen Blicken die Polonäse. Den Preis für das originellste Kostüm bekommt ein Junge in blauem, absichtlich zerrissenem Leinenkittel, benäht mit leeren Streichholzschachteln und abgebrannten Streichhölzern, die sich nicht mehr streichen (strike) lassen. Um den Hals trägt er die Inschrift: „Britischer Arbeitsmann. Kein Streik mehr!" Mußte ihm für diese verheißungsvolle Devise nicht der erste Preis zuerkannt werden?

Ohne Schatten, ohne Wasser, ohne Pflanze, ohne Farbe ist Aden, in und auf eines Vulkans Krater hingestellt als Grabmal für Kain. Die Glut dringt aus den Gassen der Stadt über die Wellen des Meers, ist stärker als der kühle Atem des Wassers.

Beklemmend heiß ist es auf dem Promenadendeck der „Strathaird"; da unten aber, vier Stockwerke tiefer, wo die Passagiere der Tourist-Class zu viert in einem Kabinenloch hausen, da unten aber ist's fürchterlich. Deshalb schleichen die Tourists die ganze Nacht, ein Kissen unter dem Arm, in höheren Regionen umher; sie versuchen bald im Liegestuhl auf Deck, bald auf dem Parkett des Rauchzimmers zu schlafen, meist vergeblich. Man verträgt keine Decke, nicht einmal eine leinene.

Schon der Badeanzug, den man tagsüber trägt, ist wie ein Pelzmantel. Nichtsdestoweniger schwitzt man über der Frage, was man zum Kostümball der Erwachsenen anziehen soll. Eine ältere

Dame erscheint in altrussischem Nationalkostüm, auf ihr zu Zöpfen geflochtenes Haar drückt eine Brautkrone, Perlen umringen den Stromlinienbusen. Schwer hat sie zu schleppen, aber ohne Schweiß kein Preis, und sie kriegt ihn, dieweil das Orchester „Wolga, Wolga" seufzt.

Auch die Betätigung der Liebe wird von der Hitze nicht behindert. „Wollen wir uns ein wenig das Kreuz des Südens anschauen?" lautet die Formel, mit der ein Gentleman die Partnerin zum Aufsuchen diesbezüglich geeigneter Örtlichkeiten auffordert; dann führt er sie aufs Dog-Deck oder in die Wäschekammer, wo es noch dunkler ist und man nicht einmal das Kreuz des Südens sieht. Was macht das, auch Dante erschaute dieses Sternbild nie, und dennoch singt er, es habe ihm auf seiner Wanderung aus der Höllenfratzennacht ins Fegefeuer geleuchtet:

„Dann rechts, dem anderen Pole zugekehrt,
Erblickt ich eines Viergestirnes Schimmer,
Dess' Anblick nur dem ersten Paar gewährt.
Der Himmel schien entzückt durch sein Geflimmer.
O du verwaistes Land, du öder Nord,
Du siehst den Glanz der schönen Lichter nimmer!"

Tröste dich, Leser aus dem verwaisten Land, dem öden Nord, das Kreuz des Südens ist zwar herrlich, aber um nichts herrlicher als die Lichter auf der Himmelsdecke über dir.

Zwischen Aden und Bombay macht das Schiff keine Station. Wer nach Indien will, bereitet sich aufs Aussteigen vor, man plättet, man packt, füllt Scheine aus. All dieser Eifer wird von jenen, die nach Ozeanien segeln, belächelt. Sie haben schon längst die Indienpassagiere „Wochenendausflügler" getauft.

Mehr als zwei Drittel der Fahrgäste landen in Bombay, die farbige Mannschaft wird abgeheuert, neue Inder treten an ihre Stelle. Den Weiterfahrenden bleibt ein Tag, um an Land zu gehen, nein, nur ein halber Tag, noch weniger: neun Stunden. Aber die Lichtverhältnisse gestatten es, bis spätabends zu knipsen und Belegstücke nach Hause zu tragen, auf Grund derer man ein Leben lang Entscheidendes über Land und Leute in Indien aussagen kann.

Von Bombay an hat das Schiff einen anderen Charakter. Weg

sind die toilettewechselnden Damen, weg die „Salary-Lords" (Erklärung für den deutschen Leser: „Gehaltsgrafen"), weg die Smokings (Erklärung für den englischen Leser: „dinner-jackets").

Die Neuen, meist Australier, benehmen sich ungezwungen, sprechen noch ungezwungener, trinken Tee zu jedem Gang, sogar zur Suppe, sind gefällig und kameradschaftlich. Eine Gruppe angsteinflößender Riesen hat australische Ponys zur Armee nach Indien gebracht, wo die Pferdchen lernen werden, Polo zu spielen und Kanonen zu ziehen. Ponylos und pennylos kehren die Männer in die Heimat zurück, wer aber noch nicht den ganzen Lohn in den Schenken von Kalkutta gelassen hat, vertrinkt ihn jetzt an der Bar des Rauchzimmers.

Ungeniert gehen die Passagiere in Hemdsärmeln, ob sie nun Hosenträger haben oder weder Hosenträger noch Gürtel. In den seltenen Fällen, da sie einen Rock anziehen, ist dieser mit dem Abzeichen der „Anzacs" geschmückt. Leicht läßt sich eruieren, daß „Anzac" die Anfangsbuchstaben von „Australien and New Zealand Army Corps" sind; die „Anzacs" kämpften im Weltkrieg auf Gallipoli und später in Waipers.

Was aber ist Waipers? Waipers liege in Belgien, antworten die Befragten, in Waipers hätten sich die größten Schlachten abgespielt. Waipers? grübelt unser Mann noch nachts in seiner Kabine, Waipers?, und kann nicht einschlafen. Er kommt nicht darauf, daß Ypern gemeint ist, Ypres.

Außer den Australiern und den vier Italienern sind etwa zwanzig dunkelhäutige Passagiere an Bord, Tamilen aus Ceylon. Scheu halten sie sich beieinander und von den anderen fern. Bis Ende Oktober haben sie auf Teeplantagen des indischen Festlands gearbeitet, inzwischen pflückten auf der Insel Ceylon Inder vom indischen Festland den Tee, weil sich überall Fremde leichter ausbeuten lassen als Einheimische.

Unser Mann sitzt im Schreibzimmer, um sein Referat für den Kongreß vorzubereiten, in des Königs Englisch die Probleme des Krieges und des Faschismus darzulegen, Sätze aus jenen Vokabeln aufzubauen, die er beherrscht. Diese Abhängigkeit und Begrenztheit des Ausdrucks behagt ihm gar nicht. Gern möchte er seinen englischen Sprachschatz vergrößern, aber man spricht jetzt nur noch australisch um ihn her. Was er zulernt, ist:

daß man vor jedem Hauptwort und vor jedem Zeitwort sowie vor jedem Eigenschaftswort das Wort „bloody“ einfügt,

daß ein Stuhl ein beischläfriger Bastard und schlechtes Bier eine korrekte Kuh (a fair cow) genannt werden kann,

daß ein Mann ein „bloke“ ist,

daß zwar ein Engländer ein richtiger Englishman, ein richtiger Australier jedoch ein „dinky-dye-Aussie“ ist,

daß man Gespräche mit „goodo“ abschließt.

Ohne besondere Bereicherung seines Sprachschatzes und deshalb ohne schriftstellerische Befriedigung entwirft er sein Referat. Wahrscheinlich, so denkt er, ist die Arbeit ohnehin vergeblich, wahrscheinlich werden die Landungsbehörden das Manuskript konfiszieren und den Verfasser wegen Beleidigung eines Staatsoberhauptes anklagen. Aus diesem Grund nennt er in seinem Manuskript den „blutigen bloke“ nur mit dem Anfangsbuchstaben, streicht aber dann auch das H. fort und setzt ein X hin. Wen aber, denkt er, wen kann ich damit täuschen? Niemand anderer als H. kann mit dem „blutigen bloke“ gemeint sein.

Den Westschenkel des Dreiecks Indien entlang rutscht das Schiff. Abends nach zehn Uhr, nachdem abserviert und saubergemacht ist, stehen die Dining-Stewards, so müde sie sein mögen und so wenig vom Ufer sich im Dämmer erkennen läßt, auf dem Hinterdeck und werfen den Blick hinüber, machen ihn an ihrer dunklen Heimat fest, als wäre er ein Seil.

Unser Mann kommt mit einem von ihnen ins Gespräch, einem Burschen mit klarer Stirn. Der sieht sich ängstlich um – obwohl seine Staatsangehörigkeit und seine Muttersprache portugiesisch sind und seine Religion katholisch, soll ihn niemand dabei ertappen, daß er es wagt, mit einem Europäer zu sprechen. Seine Stimme senkt sich zum Flüsterton: „Haben Sie nicht zufällig ein portugiesisches Buch? Ich lese so gern.“ Er habe die Missionsschule besucht, erzählt er, wie gern hätte er studiert, aber das Geld reichte nicht, es gäbe viel Hunger in Goa. „Sie würden nicht glauben, wieviel Hunger es in Goa gibt.“

Doch, ich glaube es, lieber Steward, Hunger gibt es überall in der Welt; welch einen Jammer haben wir vor einer Woche in den Straßen von Bombay gesehen. „Gewiß“, sagt der Goanese, „gewiß. Aber wir sind doch Christen, wir sollten nicht Hunger leiden müssen wie Hindus.“ Stolz weist er auf einen viereckigen Berg. „Dort drüben liegt der heilige Franciscus Xaverus begraben, mein Schutzpatron.“

Da unser Mann mehr über das Grab wissen will, gesteht der indische Christ traurig, es sei nicht mehr viel von dem Heiligen vorhanden, jedes Schiff der christlichen Seefahrt habe ein Stück der Reliquie davongetragen.

Wie soll's da den Lebenden ergehen, denen, die nicht einmal heilig sind?

Der junge Goanese nickt und starrt hinüber auf den Streifen seiner Heimat, der man alles genommen, sogar einen heiligen Leichnam.

Im doppelten Licht zweier Morgensonnen, die eine wirft ihre Strahlen vom Meeresgrund empor, kommt die malabarische Küste in Sicht. Genauso mögen damals zwei Sonnen das Gelände und die Gewässer bestrahlt haben, damals, als die Inder hier zum erstenmal Menschen mit heller Haut erblickten.

Der Führer der weißen Männer hieß Vasco da Gama, die Christenheit schrieb das Jahr 1498, der Wind hatte ihn vom Kap der Guten Hoffnung hierher navigiert, in Calicut landete er, wurde freundlich aufgenommen und bei der Abfahrt mit Geschenken überhäuft. Deshalb kehrte er wieder, um die Gastgeber zu unterjochen.

Immer noch zieht die „Strathaird“ die Parallele zur Dreieckseite; die Fläche des Dreiecks selbst ist von Landesgrenzen durchschnitten. Ein Staat heißt Cochin, die Elefantiasis grassiert dort und verwandelt die Bewohner in unförmige Wülste. Ein anderer Staat heißt Travancore, seine Briefmarken, vor allem die dunkelgrüne Vier-Chuckram, kennt und schätzt jeder europäische Sammler, kaum jemand kennt und schätzt die viereinhalb Millionen Einwohner, die in vierhundert Kasten zerfallen, nicht gerechnet die schwarzen Juden, deren Herkunft noch dunkler ist als sie selbst.

Zwischen die Felsenrücken von Alleppi schieben sich Faktoreien zur Erzeugung von Kokosöl und Kokosmatten. Warum sind die Schlote so hoch? Will man die Luft zwischen Fels und Meer nicht verräuchern? Oder will der Fabrikherr von Alleppi den Schiffen zeigen, daß er seinen Rauchfang so hoch tragen kann wie jeder Fabrikherr in Europa?

Bei Kap Comorin streift die „Strathaird“ endlich den Scheitelpunkt des indischen Dreiecks. Hernach kommt Colombo, wo man an Land gehen kann, hernach überfährt man den Äquator, und nun sei Schluß gemacht mit der Geographie.

Nirgends mehr wird die „Shtrathaird“ anlegen, bevor sie Australien erreicht. Die dorthin Fahrenden müssen Landungsformulare ausfüllen, Kolonnen und Rubriken kreuzen sich, verfängliche Fragen mitunter, Zweck der Reise, ob man das Landungsgeld von vierzig Pfund besitzt, Namen von Bekannten oder Verwandten in Australien, welchen politischen Ideen man anhängt und ähnliches mehr.

Von vierzig Pfund Barschaft kann bei unserem Mann nicht die Rede sein, aber er hofft, daß das für Passagiere mit Rückreisebillet wohl nicht erforderlich ist. Verwandte und Bekannte in Australien hat er ebensowenig, aber er hofft, daß das für Besucher der Jahrhundertfeier von Melbourne wohl nicht erforderlich ist.

In den australischen Zeitungen, die er in Colombo gekauft hat, fand er nichts über den Antikriegskongreß, er weiß nicht einmal, in welchem Saal der Kongreß tagen wird. Was geschieht, wenn die Freunde nicht wissen, daß ein Delegierter mit der „Strathaird“ in Fremantle landet und von dort mit der Bahn nach Melbourne weiterfährt? Was geschieht, wenn sie auf den Bahnhof kommen und ihn nicht erkennen?

Wir, unsichtbare Beobachter, könnten ihm die Antwort geben: Du wirst in Fremantle nicht landen, also auch nicht die Bahn nach Melbourne nehmen. Schicksale ganz anderer Art harren deiner, freue dich inzwischen deiner Freizügigkeit! Aber wir verraten nichts.

Kamerabewaffnet drängen sich die Passagiere backbord auf dem Deck, um den Leichnam der „Emden“ zu schnappen. Die „Emden“ bedeutet den Australiern fast soviel wie Gallipoli und „Waipers“, denn ihr Kreuzer, die „Sydney“, war es, die den Kaperfahrten des deutschen Schlachtschiffes ein Ende bereitet hat. Hier, wo die „Emden“ starb, liegt sie, 12 Grad südlicher Breite, 97 Grad östlicher Länge; man sieht ihre schrägen Masten am Rand eines kokosbestandenen Riffs. Zwar wollten wir nicht mehr von Geographie sprechen, aber die Geschichte dieses Archipels, vor dem die „Emden“ verwest, können wir nicht verschweigen, weil sie so romantisch ist.

Kapitän Keeling von der Ostindischen Kompanie hat die Inselgruppe Anno 1608 entdeckt und sie „Cocos-Islands“ getauft. Der Name gab zu Mißverständnissen Anlaß. Es kamen zu viele Abenteurer hierher und wandten sich an die Insulaner mit der Frage: „Bitte schön, wo liegt hier der sagenhafte Schatz des Piraten Morgan vergraben?“ Als sie erfuhren, daß die Kokosinseln der Morganschen Seeräuberbande ganz woanders, und zwar im Karibischen Meer liegen, wurden die Besucher fuchsteufelswild, und man kann ihnen das nicht einmal übelnehmen, denn wer würde gern einen so weiten Weg vergeblich machen? Deshalb tragen jetzt die „Cocos-Islands“ als Untertitel den Namen des Entdeckers: Keeling.

Nach jenem Keeling hatte zwei Jahrhunderte lang kein weißer Fuß die Inseln betreten. Erst 1835 kreuzte hier ein Captain Clumie Ross, das Grundstück gefiel ihm, und so kehrte er zwei Jahre später mit Frau, Kind, Schwiegermutter und acht schottischen Matrosen hierher zurück, um ein Imperium zu gründen, klein, aber mein.

Man denke sich ihr Erstaunen: da saß schon einer. Er hieß Alexander Hare, war ein schiffbrüchiger Engländer und führte ein traulich-treues Eheleben, zu welchem Behufe ihm vierzig malaiische Gattinnen zur Verfügung standen. Als die neuen Siedler kamen, kam es auch rasch zu seiner Vertreibung aus dem Paradies; jeder der Schotten entnahm fünf Ehefrauen aus Hares Harem, Captain Ross wurde erblicher Herrscher, und seinen Nachkommen gehört der Archipel heute noch, wenn er auch als britisches Gebiet von Singapur aus verwaltet wird. Zwanzig Beamte des Seekabeldienstes leben auf den Keeling-Islands, jeder hat höchstens eine Frau, so hat sich binnen einem Jahrhundert hier alles verknappt!

Das Wrack der „Emden“ bleibt zurück, es zerflattern die Wunschträume, zu denen die Geschichte vom Eheidyll eines Europäers mit vierzig Malaiinnen Anlaß gegeben hat, und die „Strathaird“ nähert sich dem australischen Kontinent und seinem Jubelfest. Schon seit fast hundertfünfzig Jahren ist Australien von

Weißen besiedelt, aber die Filialsiedlung auf Port Phillip, die sich zur Millionenstadt Melbourne und zum Staat Victoria auswuchs, ist erst hundert Jahre alt, auf den Tag hundert Jahre.

Nicht nur die „Strathaird" bringt Gäste zur Jahrhundertfeier heran. Auf einem Schlachtschiff ist der Herzog von Gloucester, Sohn des Königs Georg V. von England, unterwegs; John Masefield, der die jahrhundertealte Würde eines Poeta laureatus am englischen Hof bekleidet, ist unterwegs; Sir Maurice Hankey, Chef des British Defence Committee, ist unterwegs, um sich diesen Teil des britischen Empire vorzuknöpfen, weil der noch immer nicht die allgemeine Dienstpflicht hat; Sir Baden-Powell ist unterwegs, um die Pfadfinder auf den Pfad künftiger Heldentode zu leiten; Feldmarschall Lord Milne ist unterwegs, dem die Organisierung der Zivilbevölkerung im Kriege obliegt; Sir John Cadman, Petroleumversorger der Armee, ist unterwegs; die Musikbanda der Britischen Grenadiere ist unterwegs.

Durch die Lüfte kommen gleichfalls Festgäste gesegelt, und die erregen weitaus das größte Interesse; allmorgendlich stürzten sich die Passagiere auf die Radiogramme, verschlangen die Nachrichten über Nennungen, Vorbereitungen und Schätzungen. Heute sind die Ergebnisse des Rekordflugs da: in 2 Tagen, 13 Stunden und 57 Minuten haben Black und Scott von London aus Australien erreicht!

2 Tage, 13 Stunden, 57 Minuten – etwa so weit hat es unser Mann noch nach Australien, und ist doch bereits vor vier Wochen in Europa gestartet. Sein Kongreßreferat ist niedergeschrieben, die australische Handbibliothek fast durchstudiert und exzerpiert. In dem ersten Buch, das er las, dem offiziellen Werk „The Commonwealth of Australia" von Bernh. R. Wise, stieß unser Mann auf ein absonderliches Gesetz, mit dem man einen Ankömmling fernhalten kann, ohne ihm die Einreise zu verbieten, ihn verurteilen, ohne daß er etwas Strafbares begangen hat.

„Feuer, Feuer", hätten wir ihm gern zugerufen, als er in dem Wiseschen Buch zu dieser Stelle gekommen war. „Feuer, Feuer", wie man beim Kinderspiel ausruft, um das suchende Kind auf die Nähe des versteckten Gegenstands aufmerksam zu machen.

Diesem Gesetz zufolge darf bei der Landung jedermann einer Diktatprüfung (Dictation Test) aus irgendeiner europäischen

Sprache unterzogen werden; unser Mann las, die Sozialisten und andere Progressisten hätten dieses Gesetz im Entwurf bekämpft, weil es der jeweiligen Regierung eine Handhabe gegen die Einreise ihrer politischen Gegner biete.

Bei dieser Stelle nickte unser Mann, er machte sich also die Befürchtung der Radikalen zu eigen. Weiterlesend erfuhr er aber, daß die Opposition gegen das Gesetz unlogisch und lächerlich war:

„Nichtsdestoweniger und trotz einem ausdrücklichen Versprechen beharrten die Opponenten bei der Behauptung, weiße Einreisende könnten mit Hilfe dieses Gesetzes ausgesperrt werden, und es gelang ihnen, dieser übelwollenden Unrichtigkeit (to this mischievous falsehood) weitere Verbreitung zu verschaffen. In Wirklichkeit ist das von der Regierung dem Parlament gegebene Versprechen treuestens eingehalten worden, und von dem Tage an, da das Gesetz erlassen ward, bis zur heutigen Zeit (1908) *ist keine einzige Person von weißer Rasse der Sprachprüfung unterzogen worden, noch ist je einer weißen Person mit Hinweis darauf die Einreise in das Commonwealth verweigert worden.*" (Gesperrt von Bernh. R. Wise.)

Unser Mann, der bei Beginn der Lektüre die Absicht hatte, die Kunde von solch einem kuriosen Gesetz nach Europa zu bringen, ließ diese Absicht als unfair fallen, als er schwarz auf weiß sah, daß es nicht gehandhabt werde. Er strich das Exzerpt durch, aber siehe da, in einem neueren Werk, dem letzten, das er las, fand er: der Dictation Test wurde auch gegen Weiße angewandt, freilich nur gegen Paupers, Irrsinnige, Kranke, Prostituierte und Verbrecher. Einem Hochstapler aus Griechenland diktierte man sogar, damit er bei der Prüfung ganz sicher durchfalle, die vorgeschriebenen fünfzig Worte in – gälischer Sprache. Amüsantes Detail, dachte unser Mann, und trug in sein Notizbuch ein: „Gaelic Test." Mit diesen beiden Worten schlossen die Auszüge, die er sich an Bord machte.

Die Nacht vor Fremantle, dem Hafen der westaustralischen Hauptstadt Perth, die Nacht vom 5. auf den 6. November, schlief er nicht. Am Morgen brachte eine Barkasse die Post an Bord, für unseren Mann einen Brief und zwei Telegramme aus Australien.

Der Brief war wohl eher zum Vorweisen denn als Mitteilung geschrieben, der Absender, ein Melbourner Kaufmann und Steuerzahler, verpflichtete sich darin, die Garantie für das Landungsgeld zu übernehmen, falls ein solches verlangt werden sollte.

Von den Telegrammen war das eine ein Gruß des Allaustralischen Komitees gegen Krieg und Faschismus, mit dem anderen lud die Melbourner Journalistenorganisation unseren Mann ein, am 12. November einen Vortrag über europäische Presseverhältnisse zu halten.

Im Erste-Klasse-Salon werden die Pässe der aussteigenden Passagiere kontrolliert, unser Mann geht hinüber und erhält den Bescheid, zunächst würden die britischen Staatsangehörigen abgefertigt. So hätte er denn die Gelegenheit wahrnehmen können, sich in der Welt Erster Klasse umzusehen, in die ihm bislang der Zutritt verwehrt gewesen war. Am Tag vorher hätte er das auch sicherlich getan, heute zieht er es vor, seine Augen scharf auf das langersehnte Ufer einzustellen. Er schaut hinüber, sieht Holzlager, ein Monument, seltsame weißstämmige Bäume, vielleicht die australischen Kautschukbäume?, Hafenspeicher, Gasthöfe und ...

Was bedeuten die Telegramme, fällt ihm ein, was bedeutet der Brief? Warum beeilt sich das Komitee so sehr mit der Begrüßung, warum lenkt es die Aufmerksamkeit auf den Delegierten, warum telegrafieren die Journalisten die Einladung, warum bietet sich der Melbourner Handelsherr zur Sicherstellung an?

Nun, vorläufig schaut unser Mann aufs Ufer, um es sich für alle Fälle einzuprägen, viele Holzlager, ein Monument, seltsame weißstämmige Bäume, vielleicht die australischen Kautschukbäume?, Hafenspeicher, Gasthöfe und ...

Da schreiten zwei stattlich gebaute strenge Männer über das Deck, schnurstracks auf unseren Mann zu. „Are you Mister Kisch?“

Sie führen ihn vor den Zollbeamten, der ihm im Namen des Commonwealth, der Allaustralischen Bundesregierung eröffnet: Eintritt verboten. Jeder Versuch, das Verbot zu über- beziehungsweise das Land zu betreten, würde schwere Strafen zur Folge haben. Der Paß bleibe in den Händen der Behörde.

Dann schickt sich der Zollbeamte an, den Koffer unseres Mannes in dessen Kabine zu durchsuchen. Der Ausgesperrte protestiert dagegen, entweder Einreiseverbot oder Gepäckrevision — beide Vergnügen dürfe sich ein Staat nicht gönnen. Verdutzt stottert der Zollbeamte, er habe seine Weisungen, er nehme zwar den Protest zur Kenntnis, die Revision aber vor.

Von zwei zu Tode entschlossenen westaustralischen Sherlock Holmessen unterstützt, untersucht er nun gründlich, jedes Taschentuch wird entfaltet, jedes Buch durchblättert, die Kofferwände sachverständig abgeklopft, die Tube mit Zahnpasta befühlt.

„Keine Bomben darin", sagt unser Mann, welche Bemerkung jedoch weder ein Lächeln noch eine Antwort hervorlockt.

Ernst setzen die drei Männer das Werk fort, es dauert etwa eine halbe Stunde, während der unser Mann darüber nachdenkt, was mit ihm geschehen werde.

Man könnte ihn auf den nächsten Dampfer eskortieren, der europawärts fährt, das ist eine und so ziemlich die schlimmste Möglichkeit. Man könnte ihn auf der „Strathaird" isolieren, in welchem Fall seine australischen Freunde vielleicht nicht erfahren würden, ob er überhaupt angekommen, ob er ausgestiegen sei und wo er sich befinde, das ist eine andere und ebenfalls schlimme Möglichkeit. Sollte aber die Behörde nicht imstande sein, seine Ankunft und das Landungsverbot geheimzuhalten, sollte unser Mann mit seinen Freunden Kontakt aufnehmen können, dann wäre noch keineswegs alles verloren.

Inzwischen perkutieren und auskultieren die Internisten der Zollbehörde weiterhin das Köfferchen. Da sie es endlich zuklappen, wiederholt ihr Chef mit noch größerem Nachdruck: Jeder Versuch, australischen Boden zu betreten, würde schwere Strafen zur Folge haben.

Unser Mann begleitet die Herren aus seiner Kabine. Am Ende des Korridors sieht er eine Gruppe von Leuten, die anscheinend das Ende der amtlichen Prozedur abgewartet haben. Das sind keine Häscher, Häscher sind gemeiniglich nicht junge Burschen mit so schlaksigen Bewegungen, Häscher tragen selten eine Kamera auf dem Bauch, hier sind Vertreter eines Standes, die ihm aus der Patsche helfen könnten.

„Ihr seid die blokes von der Presse, nicht wahr? Laßt uns mal ins Rauchzimmer hinaufgehen und die story mixen."

Sie lachen, weil er sie als „blokes" anredet, also Australisch kann, weil er vom „story mixen" spricht, also den Zeitungsjargon kennt, und da man sich oben hinsetzt, ist man bereits ein Kollegenkreis. Das hindert ihre erste Frage nicht, eine Gewissensfrage zu sein: „Sind Sie Kommunist?"

„Ausgezeichnet", gibt unser Mann zur Antwort, „ausgezeichnet, daß mir die Frage nach der Parteizugehörigkeit zuerst gestellt wird, so kann ich gleich erklären, daß ich mich weder auf meine Zugehörigkeit zu irgendeiner politischen Partei berufen noch mich durch Betonung meiner Nichtzugehörigkeit von irgendeiner Partei distanzieren werde. Ich komme als Antifaschist und als militanter Kriegsgegner, der Bewegung gegen Krieg und Faschismus gehören Mitglieder aller fortschrittlichen Parteien an, auch Millionen von Kommunisten, viele große Gelehrte und Schriftsteller, wie Henri Barbusse, Romain Rolland und André Gide."

„Und Sie wollen bei uns gegen Deutschland agitieren?"

„Für Deutschland. Gegen die Nazis, in deren Hände es gefallen ist, gegen den Nationalsozialismus, der eine Gefahr für den Frieden der Welt ist."

„Das sagen Sie aus politischen Gründen, nicht wahr? Sie wissen ja selbst, daß das Hitlerregime dem Charakter der Deutschen entspricht. Wenn Sie wollen, werden wir nicht erwähnen, daß wir Ihnen diese Frage gestellt haben."

„Im Gegenteil, ich bin hier, um der Behauptung vom Kriegswillen des deutschen Volkes entgegenzutreten; um zu berichten, wie all die, mit denen ich in Haft war, sich durch die scheußlichsten Torturen nicht zum Faschismus zwingen ließen; um zu erzählen vom Widerstand und der illegalen Arbeit in Deutschland, geleistet unter unbeschreiblichen Gefahren. Nur Helden können sich einer Bluttyrannei mit solcher Selbstverleugnung widersetzen, wie es die Illegalen in Deutschland tun."

Man notiert.

„So. Und jetzt wollen wir die Sache einteilen, damit ihr einander keine Konkurrenz macht. Ihnen erzähle ich von der Kriegsgefahr jenseits des Suezkanals, Ihnen vom Naziterror, Ihnen von der Tätigkeit unserer Bewegung, und Sie, Herr Kollege vom Bilderblatt, kriegen Anekdoten aus meinem Reporterdasein. Dann hat jeder seinen scoop, seinen Alleinbericht, ist das o. k.?"

„O. k."

Nachher verfaßt unser Mann ein Telegramm an die Regierung in der Bundeshauptstadt Canberra, in dem er seiner peinlichen Überraschung Ausdruck gibt, so unfreundlich empfangen worden zu sein, und um Beseitigung des offenkundigen Mißverständnisses ersucht. Das schreiben sich die blokes von der Presse ab.

Die Passagiere der „Strathaird" sind an Land gegangen, um den Tag in Perth zu verbringen. An Bord geblieben sind die beiden stattlich gebauten Detektive, die zwischen sich und unserem Mann eine Distanz von drei Schritten halten.

Neiderfüllt schaut unser Mann auf den breiten Weg, der von Fremantle ostwärts läuft. Am Ende dieses Wegs, dem Blick nicht erreichbar, liegt Perth, eine Großstadt; in ihren Straßen mögen jetzt Passagiere der „Strathaird" zwischen australischen Palästen und australischem Leben spazieren, in australischen Restaurants zu Mittag essen, australische Waren einkaufen, bis ihnen gegen drei Uhr nachmittags Zeitungsblätter entgegengeschwenkt werden, auf deren Titelseite sie das Photo eines Mannes sehen, mit dem sie in den letzten Wochen beisammen waren, ohne von seiner Gefährlichkeit eine Ahnung zu haben.

Die Berliner haben es besser. Die erfahren schon vor dem Mittagessen die Anhaltung unseres Mannes samt allen Details, sie lesen den Vorfall zur gleichen Stunde, da er in Westaustralien erfolgt, wobei allerdings zu bemerken ist, daß die gleiche Stunde am 120. Grad östlicher Länge neun Stunden früher eintrifft als in Mitteleuropa. Auf dem Wedding und in Neukölln, am Potsdamer Platz und vor der Gedächtniskirche rufen die Zeitungsjungen aus: „. . . wird nich nach Australjen jelassen! Der rasende Reporta entrüstet! Nachtausjabe!" Wir (die Beobachter) trennen unseren Astralleib von dem australischen und kaufen einem Zeitungshändler, der eben das Wort „entrüstet" dramatisch in die Berliner Luft schmettert, ein Blatt ab:

„London, 7. November. Nach einer Reuter-Meldung aus Canberra (Australien) ist dem ‚Emigranten' Egon Erwin Kisch, der als Abgesandter des Weltausschusses der Antikriegsbewegung auf dem australischen Kontinent gegen den Krieg sprechen sollte, von den Einwanderungsbehörden die Erlaubnis zur Einreise verweigert worden. Als Begründung wurde angeführt, daß Kisch, seit er Deutschland verlassen habe, offen kommunistische Propaganda treibe. Kisch hat daraufhin ein entrüstetes Telegramm an das Innenministerium in Canberra gesandt, in dem er Einspruch gegen diese Behandlung eines ‚Schriftstellers von internationalem Ruf' erhebt."

Die größten Lettern, über die die Scherlsche Druckerei verfügt, der Titel mit der teuren roten Linie unterstrichen, der Text fett und mit Durchschuß, reichten nicht aus, die erste Seite auszufüllen. So rief man einen Herrn Schriftleiter herbei, welcher ehemaliger Beziehungen zu dem über Australien entrüsteten Titelhelden verdächtig ist, und der hatte eine geharnischte Glosse dazuzuschreiben.

Ebenso flugs, wie Reuters Telegrafenagentur mit der Nachricht nach Europa lief, läuft sie wieder nach Australien zurück, um hier zu erzählen, was man dort dazu sagt:

„... die Zurückweisung, die er nun in Australien gefunden hat, ist ein erfreulicher Beweis dafür, in welchem Umfange jetzt die Welt den wahren Charakter der Emigranten aus Deutschland zu begreifen beginnt ..."

Das und ähnliche äußerst befriedigende Äußerungen des Propagandaministeriums liegen abends den Redaktionen in Sydney und Melbourne wörtlich vor, und man kann sie nicht anders als unter dem Titel „Allgemeine Zustimmung in Berlin" bringen. Die englische Presse, teilt Reuter der australischen mit, beschränkt sich auf die Wiedergabe der Nachricht, nur der „Manchester Guardian" findet das Landungsverbot „kleinlich und dem Prestige des Commonwealth abträglich".

Am Kap Leeuwin, der Südwestspitze des ablehnenden Kontinents, vorbei und die Südküste Australiens entlang bewegt sich die „Strathaird" mit unserem Mann durch eine stürmisch bewegte Bucht.

Radiogramm aus Melbourne: stimmt behauptung der regierung, betreten englischen bodens sei ihnen verboten fragezeichen rückfunket sofort stop komitee.

Was antwortet man den Freunden auf eine solche Frage, nachdem man über das Landungsverbot so betroffen getan hat? Unser Mann rückfunkt, die Behauptung, England möge ihn nicht, sei einfach lächerlich. Im Vorjahr habe er zu London in Essex-Hall und Kingsway-Hall Vorträge gehalten, unter Vorsitz von Lord Marley, Sir Bertrand Russell und Lady Despard, Schwester von Marschall French. Erst als er zum Londoner Gegenprozeß des Leipziger Reichstagsbrandprozesses fuhr, sei er, wie viele ausländische Zeugen, auf Intervention der deutschen Botschaft an der englischen Küste gestoppt worden, was sich aber klarerweise nur auf diesen einen Fall bezog.

Dieses Radiogramm kostet achtzehn Schilling und wird von dem Geld bestritten, das für die transkontinentale Eisenbahnfahrt bestimmt war.

Fünfzehn Stunden dauert es, ehe das Telegramm in die Hände der Adressaten kommt, das Ministerium hat darüber beraten, bevor es zugestellt wurde. Das weiß der Absender natürlich nicht. Ebensowenig weiß er, daß noch ein anderer Überseedelegierter zum Antikriegskongreß nach Melbourne fährt, ein Delegierter aus Neuseeland. Unser Mann hat dessen Namen noch nie gehört, aber jener und er reisen einander entgegen, unser Mann ostwärts, der Neuseeländer Gerald Griffin westwärts.

Des weiteren weiß unser am Festland vorbeigleitender Mann noch nicht, welche Mißstimmung dort zu wachsen beginnt. Für die Massen ist die Jahrhundertfeier kein Jubelfest. Gesiebte Bankette und Bälle für die Ehrengäste sind angesetzt, Ordensverleihungen in Aussicht gestellt, teure Festbauten aufgerichtet – ist jetzt die Zeit für solche Dinge?

Von allen offiziellen Veranstaltungen hat nur der internationale 19000-Kilometer-Wettflug London – Melbourne Interesse gefunden, allgemeines fieberhaftes Interesse. Aber sein Verlauf beleuchtet grell das vorangegangene Kulissenspiel.

Joyce Manton, eine Dozentin der Melbourner Universität, zeigt in der Broschüre „Die Jahrhundertfeier bereitet den Krieg vor“ den imperialistischen Sinn dieses Vorspiels dokumentarisch auf: ein italienisches Flugzeug und das amerikanische Flugzeug „Bellanca“ wurden zum Raid nicht zugelassen, der Meisterflieger Kingsford Smith und seine amerikanische Maschine am Start verhindert, obwohl er von dem Stifter des Flugpreises, dem australischen Schokoladenkönig Macpherson Robertson, finanziert war, andere Aeroplane wurden gehandikapt oder zu einem Umweg veranlaßt. So gewannen Scott und Black – zwei Briten, wie es die militärischen Flugbehörden von Anfang an mit allen Mitteln herbeiführen gewollt.

Das Festkomitee des Jubiläums steht unter militärischer Führung, und auch die meisten offiziellen Gäste sind militärische Persönlichkeiten; das Geschwader der Wasserflugzeuge aus dem Irak kommt nicht aus sportlichen Gründen und die Kapelle der schottischen Grenadiere nicht aus musikalischen. All das ist zu offenkundig Seelenfang für Aufrüstung und Militarisierung, um dem werktätigen Australier zu gefallen.

Wenig Staaten haben im Weltkrieg prozentual so viel von ihrer Bevölkerung verloren wie Australien; die Schulden, die Australien zur Equipierung und Bezahlung seiner nach Europa entsandten Truppen aufgenommen hat, stellen noch heute das schwerste Finanzproblem dar; das einst so reiche Land windet sich in Krisenkrämpfen, die Arbeitslosigkeit ist verhältnismäßig größer als sonstwo in der Welt. Und da errichtet man ein Kriegerdenkmal, den Shrine von Melbourne, der an Aufwand alles Dagewesene übertrifft. Eine Million Pfund kostet er, obwohl hauptsächlich Dole Workers, als Gegenleistung für eine Arbeitslosenunterstützung von zwölf Schilling pro Woche, jahrelang an dem Bau karrten und schippten. Da baut man Rampen und veranstaltet Festgelage für Besucher, die die Einführung der allgemeinen Dienstpflicht in Australien vorbereiten wollen und die Militarisierung der Jugend – einen Kriegsgegner jedoch erklärt man als unerwünschten Gast und verbietet ihm die Landung. „Würden wir die Botschaft nicht vertragen, die er uns bringt?“

Versammlungen, Proteste an die Regierung, parlamentarische Anfragen, Flugschriften, Demonstrationen. Die Labor Party, vor kurzem noch an der Macht im Staatenbund und in den meisten Bundesstaaten, steht jetzt zu ihren Nachfolgeregierungen in schroffer Opposition. Sie erklärt, von Entschließungen ihrer Ortsgruppen und der Jugendverbände veranlaßt, das Landungsverbot als Verletzung der Gastfreundschaft, als Bevormundung der Arbeiterschaft, als Vorbereitung zum Faschismus.

In Melbourne war ein Empfangskomitee für den Weltdelegierten gegründet worden, nach dem Landungsverbot wird es in ein Verteidigungskomitee umgewandelt, Ortsgruppen erstehen im ganzen Land. Die Gewerkschaften brandmarken die Regierungsmaßnahme, Schriftsteller treten gegen den an dem europäischen Kollegen begangenen Willkürakt auf, Katharine Susannah Prichard, Vance Palmer, Jean Devanny, J. M. Harcourt, Tom Fitzgerald, E. J. Brady, Bartlett Adamson, Bernard Cronin, Georgia Rivers und Max Meldrum, Australiens größter Maler; die Universitätsprofessoren Walter Murdoch, Beasley, Greenwood und Macmahon Ball nennen die Verbannung des Gastes eine Beleidigung für das australische Volk; F. Alexander, Vorsitzender der australischen Sektion der Völkerbundsliga, gebraucht noch schärfere Ausdrücke; und ein Bischof, E. H. Burgman, sendet dem Komitee eine Sympathie-Erklärung.

Kühl und höhnisch läßt Mister Menzies, Generalstaatsanwalt und Minister, diesen Sturm zu seinen Füßen branden. Zwar habe er das Verbot nicht erlassen, antwortet er im Parlament dem ersten Interpellanten, es sei bereits von der vorigen Regierung beschlossen worden, aber er werde es durchführen. „Die Landung dieses Mannes ist vom Ministerium des Innern untersagt worden, und dabei bleibt es (and there the matter rests)", erklärt er wörtlich und fügt hinzu, der Delegierte werde „seinen Fuß nicht auf den Boden des australischen Gemeinwesens setzen".

Das Melbourner Antikriegskomitee zeiht ihn der Unwahrheit, wenn auch nur wegen der Behauptung, das Verbot stamme vom vorigen Ministerium. Schon seit August sei die gegenwärtige Regierung im Amt, damals war von einem australischen Antikriegskongreß noch gar nicht die Rede, und erst am 12. Oktober erfuhr das Komitee, daß ein Delegierter aus Europa kommen werde. Wieso kann es die Regierung Monate vorher gewußt haben?

Über diesen Widerspruch interpelliert, erwidert Menzies, wenn das Landungsverbot vom jetzigen Kabinett ausgesprochen wurde, so geschah es in seiner Abwesenheit. Das ändere jedoch nicht das geringste an der Tatsache, daß der Delegierte „seinen Fuß nicht auf den Boden des australischen Gemeinwesens setzen" wird. And there the matter rests.

Auch an Postminister MacLachlan wird im Parlament eine Anfrage gerichtet: Wieso kommt es, daß ein die Behauptung der Regierung widerlegendes Radiogramm, an Bord der „Strathaird" hinter Fremantle um sieben Uhr fünf Minuten abends aufgegeben, am selben Abend bereits im Kabinett diskutiert, dem Adressaten (Melbourner Komitee gegen Krieg und Faschismus) aber erst am nächsten Tag um halb elf Uhr zugestellt wurde?

Minister MacLachlan antwortet, die australische Post befördere täglich hunderttausend Telegramme, es lasse sich selbst bei größter Sorgfalt nicht vermeiden, daß eines oder das andere sich verzögere.

Vor acht Tagen hatten die Veranstalter des Antikriegskongresses Notizen über die bevorstehende Ankunft des Weltdelegierten für die Presse verfaßt, in denen sie darzutun versuchten, warum gerade die Entsendung unseres Mannes nach Australien besondere Bedeutung habe. (Unter uns gesagt: keine leichte Aufgabe, denn sie wußten fast nichts über ihn, und hätten sie alles über ihn gewußt, so hätte das auch noch keinen ruhmreichen Lebenslauf ergeben.) Ob es nun wegen der Armut dieser Biographie oder ob es deshalb war, weil man inmitten des patriotischen Festrummels einer linksradikalen Tagung keine Publizität geben wollte – jedenfalls lehnten die meisten Blätter den Abdruck der Notizen ab. Insbesondere Mister B. H., nicht nur als Zeitungsgewaltiger von Neusüdwales, sondern auch als militanter Patriot und Hüter von Moral und Frömmigkeit bekannt, duldete in seinen Blättern keine Erwähnung des Kongresses und seiner Delegierten.

Eines Abends torkelte Mister B. H. heillos betrunken durch die Gassen des Stadtteils Leichhardt, belästigte die vorbeigehenden Frauen, brüllte „zur Hölle mit der Jungfrau Maria" und ähnliche Wünsche. Unter anderem öffnete er auch die Tür eines Friseurladens, bestritt schreiend, daß der Papst ehelich geboren sei, und verlangte, noch mehr schreiend, daß ihn (den Papst) der Teufel holen möge.

Ob dieses Sakrilegs geriet ein Eingeborener in Zorn. Seine Ahnen hatte man wohl mit dem Katholizismus aus dem Urwald gelockt, ihnen so lange von Gott im Himmel und seinem Stellvertreter auf Erden vorerzählt, bis sie diese Obrigkeiten anerkannten und dafür ihr freies Leben hingaben, ein Leben voller Wonne, wo der Wald ihr Nachtquartier und der Mond ihre Sonne war. Sollte nun der Enkel dulden, daß der so teuer erkaufte Heilige Vater geschmäht, ihm die ewige Verdammnis gewünscht werde? Der Schwarze nahm es ernst, wütend stürzte er sich pro ecclesia et pontifice auf den Lästerer.

In diesem Augenblick kam ein antifaschistischer Schriftsteller vorbei, dem Mister B. H. wenige Tage vorher einen Vorbericht über den Kongreß abgelehnt hatte. Er fiel dem Gotteskämpfer in den schwarzen Arm und verstaute den Gotteslästerer, der lallend auf dem Pflaster zusammengeklappt war, in ein Auto. Kein Hotel wollte die Alkoholleiche aufnehmen, und so schaffte sie der junge Schriftsteller in seine eigene Wohnung. Er zog dem Mister B. H. die Schuhe aus, schob sie unters Bett, damit der bei seiner Auferstehung nicht darüber stolpere, und legte sich ins Nebenzimmer schlafen. Als der Samariter gegen Mittag erwachte, war sein Gast verschwunden – nur die Schuhe standen noch unter dem Bett. (Wie sich später herausstellte, hatte Mister B. H. beim Erwachen an der Wand eine Reproduktion der Tizianschen Venus gesehen, daraus gefolgert, in einem Bordell zu sein, und sich, so schnell er konnte, davongeschlichen.)

Der Schriftsteller eilte ihm in die Redaktion nach und bot ihm einen Lokalbericht an: gestern abend wollte eine bekannte Sydneyer Persönlichkeit in Leichhardt einen Farbigen auf die Probe stellen, wie weit dessen Christentum nur missionäre Tünche sei, und ward von dem entbrennenden frommen Zorn des Schwarzen so gerührt, daß er ihm seine Schuhe schenkte.

Blässer und blässer wurde der ohnehin blasse Mister B. H., als er diese Lesebuchgeschichte hörte und hernach ihre faktische Grundlage. Dann sagte er feierlich: „Junger Mann, Sie haben mein Leben gerettet und meine Ehre und die meiner Familie. Dafür will ich Ihre verdammte Notiz über Ihren verdammten Delegierten abdrucken. So sind wir quitt."

Quitt? Wenige Tage darauf (das war allerdings schon nach den Melbourner Vorfällen, von denen der Leser erst später erfahren wird) war das Opfer, das der Zeitungsfürst durch Abdruck der Notiz gebracht hatte, keineswegs ein Opfer mehr, und sein seinerzeitiger Retter wurde von einem Boten des Mister B. H. aus dem Schlaf geweckt, er möge sofort alles niederschreiben, was er noch über den Delegierten wisse, je mehr desto besser, einen Schilling die Zeile.

Aber der Befragte wußte nichts, niemand in Australien wußte etwas. Nur ein deutscher Farmer in Gippsland, Abonnent der Zeitschrift „Das Neue Tage-Buch", hatte dort die Rezension über ein Buch unseres Mannes gefunden, welches „Eintritt verboten" hieß; das schien ihm ein spaßiger Titel angesichts der letzten Ereignisse, weshalb er es einer Melbourner Zeitung mitteilte. Im Nu sauste das schnellste Redaktionsauto in den Gippsländer Busch, auf daß das Dokument faksimiliert, übersetzt und, mit der Schlagzeile „No admittance! – Eintritt verboten! – Ein Buchtitel der Vorahnung!" versehen, am nächsten Tag erscheinen könne. Leider war die Kritik im „Tage-Buch" ein ziemlicher Verriß (Sehen Sie, Ludwig Marcuse, sehen Sie!) und enthielt eine Anspielung auf den Beinamen des Buchautors; daß dieser Beiname „Rasender Reporter" laute, stand nicht darin, und der Redakteur schrieb, der verhinderte Gast führe in Europa den Beinamen „Herold des Friedens".

Die meisten Blätter begnügten sich in Ermangelung von anderem passenden Material damit, Artikel über die Tschechoslowakei zu bringen, über den Märtyrer Hus, den Komponisten Smetana und den Präsidenten Masaryk. Etwas näher an das Thema kam die Reminiszenz eines Lesers, daß unser Mann nicht der erste Tschechoslowake sei, dem man die Einreise verwehre. Vor dreißig Jahren sollte die tschechische Sängerin Emmy Destinn eine Konzerttournee durch Australien machen, aber die Melba, „die australische Nachtigall", habe dies durch Druck auf die Konzertagentur hintertrieben und aus eigener Tasche eine Konventionalstrafe von 1500 Pfund bezahlt. 1500 Pfund sind selbst für eine Melba kein Pappenstiel, und wir bitten unsere Leser, sich diese Summe zu merken, denn Hegel bemerkt angeblich irgendwo, daß alle großen weltgeschichtlichen Tatsachen sich sozusagen zweimal ereignen, und Karl Marx fügt dieser niemals aufgefundenen Hegel-Stelle die Worte hinzu: „Das eine Mal als Tragödie, das andere Mal als Farce."

Indessen segelt unser Mann den brodelnden Kontinent entlang. Seine Rolle an Bord hat sich wesentlich verändert, wenn auch nicht verbessert. Für jene, denen er anfangs nur des Attentats auf König Alexander und Barthou verdächtig war, ist er jetzt ein ausländischer Agent, der Australien aufwiegeln will. Mütter verbieten ihren Kindern, mit ihm zu spielen, und seine täglichen Partner im Seilringwerfen beginnen die Partien ohne ihn, ach.

Ach, und für andere ist er interessant geworden. Ein spitzmäusiges Wesen sucht ihn durch stundenlange Vorträge für eine Synthese von Trotzki, Mensendieck und Freud zu gewinnen, in der das Heil der Welt liege. Ein Queensländer Wollhändler, von seinem Scheidungsprozeß aus England zurückkehrend, setzt unserem Mann auf Grund von Steuervorschreibungen auseinander, wie die australischen Regierungen ihre Bürger ruinieren. Kompliziert ist das Projekt, in das ein Grundstücksmakler aus Port Darwin ihm die Einsicht aufdrängt: Australien soll die Perlenfischerei an der Nordküste in eigene Hände (das heißt in die des Projektanten) nehmen, statt sie den Japanern zu überlassen. „Japan will Australien erobern, erzählt man uns immerfort, damit wir Geld für militärische Zwecke hergeben, gleichzeitig aber liefert man den Japanern unsere ganze Wirtschaft aus und duldet, daß sie unsere Gewässer exploitieren. Dabei sind diese Perlenfischer allesamt japanische Spione – ich kenne sie persönlich und kann das beweisen. Aber die Regierung will ja nicht auf mich hören."

Als Vertreter der indischen Pfadfinder fährt ein fünfzehnjähriger Parse zur „Jamborree", dem Welttreffen in Melbourne. Weil er nun erfahren hat, daß unser Mann ein Schriftsteller ist, bittet er ihn, ihm eine Rede abzufassen, die indische Jugend sei allzeit bereit, auf der Seite des britischen Empires zu kämpfen und zu sterben.

Von einer Reise nach Indien, wo er Aktionäre für die Auswertung einer neuen Goldmine zu finden versucht hat, kehrt ein zappliger Geschäftemacher nach Adelaide heim, Goldklümpchen trägt er in der Tasche und bietet unserem Mann zwar keines davon an, wohl aber zwei Aktien der zukünftigen Goldgrube. Als Gegenleistung verlangt er nur, unser Mann möge ein Buch über das vielversprechende Unternehmen schreiben oder sonstwie kapitalkräftige Interessenten werben.

In flachem Bogen schneidet die australische Bucht in die Südküste ein. Dieser Teil der Fahrt ist der stürmischste; bald steuerbords, bald backbords richten sich die Wogen neben dem Schiff auf, eine drohende Wand. Der Passagier saust an die Reling, wenn er aber, schon mal dort, sich auf Gnade oder Ungnade übergeben will, so wird er gerade im entscheidenden Moment wieder davongerissen und einem Mitpassagier gegen die Rippen geschleudert; Gemöbel, Koffer, Geschirr und Mensch, alles rutscht und kracht durcheinander. Der Ozean schreit sein sinnloses Geschwätz lauter und lauter in den Wind, verrenkt seinen Rumpf und wirft seine Gliedmaßen nach allen Seiten. Diesem Exzeß kann der Passagier selbst in der Kabine nicht entrinnen, das Bett tanzt den Veitstanz mit.

Im Waschraum tritt einer der vier Italiener auf unseren Mann zu. Leise fragt er: „Parlate l'italiano?" – „Ein wenig." – „Fate attenzione. I miei amici vogliono attaccarvi." – „Warum, wann, wo wollen mich Ihre Freunde attackieren?" – „Non so." Mit dem Gefühl, daß es überall Freunde und überall Feinde gibt, von denen man nichts weiß, steigt unser Mann in ein schlenkerndes, stöhnendes, hopsendes Bett.

Kaum legt die „Strathaird" an, kaum ist sie in Ruhe, als sie auch schon von Bewegung erfüllt ist: von der Bewegung des Festlands. Der Landungsplatz heißt Adelaide, doch ist von der Stadt Adelaide kein Rauchfähnchen zu erblicken; fünfzehn Meilen sind's vom Outer Harbor in die Stadt und ebensoviel von der Stadt zum Outer Harbor. Diese Distanz hindert die verfügbaren Bewohner nicht, zum Outer Harbor hinauszupilgern, den umstrittenen Fremdling zu besichtigen, zu shakehanden und zu knipsen. Auch ein Interview muß er geben – nicht geben, sondern abhalten, denn es wird ein Massenmeeting, aus ganz Australien sind Pressevertreter gekommen, Zuhörer umdrängen das Interview, währenddessen er zum Telefon gerufen wird: Ferngespräch.

Zum Telefon? Ferngespräch? An Bord eines Schiffes? Er lernt, daß Ozeandampfer im Augenblick ihrer Landung in das Telefonnetz eingeschaltet werden. Der Melbourner „Star" ruft unseren Mann auf der „Strathaird" an, um eine originellere Form des Interviews zu haben: „Was ist Ihr Tip für die Saarabstimmung? Was denken Sie über den England-Australien-Flug?" und ähnliches. Zum Glück hört man elend.

Die an Bord erschienenen Reporter fragen unseren Mann, ob er Vicki Baum persönlich kenne; nein, er kenne sie nicht persönlich; sie fragen, ob er Remarque persönlich kenne; nein, er kenne ihn nicht persönlich; die Enttäuschung ist offenkundig; sie fragen, ob er Fjuktwendscher persönlich kenne; Gott sei Dank, den Fjuktwendscher kennt er persönlich, und das ergibt die Headline: Bester Freund von Lion Feuchtwanger etc.

Aber auch andere deutsche Schriftsteller, sagt unser Mann, kenne er, die heute nicht mehr leben. Und er erzählt von Erich Mühsam, von Theodor Lessing, Erich Baron, Franz Braun, von den Meuchelmorden in den Nazikasernen, von den Inquisitionsmethoden der Gestapo, von den Todesmartern in den Konzentrationslagern, er sagt den Journalisten, wer Ossietzky, Mierendorff, Renn und Neubauer sind, Hirne hinter Stacheldraht, er spricht von Ernst Thälmann, der als Präsidentschaftskandidat sechs Millionen Stimmen auf sich vereinigt hat und nun seit fast zwei Jahren ohne Leseerlaubnis, ohne Schreiberlaubnis, ohne Besuchserlaubnis in Einzelhaft gehalten wird, er berichtet von Zehntausenden Antifaschisten, denen es ebenso ergeht, und von den „auf der Flucht erschossenen" oder mit dem Beil hingerichteten deutschen Arbeitern.

Davon weiß man wenig in Australien. Man weiß nicht, daß der oberste Naziführer in seinem Buch selbst zugibt, als Spitzel der Reichswehr zu den Nationalsozialisten geschickt worden zu sein, und auf diese Weise Anschluß an die Politik bekam, man weiß nicht, daß er für das Eiserne Kreuz I. Klasse nie eingegeben war, es nie verliehen erhielt, aber immer trägt, man weiß nicht, daß er monatelang bei Hindenburg um seine Ernennung gebettelt und antichambriert hat und im Augenblick, da sich seine Anhängerschaft um Millionen verminderte, nur deshalb zum Kanzler ernannt wurde, damit durch Diktatur eine öffentliche Diskussion über den Osthilfeskandal verhindert werde, welche Ernennung jetzt den offiziellen Namen „Deutsche Revolution" führt.

Deutsche Bauern und Winzer aus Hahndorf, aus Blumberg und anderen deutschen Dörfern in der Umgebung von Adelaide stehen im Rund, sie kamen hierher, den Landsmann zu begrüßen und Fragen zu stellen.

Viele Fragen, viele Antworten, ehe sich die Taue des Schiffes lösen. Unten am Kai sieht unser Mann zum erstenmal die Flagge Australiens, gestirnt mit dem Kreuz des Südens, sie weht auf dem Pianino einer Kriegsinvalidenfamilie, die um Almosen singt. An einem japanischen Kauffahrteischiff vorbei navigiert die „Strathaird“ in den Ozean und schwimmt melbournewärts. Zum Kongreß kommt sie nicht mehr zurecht.

Am nächsten Morgen stoßen unser Mann und die anderen Passagiere in den täglich ausgegebenen Schiffsnachrichten auf einen Namen, den wir und unsere Leser bereits kennen: Gerald Griffin. Der Mann dieses Namens, Delegierter Neuseelands zum Antikriegskongreß in Melbourne, ist bei seiner Ankunft in Sydney angehalten und mit dem nächsten Dampfer zurückgeschickt worden. Was die Radio-News nicht hinzufügen, ist die Tatsache, daß man Gerald Griffin, der britischer Staatsbürger, ein Ire aus Cork ist, einer Diktatprüfung in holländischer Sprache unterworfen hat und das Nichtbestehen dieser Prüfung zum Anlaß der Ausweisung nahm.

Der Kongreß selbst weiß in diesem Augenblick noch nichts von der Prüfung Gerald Griffins in holländischer Sprache. Zwar hat es Griffin telegrafisch mitgeteilt, aber das Telegramm wird erst mit zweitägiger Verspätung eintreffen, der Postminister Mac Lachlan wird auf Befragen erklären, die australische Post befördere täglich hunderttausend Telegramme, es lasse sich bei größter Sorgfalt und so weiter und so weiter.

Auf dem Podium in der Stadthalle von Port Melbourne, wo der Kongreß heute beginnt, sind zwei Stühle unbesetzt, über ihnen hängt ein Plakat: Reserviert für die beiden überseeischen Delegierten, die von der Regierung des Ministerpräsidenten Lyons verhindert wurden, gegen Krieg und Faschismus aufzutreten.

Wissen Sie, was Poppy Day ist? Poppy Day ist in britischen Landen der 11. November, jedermann trägt zur Erinnerung an den siegreichen Waffenstillstand eine papierene Mohnblume, die Herren im Knopfloch, die Damen auf dem nördlichen Abhang der östlichen Brust. Passagierinnen mit Sammelbüchsen verschleißen das Abzeichen an Bord, und selbst die farbige Bemannung, durch die man sonst hindurchsieht, als ob sie aus Luft bestünde, selbst sie genießt heute die Ehre, als Käufer geworben zu werden. Das einzige menschliche Wesen ohne rotes Abzeichen ist unser Mann; vor einer Woche hätte er vielleicht eines angesteckt, um nicht aufzufallen, heute, als Kriegsgegner entlarvt, kann er nicht mehr mitmachen.

Ohne Blume erwartet er den angekündigten Angriff Italiens. Er hat die Absicht der Gegner dem Stanley Quinlan anvertraut. Stanley Quinlan ist einer von den Riesen, die die australischen Ponys zur indischen Armee gebracht haben, und nun ins Mallee zurückkehren, die Weidenlandschaft von Victoria. Allsonntäglich folgt Stanley Quinlan dem Ruf der Glocken von Westminster, deren Klang, aus London drahtlos übermittelt, die Passagiere der Touristenklasse zum Gottesdienst in den Salon der Ersten Klasse lädt – einmal in der Woche ist auf der „Strathaird" der Klassencharakter der Gesellschaft aufgehoben. Auch wochentags, bevor Stanley Quinlan aus der ihm viel zu kurzen Koje rollt, betet er laut, sonst flucht er, wie eben ein Bauernbursch aus dem Mallee flucht, und ertränkt die Reue über sein gotteslästerliches Fluchen im Whisky.

Manchmal werden an der Abendtafel Kopfbedeckungen aus Papier verteilt, auf daß köstliche Karnevalsstimmung hervorgerufen werde. Stanley Quinlan sammelt nachts die zerknüllten Papiermützen vom Deck auf. „Für meine kleinen Neffen", sagt er verlegen, als ihn jemand dabei antrifft, „ich wollte ihnen eigentlich etwas anderes mitbringen, aber ich habe mein Geld vertrunken."

An ihn, Stanley Quinlan, hält sich unser Mann, seit er vor dem italienischen Angriff gewarnt ist, wie an einen großen Bruder, unser Mann kann sich in keine Prügelei einlassen; ihn zu einem Rowdy stempeln zu können wäre just das, was die Gegner an Bord, die Gegner an Land wünschen.

Leider sitzt Stanley Quinlan beim Essen nicht an unseres Mannes Tisch, und dort passiert es. Im Speisesaal ist das Rauchen nicht erlaubt, doch wenn die Mahlzeit zu Ende ist, fragt man die Ladies am Tisch, ob sie etwas dagegen einzuwenden haben, sie haben nichts einzuwenden, und man steckt sich eine Zigarette an.

Mitten in der heutigen Zigarette stürmen die Italiener heran, und einer schreit auf englisch, von den anderen mit Rhabarber-Rhabarber untermalt: Hier darf nicht geraucht werden, Steward, schmeißen Sie den Kerl hinaus. Mit erhobener Stimme antwortet unser Mann: Nehmen Sie sich in acht, ich bin Boxer und werde Ihnen die Kinnbacke zerschlagen, und schielt dabei in die entlegenen Distrikte des Saals, ob die Antwort auch laut genug gegeben wär, daß Stanley Quinlan sie höre.

Unschlüssig steht der farbige Steward da, er traut sich nicht recht einzuschreiten, aber schon stoßen ihn die Italiener gegen unseren Mann, go on, go on, andere Passagiere umdrängen die Szene, da stapft endlich, endlich der große Bruder heran, da zertrennt er gewaltig den dichten Chor, schiebt den schlotternden Steward zurück und die Italiener zur Seite und winkt dem Rädelsführer. „Komm aufs Deck, ich will mal verdammt mit dir sprechen, du verdammter Feigling."

Es erweist sich jedoch, alle Zeugen sehen es bewundernd, daß der verdammte Feigling kein Feigling ist, sondern darauf brennt, sich mit Stanley Quinlan, dem Riesen, zu messen. „Ja, komm hinaus, komm aufs Deck, ich werde dir schon zeigen , wer ein Feigling ist", brüllt der Italiener, krempelt die Ärmel hoch und eilt kampfbegierig zur Tür, Stanley kann kaum mit ihm Schritt halten, der Italiener wendet sich höhnend um, „mach schneller, mein Junge, ich werde dir schon zeigen". Seine Freunde umgeben ihn, Stanley Quinlan geht hinter ihnen, die Passagiere drängen nach. Da sie aber hinauskommen, um den Fight zu sehen, sehen sie nur Stanley Quinlan, der verlegen wie ein Kind dasteht und murmelt: „Sie sind weg, sie sind weg." So endete die Provokation mit Gelächter.

Es geht Melbourne zu, der Geburtstagsstadt. Sie hatte ursprünglich den König erwartet, erfuhr aber schon vor Jahresfrist, daß an seiner Stelle sein ältester Sohn, der Fürst von Wales, nach Australien kommen werde. Kurz darauf wurde offiziell verlautbart, nicht der Kronprinz von England, der Fürst von Wales, sondern der Herzog von Kent werde den König bei der Hundertjahrfeier des Staates Victoria vertreten; die Änderungen nahm der Konkurrenzstaat Neusüdwales mit größerer Freude zur Kenntnis als der Staat Victoria, nämlich mit Schadenfreude.

Also Herzog von Kent. Emailabzeichen mit seinem Bild wurden in Hunderttausenden von Exemplaren fabriziert, Schokoladenpackungen mit dem Herzog von Kent, Fähnchen mit dem

Herzog von Kent, Ansichtskarten mit dem Herzog von Kent, Bilderbücher über den Herzog von Kent.

Da wird der Herzog von Kent unvermutet mit einer anderen Aufgabe betraut, Marina von Griechenland zu heiraten, und Australien kriegt den Herzog von Gloucester. Was wird nun aus den Abzeichen, den Konfektpackungen, den Ansichtskarten und den übrigen Dingen mit dem Herzog von Kent?

Immerhin, die Feier wird imposant werden, wenn nichts dazwischenkommt, sagen sich die Veranstalter. Und was sollte dazwischenkommen, fügen die Veranstalter ihrem Selbstgespräch hinzu, der Antikriegskongreß etwa? Lächerlich. Die beiden Überseedelegierten werden ja fehlen. Gerald Griffin hat sich nach Neuseeland zurückschicken lassen und ist schön artig dort geblieben, der andere wird unbeachtet an der Stadt vorbeifahren. Wäre nicht das Aufsehen mit dem Landungsverbot gewesen, hätte man sogar den ganzen Kongreß totschweigen können.

Von der Roten Hilfe Australiens ist in Melbourne ein Prozeß anhängig gemacht worden, eine Klage wegen Menschenraubs: der Kapitän eines Schiffes habe nicht das Recht, einen Mann, dem in einem Land die Landung verweigert wird, als Gefangenen durch die sieben Meere zu schleppen. Hat sich der Kapitän der „Strathaird" überzeugt, ob dieses Landungsverbot zu Recht erfolgte? Australien hat Gesetze, unliebsame Personen abzuschieben, aber landen lassen muß es jeden, gegen dessen Einreise nicht „von der Regierung einer befreundeten Macht durch offizielle Kanäle Einspruch erhoben wurde". Gab es einen solchen Einspruch und von welcher befreundeten Macht? Wurde er dem Kapitän übergeben? Wenn nicht, so hat er an dem Weltdelegierten kidnapping begangen, Menschenraub.

Nach britischem Recht gibt es nur eine einzige Person, die wegen Verletzung des britischen Rechts Klage erheben kann: der König von Großbritannien. Der denkt schwerlich daran, den Kapitän der „Strathaird" wegen Verschleppung eines Kriegsgegners vor Gericht zu ziehen. An des Königs Stelle und in des Königs Namen darf es der Geschädigte tun. Wo aber der Kläger ist, nämlich auf hoher See, ist kein Richter, und wo ein Richter ist, nämlich auf dem australischen Festland, ist kein Kläger, weder König Georg V. noch sein Klagevertreter Kisch, und keiner von beiden hat jemandem eine Vollmacht zur Klage gegeben.

Allerdings kann das Oberste Gericht des Staates Victoria das nicht vorher wissen. Es muß augenblicklich zusammentreten, wenn eine Klage eingebracht wird wegen Verletzung der Magna Charta und ihres Gebots: Du sollst deinen Körper haben und über deinen Körper verfügen können, solange er nicht durch gerichtliche Entscheidung in Haft genommen ist. Also wurde auf Grund der Klage wegen Bruchs der Habeaskorpusakte die Verhandlung angesetzt, und erst bei Beginn dieser Verhandlung wird das Gericht feststellen, ob eine Klagelegitimation vorliegt.

Nun, auch von diesem Prozeß brauchen die Veranstalter der Jahrhundertfeier keine Beeinträchtigung des Festes zu fürchten. Der Regierungsvertreter wird einfach die Note vorlegen, mit welcher eine befreundete Macht, und zwar England, sich durch offizielle Kanäle die Landung unseres Mannes verbeten hat, und dann wird der Kapitän freigesprochen werden und das Schiff mitsamt dem Kläger nach Sydney weitersegeln.

Vorläufig fährt die „Strathaird" erst in Port Phillip ein, dem Hafen von Melbourne; aus einer Barkasse steigt eine Dame an Bord und stellt sich unserem Mann als Mrs. Rosenove vor, seine Rechtsanwältin im Prozeß gegen Mister Carter wegen kidnapping ... habeas corpus ... Sehr erfreut, sehr erfreut, murmelt unser Mann und denkt, was für ein Prozeß? Wer ist Mister Carter? Kidnapping ist amerikanisch, habeas corpus ist lateinisch, und das Ganze kommt ihm spanisch vor.

„Ein Notar wird kommen, um Ihre Identität festzustellen. Mrs. Arens wird bestätigen, daß sie Sie kennt, von Berlin her, vom Januar 1932, aus der Wohnung des Abgeordneten Münzenberg in der Friedrichstraße ..." Ah, da sind sie schon, ein Notar und eine Frau, und der Notar fragt unseren Mann, ob er diese Frau kenne. Freilich, erwidert der, freilich kenne er diese Dame, das ist ja Mrs. Arens, nicht wahr? Und er sei mit ihr in der Wohnung des Abgeordneten Willy Münzenberg in der Berliner Friedrichstraße beisammen gewesen. – Wann das gewesen sei, fragt der Notar streng und hält ein Protokoll in beiden Händen wie ein Herold die kaiserliche Bulle. Das sei im Januar 1932 gewesen, äußert unser Mann, ohne mit der Wimper zu zucken, und damit ist alles in Ordnung; genauso steht es nämlich auch im Protokoll von Mrs. Arens, das nun notariell gefertigt und gesiegelt werden kann. Unser Mann ist behördlich als derjenige agnosziert, der er wirklich ist, obwohl er ebensogut im Januar 1932 in Schanghai statt in Berlin gewesen sein könnte und Herr Willy Münzenberg möglicherweise niemals in der Friedrichstraße gewohnt hat. Aber nur auf solche Art ist die Wahrheit gerichtsordnungsmäßig zu beweisen.

Es treten ab der Notar, die Anwältin und die Zeugin, sie müssen zum Gericht, es treten andere auf. Zwar hat die Polizei den Kai abgeriegelt, keine Abordnung und kein Einzelbesucher darf zu unserem Mann, aber sie kommen doch. Denn zu den anderen Passagieren darf man, man muß nur den zu Besuchenden nennen, und die Konstabler schauen in der Schiffsliste nach, ob der wirklich darin steht. Er steht immer wirklich darin, die Freunde unseres Mannes haben sich die Schiffsliste beschafft, und jeder nennt einen unanfechtbaren Namen.

Parlamentsmitglieder werden durch jeden Kordon gelassen. Erstaunt schüttelt unser Mann dem Senator Arthur Rae und dem Abgeordneten Dr. Maloney die Hände. Als er auf der Überfahrt in dem Buch „Australia's Awakening" diese Namen las (mit ihnen traten die ersten Arbeitervertreter in die frühkapitalistische Urzeit Australiens ein), dachte er, die beiden nur noch auf Denkmälern zu finden, aber hierzulande liegt ja nichts sehr weit zurück, da stehen die zwei Sagenhaften in persona.

„Haben Sie einen Entwurf Ihres Referates oder so etwas?" fragt der Sekretär des Kongresses unseren Mann. Ja, so etwas habe er, erwidert unser Mann und freut sich, daß seine Arbeit nicht vergeblich war; mit dem Konzept der Rede eilt der Sekretär davon, um sie von der Tribüne zu verlesen.

Auf dem Schiff gibt es viele Wände, und an den Wänden kleben viele Zettel, und auf den Zetteln ist der fromme Wunsch gedruckt: „Kisch must land", und ein Exemplar wurde unserem Mann an den Rock geheftet, was die Photographen zur Großaufnahme seines Knopflochs veranlaßt. Boote, mit antifaschistischer Jugend bemannt, umkreisen die „Strathaird,", ihre Fahnen und Banner tragen Losungen gegen die Nazibarbarei, für die Freilassung der politischen Gefangenen im Dritten Reich; Burschen und Mädel heben die Ruder, schwingen die Fahnen, rufen im Sprechchor: „We want Kisch", und unser Mann kann darauf nur antworten: „I want you."

Unter den Gästen an Bord sind Schriftsteller, die gegen das Landungsverbot protestiert haben. Berufsfragen werden diskutiert und eine Zusammenkunft verabredet, aus der die Writers' League hervorgehen wird, australische Sektion der Schriftsteller-Internationale.

Gleichzeitig wickelt sich vor dem Obergericht von Victoria der Prozeß ab; Menschenraub oder legale Abschiebung, das ist die Frage. Was dort und überhaupt auf dem Festland vor sich geht, darüber berichten die rasch einander folgenden Ausgaben der Abendblätter, Meldungen vom Kongreß, vom Prozeß, von Szenen am Kai und von Verhaftungen wegen Flugblattverteilung, wegen Zettelklebens, wegen Nichtbefolgung der Polizeibefehle, wegen Amtsehrenbeleidigung.

Größer und größer ist das Getriebe an Bord geworden, alles drängt und stößt durcheinander, Einzelgespräche sind unmöglich geworden. Organisieren wir ein Meeting! Es wird ein dreistöckiges Meeting. Vom Oberdeck leitet es der Präsident der Eisenbahnergewerkschaft, T. M. Gleeson, und von dort sprechen die Redner, auf dem Verdeck darunter, backbords und steuerbords, bilden die Besucher und die neugierig hinzutretenden Schiffspassagiere das Auditorium, aber beileibe nicht das ganze; Versammlungsteilnehmer, meist Hafenarbeiter, stehen bis zum Wasserrand am Kai, Versammlungsteilnehmer, meist Jugend, lauschen in den rotbeflaggten Booten zu Füßen der „Strathaird".

Seit Schiffe die Welt durchsegeln, haben wohl noch niemals Bewohner des Festlands ein Schiffsdeck als Lokal für eine politische Massenversammlung gewählt. Filmoperateure kurbeln die Revolution auf dem Meer, eine Polizeiabteilung marschiert die Landungsbrücke empor, aber sie schreitet nicht ein, so scharf auch die Redner losziehen gegen die Regierung.

... gegen die Regierung. Die tagt in Canberra, dort tagt auch das Parlament, dort schlägt die Erregung Wellen. Ein Minister gibt sogar in seiner Eigenschaft als Schriftsteller eine Erklärung ab.

„Der Minister für Zollwesen, Mr. White, drückte heute seine Überraschung und Mißbilligung über den vom Präsidenten des Schriftstellerverbandes, Mr. Bernard Cronin, verfaßten Protest gegen die Verbannung von Kisch aus, der ohne Befragung der Mitgliedschaft erfolgte. ‚Ich selbst bin Mitglied', sagte Minister White, ‚und ich wurde nicht befragt. Wie man der Angabe Kischs Glauben schenken kann, daß er Schriftsteller sei, ist mir unerfindlich. Die Werke, die er geschrieben zu haben behauptet, scheinen der Welt unbekannt zu sein. Jedenfalls steht fest, daß keines seiner Bücher jemals in die englische Sprache übersetzt wurde.'"

Es mag für einen Autor recht bitter sein, solchen Hohn über sich ergehen lassen zu müssen, aber der zu Kränkende hat keine Zeit, sich zu kränken. (Vielleicht später.)

Generalstaatsanwalt Menzies läßt sich wieder vernehmen, alle Aktionen für den Ausgewiesenen seien sinnlos und zwecklos, denn ebenso wie der neuseeländische Antikriegsdelegierte Gerald Griffin rücksichtslos dorthin zurückexpediert wurde, woher er kam, werde es dem Weltdelegierten ergehen. „Er wird, so erkläre ich zum dritten und letzten Male, seinen Fuß nicht auf den Boden des australischen Gemeinwesens setzen."

Es mag für einen Delegierten recht bitter sein, solche Verdammung über sich ergehen lassen zu müssen, aber der zu Entmutigende hat keine Zeit, entmutigt zu sein. (Vielleicht später.)

Die Entscheidung, ob unser Mann seinen Fuß auf australischen Boden setzen darf, liegt vorläufig noch in den Händen des Obersten Gerichts von Victoria. Am frühen Morgen begann der Prozeß. Mrs. Arens hat ausgesagt, der Kapitän der „Strathaird", Mr. A. E. Carter, halte ihren Berliner Freund widerrechtlich an Bord fest, obwohl dieser ein ordnungsgemäßes Einreisevisum vom britischen Generalkonsulat in Paris besitzt. Mrs. Rosenove, die im Namen unseres Mannes dasteht, der seinerseits im Namen des Königs von Großbritannien und Irland dasteht, verlangt ein „order nisi", die Aufhebung der unrechtmäßigen Festhaltung an Bord. Dagegen wendet der angeklagte Kapitän ein, er sei dafür verantwortlich, daß die Befehle der Commonwealth-Regierung auf seinem Schiffe durchgeführt werden. Allerdings kann er die Befehle der Commonwealth-Regierung, die die Festhaltung des

Klägers verfügen, derzeit nicht vorweisen. Vertagung des Prozesses auf morgen.

Auch der Tag vertagt sich, und der Abend sinkt über Port Phillip und die Stadt Melbourne, die Wellen werden müde und die Fenster finster, jedoch der Besucherwirbel auf der „Strathaird“ flaut nicht ab, er währt die Nacht hindurch, setzt sich ohne Unterbrechung am nächsten Morgen fort.

Schon gestern abend hätte die „Strathaird“ in See stechen müssen, wenn sie ihrem Fahrplan gefolgt wäre. Aber sie ist festgehalten und wird festgehalten bleiben, so lange, bis das Gericht entscheidet, ob einer ihrer Passagiere mit Recht festgehalten wird.

Unseres Mannes Besucher reden selbstverständlich nicht nur mit ihm, sondern auch miteinander; ihre Gespräche, die sich überschneiden, sind Gespräche des Alltags, allerdings des Alltags von Melbourne.

„Sind Sie nicht mehr in der Radwerkstätte ...?“ – „Ihre Kleine geht mit unserer Nell zur Schule, ich hab das erst vor ein paar Tagen gehört ...“ – „Trinken wir nachher einen Cocktail bei Menzies ...“ – „Nein, ich arbeite schon über ein Jahr bei Ruskin Limousines ...“ – „Ist unser John Fisher wirklich der Sohn vom Prime Minister Andrew Fisher ...?“ – „Am besten fahren Sie von Flinders Street mit der Deepdene bis Kew ...“ – „Wir wohnen jetzt in Heidelberg ...“ – „Sie müssen am Montag auf unserem Meeting in der Unity Hall sprechen, wenigstens ein paar Worte.“ – „Kommen Sie um sechs zum Geigenmacher Bill Dolphin, ein Glas Bier trinken.“ – „Bourke Street ... Collins Street ...“ – „Rufen Sie mich vorher an, Ivanhoe 4646; das ist leicht zu merken ...“

Jaja, sagt sich unser Mann, das ist leicht zu merken, aber schwer zu verstehen. Alles ist so schwer zu verstehen. Wieso geben sich meine Freunde bei meinem Feind Menzies, dem Staatsanwalt, ein Rendezvous zum Cocktail? Wieso wohnen Melbourner Familien in Heidelberg und sind doch hier? Seit wann kehrt man bei einem Geigenbauer ein, wenn man ein Bier trinken will? Was mag Deepdene sein?

Da unten, ein paar Schritte von hier, liegt eine Riesenstadt. Ist dieses Melbourne so wie Berlin, dieses Australien so wie Europa? Wie gerne möchte er alles sehen und beschreiben, seinen Auftrag ausführen, zu sprechen und zu warnen vor der Barbarei, deren Zeuge er war, und er darf nicht hinunter von dem vermaledeiten Dreckschiff da. Nie werde ich in Bill Dolphins Violinwerkstätte Bier trinken, nie erfahren, was Heidelberg auf australisch bedeutet, nie Bourke Street betreten noch sonst eine Straße, so denkt unser Mann inmitten des Rummels, der vom Land in ihn einmündet und von ihm ins Land.

Am nächsten Tag erscheint ein Vertreter der Bundesregierung vor Gericht und verliest eine Erklärung des Innenministers Paterson:

„Am 18. Oktober 1934 hat in Verfolgung von Abschnitt 3, § GH des Einwanderungsgesetzes, der für besagtes Gesetz zuständige Minister auf Grund einer von einem anderen Teil des britischen Imperiums durch offizielle Kanäle erhaltenen Information den Egon Erwin Kisch als einen unerwünschten Besucher oder Bewohner des Commonwealth erklärt."

Die Vertreterin unseres Mannes bezeichnet die Angaben dieses Dokuments als falsch; am 18. Oktober war dem Minister unbekannt, daß der Delegierte kommen werde. Der Befehl an die Hafenbehörde in Fremantle besagte, „Kisch, der laut Melbourner Zeitungsnachrichten zu Vorlesungszwecken eintreffen werde, ist an der Landung zu verhindern." Aber die ersten Zeitungsnachrichten über die bevorstehende Ankunft erschienen erst vierzehn Tage nach jenem 18. Oktober. Das Verbot erfolgte auf Wunsch der deutschen Nationalsozialisten in Australien, und die Behauptung des Ministers, es liege eine durch offizielle Kanäle eingelangte Information von seiten eines anderen Teiles des Empire vor, trage den Stempel der Unwahrheit. Wo ist diese Information? Wie ist ihr Wortlaut?

Die Fragen werden nicht beantwortet. Um ein Uhr mittags erhebt sich der Oberrichter und verkündet, er werde, entgegen der Gepflogenheit, das Urteil der Urteilsbegründung folgen zu lassen, diesmal das Urteil voranstellen, damit die „Strathaird" nicht länger als notwendig im Hafen bleibe. Und also laute das Urteil: Die Klage wird abgewiesen, die Festhaltung des Klägers an Bord ist rechtsgültig; die Kosten des Verfahrens gehen zu seinen Lasten.

Telefonisch meldet man die Nachricht an Bord, die Signalpfeife schrillt, alle Besucher müssen das Schiff verlassen. Unser Mann verabschiedet sich und verspricht, auf dem Vorderdeck zwecks Winke-Winke zu erscheinen. Einem jungen Reporter, mit dem er über dessen politische Zweifel diskutiert hat, gibt er zum Abschied den Rat, nach Abstoßen des Schiffes noch ein paar Minuten am Ufer zu bleiben. „Das kann ich nicht, ich komme ohnehin schon zu spät in die Redaktion." – „Riskieren Sie fünf Minuten."

Einige Tage später bekommt unser Mann einen überschwenglichen Dankbrief des jungen Reporters, er habe gewartet, „hätte ich Ihren Rat nicht befolgt, wäre ich mit Schimpf und Schande entlassen worden, denn ich hätte alles versäumt, was sich ereignet hat".

Was hat sich denn ereignet?

Die „Strathaird" stieß ab, ein Meter Wasser war schon zwischen dem Schiffsrumpf und dem Uferrand, da sah die Menschenmenge auf dem Kai mit Entsetzen, wie sich fünfeinhalb Meter hoch über ihr ein Mann auf die Reling schwang; um Gottes willen, er wird sich doch nicht herunterstürzen?

Man wird verstehen, daß wir nicht selbst sagen, was sich ereignet hat, sondern es weniger Beteiligten, unberufen Berufeneren zu sagen überlassen. Im Berliner „Angriff" zum Beispiel wird es folgendermaßen gesagt: „Jüdische Frechheit des Rasenden Reporters. – Gerechte Strafe: Kisch bricht sich die Beine." Ohne Zweifel ist dieser „Angriff" übertrieben; so groß war die jüdische Frechheit denn doch nicht, sie begnügte sich damit, ihm ein Bein zu brechen, allerdings doppelt.

Wer dem Tatort näher ist, kommt dem Tatbestand näher. Kleben wir einfach die Titelseite irgendeiner australischen Zeitung hierher:

„Erfahrend, daß das Gericht den Antrag auf seine Freilassung abgelehnt hat, sprang Egon Erwin Kisch, der verbannte tschechoslowakische Schriftsteller und Vortragende, vom achtzehn Fuß hohen Achterdeck der ‚Strathaird', als diese eben im Begriff war, nach Sydney abzusegeln. Auf eine Stahlschiene des Piers fallend, verletzte er sein Bein und brach, nachdem er einen Schritt gemacht hatte, zusammen. Freunde wollten ihm helfen, aber von allen Seiten herbeieilende Konstabler ergriffen ihn und trugen ihn unter Führung zweier Detektivinspektoren trotz aller seiner Proteste in der Richtung zum Schiff.

,Wenn Sie mich an Land verhaftet haben', schrie er unterwegs mit gellender Stimme, ,dürfen Sie mich nicht auf ein Schiff bringen!' Diesem Protest wurde jedoch nicht stattgegeben und Kisch auf das Schiff gebracht, das Gegendampf gegeben hatte, zum Kai zurückkehrte und eine Landungsbrücke auswarf. Jenes Teils des Publikums, der in der Nähe des Achterdecks stand, bemächtigte sich ungeheure Erregung, die sich in verschiedenartiger Weise Luft machte und auch nach Wiederabfahrt der ,Strathaird' nicht verstummte. Zur Stunde ist die Polizei dabei, den Station Pier zu räumen.

Der Sprung war die Folge der an Bord gelangten Mitteilung, daß Oberrichter Irvin die Klage abgewiesen habe. Kisch, obzwar er vorher Freunden und Besuchern versichert hatte, daß er nicht erwarte, in Melbourne befreit zu werden, war sehr betroffen über die gerichtliche Entscheidung. Seine Besucher begaben sich ans Ufer und warteten auf ein Abschiedswort. Als er an der Reling erschien, riefen einige: ,Warum kommen Sie nicht ans Ufer?' Er deutete auf einen Mann, der sich mehr oder minder an seiner Seite hielt und ihn zu bewachen schien. Dann entfernte sich Kisch, worauf die meisten seiner Freunde den Pier verließen, da sich das Schiff zu bewegen begann.

Kaum drei Minuten später erschien er auf dem Achterdeck, schwang sich auf das Geländer und sprang hinab. Er stürzte auf den Pier, erhob sich, machte einen Schritt vorwärts und brach mit schmerzverzerrtem Gesicht zusammen. Im selben Augenblick hatte ihn schon der Konstabler I. B. Weller erreicht und fragte ihn in freundlicher Weise, ob er sich verletzt habe. Er antwortete, er habe sein rechtes Bein gebrochen. Man trug ihn fort, und zwar auf Weisung der Detektive, trotz seines lauten Protestes, auf das wieder anlegende Schiff zurück.

Vom Hauptquartier der Polizei werden wir informiert, daß der Kommandant der ,Strathaird', Capt. Carter, für den sicheren Gewahrsam Kischs haftbar ist und im Augenblick der Rückkehr des Schiffes von der Polizei verlangte, daß man den Flüchtigen zurückschaffe.

Ehe die ,Strathaird' von neuem abstieß, beklebten Demonstranten den Bug mit Zetteln, auf denen die Worte gedruckt waren: ‚Kisch, deportiert von Hitler 1933 – von Lyons 1934. Kisch muß landen!' Zwei Frauen wurden beim Zettelkleben festgenommen.

Weitere Nachrichten über die Szenen an der Landungsbrücke S. 2 und 4. – Der Fall Kisch vor Gericht S. 5. – Die Fälle Kisch und Griffin vor dem Bundesparlament S. 5. – Ein tschechoslowakischer Beethoven (Smetana) S. 8."

Sich in Schmerzen windend, ist unser Mann vor den Schiffsarzt gebracht worden, der seine Achselklappen zuckt: ohne Röntgenstrahlen könne er nichts machen, und es gäbe keine Röntgenstrahlen auf dem Schiff. Damit etwas als geschehen erscheine, gibt er den Auftrag, das Bein zu verbinden. Der Patient wird durch eine Gasse geblickter Spießruten in seine Kabine getragen.

Freund O'Hara, der Steward, hilft unserem Mann aus den Kleidern. Unser Mann kann sich nicht bewegen. Aus Leinentüchern macht O'Hara eine Schlinge und zieht sie durch die Bettstatt, die über der unseres Mannes liegt und seit Melbourne leer ist. An dieser Schlinge kann er sich ein wenig hochziehen, aber auch das schmerzt unbeschreiblich. Er hat hohes Fieber.

O'Hara sagt: „Was haben Sie da getan! Das hätten Sie nicht machen sollen, alle Passagiere sind jetzt gegen Sie."

Unser Mann denkt an die Proklamation, er werde seinen Fuß nicht auf den Boden des australischen Gemeinwesens setzen. Nun hat er seinen Fuß auf Australien gesetzt und ihn dabei gebrochen. Mister Menzies kann lachen. Und auch der Nazidiplomat, der durch seine Intervention das Landungsverbot veranlaßt hat, und die Gestapo in Berlin lachen sich ins blutige Fäustchen.

Keine Röntgenstrahlen an Bord, ohne das Bein einzurenken oder zu gipsen, wird man ihn auf der „Strathaird" lassen, die keineswegs bereits umkehrt. Im nächsten Jahr, wenn sie wieder in Europa landet, wird er längst zum Krüppel geworden sein, ohne Zweifel.

Am besten ist's, an gar nichts zu denken. Lesen aber kann er auch nicht, zu sehr peinigt ihn das gebrochene Bein. Dort auf dem Koffer flimmert, mit roter Tinte kalligraphiert, auf einem pergamentenen Einband der Name Hölderlin. Das Gedichtbändchen ist das handgeschriebene Geschenk einer deutschen Genossin aus Melbourne.

Ein Bote bringt Depeschen aus Sydney und Melbourne. „warum sind sie gesprungen fragezeichen drahtet zweihundert worte stop redaktion ..." Weg damit! Vielleicht wäre es gut, dem tschechoslowakischen Generalkonsulat in Sydney zu telegrafieren, daß das Bein einer Röntgenaufnahme bedarf; Telegramme an Konsularbehörden dürfen nicht zurückgehalten werden. „Zamini" heißt die Telegrammadresse aller tschechoslowakischen Konsulate, und für weitere sechs Worte reicht die Barschaft noch.

Wieder kommt ein Depeschenbote. Wollen Sie ein Telegramm für mich aufschreiben? Danke bestens. Reichen Sie mir, bitte, das Büchlein vom Koffer. Danke bestens.

„Doch uns ist gegeben,
Auf keiner Stätte zu ruhn,
Es schwinden, es fallen
Die leidenden Menschen
Blindlings von einer
Stunde zur andern,
Wie Wasser von Klippe
Zu Klippe geworfen,
Jahrlang ins Ungewisse hinab."

Nein, er kann nicht lesen, seine Lippen und das Schiff skandieren in einem falschen Rhythmus mit. Die Schiffswände klopfen Schreibmaschinen, immerwährend ein Wort aus zehn Buchstaben, dann eine Pause, dann wieder zehn Buchstaben. Unser Mann denkt über Worte mit zehn Buchstaben nach, er fühlt, wie das Fieber steigt; wenn er wenigstens schlafen könnte; der Steward tritt ein und fragt, ob er das Licht ausknipsen soll. Allright, switch off the light, O'Hara, und bitten Sie den Doktor um ein Schlafmittel. Ein alberner Schüttelreim frißt sich in unseres Mannes Hirn.

Leise kehrt O'Hara nach zeitloser Zeit in die Kabine zurück, leise, um unseren Mann nicht zu wecken, falls er eingeschlafen sein sollte. Keine Rede von Eingeschlafensein; im Bein steckt ein zerbrochener Knochen, im Kopf der Schüttelreim von einer

Maus, die nicht zum Speck dringt und deshalb von Deck springt, blödes Vieh.

Zwei Pulver für heute, zwei für morgen, hat der Arzt sagen lassen; unser Mann nimmt alle vier, und auch das nützt nichts. Es klopft an die Tür, nein, es ist nur das in eine Schreibmaschine verwandelte Schiff.

Herr Strauß ist da, der Spitzel aus der französischen Konzession von Schanghai, der auch damals am Bett stand, als unser Mann einen Anfall von Malaria hatte. Ich soll Sie im Namen von Herrn Ussakowski einladen, mit ihm und Herrn Trebitsch-Lincoln heute im Cathai-Hotel zu dinieren; er wird Ihnen sein Auto schicken. Unser Mann herrscht ihn an, nun habe er ihm doch wirklich oft genug gesagt, daß er ihn nicht mehr sehen wolle. Wenn andere Leute hier sind, antwortet Strauß, kann ich auch dasein, ich habe noch niemanden an den Galgen geliefert.

Die kleine dicke Frau neben ihm ist Madame Denise vom Hotel in Versailles, wo unser Mann wohnt. Sie sagt mit piepsender Stimme, sie brauche das Zimmer im dritten Stock für einen Flieger. Es klopft, und Herr Strauß fragt, was er Herrn Ussakowski bestellen soll, und sagt eindringlich: Machen Sie sich ihn nicht zum Feind, der weiß ganz genau, mit welchen Chinesen Sie sich gestern in Tschapei getroffen haben.

Wieder klopft es, und unser Mann ruft „entrez“, weil Madame Denise eben auf französisch erklärt hat, ein Flieger müsse doch im dritten Stock wohnen wegen der Luft und der Höhe; aber die Frauenstimme, die eintritt, fragt auf englisch, ob sie das Licht anknipsen darf. Allright, sagt unser Mann, switch on the light, und da steht ein wunderwunderschönes Mädchen, wie man es leider nur sieht, wenn man hohe Temperatur hat.

Kamerad, sagt sie, die Kongreßleitung hat mich beauftragt, mich auf der „Strathaird“ einzuschiffen, damit wir mit Ihnen in Kontakt bleiben.

Sehr schön, sagt unser Mann, sehr schön vom Kongreß und von Ihnen, meine Dame. Schade, daß die Ozeandampfer nur in Fieberträumen Küstenpassagiere aufnehmen, sonst wären Sie wirklich vorhanden, meine Dame. Sie heißen natürlich Diotima, nicht wahr?

Ich heiße Gwendolyn. Ich mußte eine Schiffskarte nach Neuseeland lösen, weil die Ozeandampfer keine Küstenpassagiere aufnehmen.

Ist es nicht schön, Fieber zu haben? Wenn sich die Logik gegen irreale Erscheinungen wehrt, so antworten die Fieberphantasien mit logischen Begründungen. Man muß seinen Zweifel gar nicht aussprechen, man denkt ihn bloß, und schon ist die Phantasiefigur dabei, ihn zu widerlegen.

Hier ist mein Ticket von Melbourne nach Wellington, damit Sie mir glauben, Kamerad. Und hier meine Parteilegitimation; ich bin Org.-Leiterin des Unterbezirks in X. Die Freunde haben mich an Bord geschickt, bevor noch der Prozeß zu Ende war, ich habe Sie aber auf dem Verdeck nicht angesprochen, um nicht mit Ihnen gesehen zu werden. Deshalb bin ich auch nicht bei Tag gekommen. Ich bleibe an Bord, solange Sie an Bord bleiben.

Ja, Kameradin Gwendolyn, bleiben Sie ewig mit mir auf dem Schiff, aber Sie sollten mir das nicht gerade vor Herrn Strauß sagen, der ist nämlich ein Polizeispitzel.

Ich habe noch keinen an den Galgen geliefert, sagt Strauß.

Wer? Ich kenne keinen Herrn Strauß, sagt Gwendolyn.

Entschuldigen Sie, ich habe nämlich ein wenig Fieber, sagt unser Mann, ich weiß natürlich, daß niemand hier ist, auch Sie nicht, du schönster aller Fieberwunschträume.

Ich will Sie nicht stören, Kamerad, wenn Sie zu große Schmerzen haben.

Verweile doch ...

Ich soll Ihnen dreierlei bestellen. Erstens ist gestern beschlossen worden, den Prozeß, falls Sie ihn in Melbourne verlieren, in Sydney noch einmal anhängig zu machen.

Und dann kann ich sofort nach Melbourne zurückfahren und beim Geigenbauer Bill Dolphin ein Glas Bier trinken ... Nur schade, daß das nicht möglich ist. Es war ja das Oberste Gericht, das gegen mich entschied, und eine höhere Instanz gibt es nicht.

Es war das Oberste Gericht von Victoria. In Sydney aber ist das Oberste Gericht von Neusüdwales, und außerdem ist dort das Oberste Gericht für das ganze Commonwealth ...

... Und das wird mich gleich an Land lassen und sich feierlich bei mir entschuldigen, nicht wahr?

Jedenfalls sind die Aussichten in Sydney viel günstiger; dort gibt es keine Jahrhundertfeier und keinen königlichen Besuch, die von Ihnen gestört werden können, man tut in Sydney in der Regel das Gegenteil von dem, was in Melbourne getan wird, und das Oberste Gericht ist ziemlich demokratisch. Vielleicht läßt man Sie wirklich an Land.

Dann kann ich mein Zimmer hier abgeben, c'est entendu, Madame Denise.

Wie bitte? Also das war das erste, was ich Ihnen zu bestellen habe.

Und das zweite, du Herold der Freude namens Gwendolyn? Was geschieht dann, wenn die Maus *nicht* an den Speck dringt?

Zweitens erscheint Ihr Referat als Broschüre. Es wird heute nacht in Melbourne gedruckt, das andere Exemplar des Manuskripts nimmt das Rote-Hilfe-Auto nach Sydney mit, damit die Broschüre dort noch vor dem Eintreffen der „Strathaird" erscheinen kann.

Ich habe ja nur einen Entwurf abgegeben, und an Stelle der Namen habe ich immer X geschrieben.

Seien Sie ganz ohne Sorge. Ich habe es abgetippt. Wir wußten schon, wo statt X der Name „Hindenburg" und wo der Name „Hitler" einzusetzen war.

Sie haben es abgetippt? Sind viele Worte mit zehn Buchstaben darin, verzeihen Sie . . .

Es ist eine ganz gute Analyse des Nazifaschismus und viel Konkretes darin, das wir bisher nicht wußten.

Und was ist das dritte, das Sie mir zu verkünden haben, Genossin Gwendolyn?

Das dritte! Das dritte ist so konspirativ, daß ich es selbst Ihnen nicht vor elf Uhr nachts sagen durfte. Sie wissen doch, wer Gerald Griffin ist?

Natürlich, der Kongreßdelegierte, den man nach Neuseeland abgeschoben hat.

Ja. Er ist zurückgekehrt. Unter falschem Namen. Heute abend spricht er bei den Kohlenkumpels in Newcastle.

Wird man ihn nicht verhaften?

Wir haben Vorsichtsmaßnahmen getroffen . . . außerdem wird die Polizei in einem Bergarbeitermeeting nicht so leicht eine Verhaftung wagen. Griffins Landung ist ein Schlag gegen die Reaktionäre. Weite Kreise sind empört über die beiden Landungsverbote, die Bewegung gegen Krieg und Faschismus wächst – wenn jetzt auch noch Sie landen würden ...

Das mit Griffin ist wirklich herrlich, jetzt fühl ich mich viel besser.

Wirklich? Das ist schön, Kamerad. Ich soll auf Sie aufpassen, ob man Sie nicht heimlich auf ein anderes Boot bringen will oder sonstwohin, um Sie von der Öffentlichkeit abzuschneiden. Wenn Sie Telegramme aufgeben wollen, kann ich das selbstverständlich für Sie tun, ich habe auch Geld für diesen Zweck bekommen. Oder wenn Sie sonst etwas brauchen?

Und so verging die Nacht trotz aller Schlafmittel als eine Nacht ohne Schlaf, und so verging die Nacht trotz aller Schmerzen als eine Nacht ohne Schmerzen.

Da die Wellen in goldbesticktem Hellgrau am Glas des Bullauges vorübereilen, ist der Morgen gekommen und kein Gast mehr in der Kabine, und der Tag meldet sich von überallher, auch von Europa: drahtet, ob schwerverletzt.

Mittags, während alle im Speisesaal sind, schlüpft Gwendolyn herein und bringt eine an sie eingelangte Depesche: konzert großartig ausgefallen, liebe an die familie. Mit „Konzert" ist das gestrige Auftreten Griffins gemeint, die „Familie" ist unser Mann, die Liebe tut ihm wohl.

Aus dem blau und rot angelaufenen, geschwollenen Bein dringt der Schmerz in den ganzen Körper, aber nicht weiter, nicht ins Bewußtsein; ein Paradox: der Schmerz ist vorhanden, aber er wird nicht gespürt.

Am nächsten Morgen erscheint der Obersteward und eröffnet unserem Mann, er müsse ihn einschließen. „Was?" ruft unser Mann. „Sind Sie wahnsinnig geworden? Ich bin doch nicht verhaftet." – „Befehl vom Capt'n." – „Bestellen Sie dem Capt'n, daß ihn das teuer zu stehen kommen wird und die Schiffahrtskompanie auch. Auf Freiheitsberaubung steht Zuchthaus. Ich habe mein Billett bezahlt wie jeder andere Passagier und habe das Recht, auf die gleiche Behandlung, solange ich kein Verbrechen begehe. Bestellen Sie das dem Capt'n."

Der Obersteward geht, hinter ihm dreht sich der Schlüssel in der Tür.

Schiffshaft ist eine scheußliche Art von Haft; selbst wenn du aufstehen und an die Tür trommeln könntest, niemand würde dich in dem Geknatter nahe dem Maschinenraum hören, niemand hält sich tagsüber hier unten auf. Warum diese Maßregel? Zur Vereitelung eines Fluchtversuchs würde eine Wache vor der Kabine genügen. Jedenfalls befürchtet man, daß die Arbeiter unseren Mann gewaltsam vom Schiff holen könnten. Jedenfalls hat die Rückkehr Gerald Griffins solches Aufsehen hervorgerufen, daß die Regierung eine zweite Schlappe vermeiden will. Jedenfalls soll verhindert werden, daß sich in Sydney der Besucheransturm von Melbourne wiederholt, abermals eine Versammlung auf Deck organisiert wird.

Plötzlich heult die Alarmsirene auf. Unser Mann hört, wie sich die Schotten schließen. Höchstwahrscheinlich ist es nur ein Probealarm; unterwegs wurden mindestens sechsmal Feuerproben abgehalten, das ist jetzt strenge Vorschrift, Mannschaft und Passagiere werden für künftige Torpedoangriffe geschult. Aber kann es nicht diesmal ein wirklicher Schiffbruch oder eine wirkliche Feuersbrunst sein? Unser Mann denkt an Albert Londres auf der „Georges Philippar".

Im Fall einer Katastrophe hat ein Schiffshäftling nur die Wahl, zu verbrennen oder in verschlossener Zelle langsam zum Meeresgrund zu sinken, hu. Schiffshaft ist eine scheußliche Art von Haft, sagt unser Mann zu sich, einem anderen kann er es ja nicht sagen: Gwendolyn wird nun auch nicht mehr kommen, denn sie ist keine Fieberphantasie.

Die Maschinen der „Strathaird" stoppen. Ob sie schon am Sydneyer Ufer vertäut wird oder ob ein Tender an sie anlegt, weiß unser Mann nicht, eines von beiden muß der Fall sein. Eine Ärztin aus Sydney, von der Roten Hilfe gesandt, wird in die Kabine gelassen, der Schiffsarzt begleitet sie. Der Konsul erscheint – nein, nur ein Beamter des Konsulats, nicht der Herr Generalkonsul persönlich, den wird unser Mann auch in Zukunft nicht zu Gesicht bekommen, der Herr Generalkonsul kompromittiert sich keineswegs; er wird selbst auf die ihm von der Öffentlichkeit gestellte Frage keine Antwort geben, ob unser Mann wirklich ein Schriftsteller ist oder das nur behauptet.

Die Ärztin stellt Knöchelbruch und Schienbeinbruch fest und

sagt kopfschüttelnd zum Schiffsarzt: „Wie konnten Sie es unterlassen, den Mann in Melbourne sofort ins Hospital zu schaffen?!" Kleinlaut stammelt der Schiffsarzt, er habe den Patienten erst untersuchen können, als das Schiff schon fuhr. Der Herr vom tschechischen Konsulat fragt, was er für unseren Mann tun könne, und der erwidert: Danke schön, es ist schon gut.

An der Kabinentür warten der Obersteward und zwei Unterstewards auf das Ende der Ordination, um durch eine Schlüsseldrehung die Kabine in ein Gefängnis zurückzuverwandeln. Aber die ärztliche Untersuchung hat sich zu lange ausgedehnt, die „Strathaird" ist schon in Sydney, sie liegt am Pyrmont Quay, Leute sind an Bord gekommen. Bevor die Ärztin und der Konsulatsbeamte das Krankenbett verlassen haben, drängen in stürmischem Wellengang Freunde vor und Neugierige, überrennen den Dreierposten der Stewards, Woge auf Woge strandet in dem Kabinchen. Nicht mehr als zehn, zwölf finden gleichzeitig Platz, obwohl sie hoch oben auf der leeren Bettstatt, auf dem Koffer, auf dem Waschtisch sitzen. Ungeduldig murren die Draußenstehenden, die einen müssen hinaus, die anderen dürfen herein.

Unser Mann erfährt: Gerald Griffin hat bereits in drei Massenversammlungen gesprochen, nach seiner Rede verdunkelte sich der Saal, und Griffin verschwand spurlos, von Freunden geschützt; das Land lacht, die Regierung wütet, die Polizei sucht. Die antifaschistische Bewegung gewinnt immer mehr und mehr Anhänger in allen Schichten. Reverend Rivett, ein achtzigjähriger Priester und Menschenfreund, verehrt auf dem ganzen Kontinent, predigt in der Kirche und spricht in Versammlungen zu dem Thema „Kisch muß landen", als wäre das eine Bibelstelle.

Heute beginnt vor dem Obergericht von Neusüdwales unseres Mannes neuer Prozeß. Im Einvernehmen mit der Regierung hatte die Schiffskompanie beabsichtigt, unseren Mann auf die „Narkunda" zu transportieren, die heute aus Sydney nach Europa segeln sollte. Weil aber inzwischen der Prozeß anhängig gemacht wurde, kann das nicht durchgeführt werden. Bevor die Verhandlung abgeschlossen ist, dürfen weder der Kapitän der „Strathaird", der der Beklagte ist, noch die „Narkunda", die eventuell den Kläger abschleppen wird, den Gerichtsbereich verlassen.

Eine Anwältin und ein Anwalt treten ans Krankenbett. Frau Jollie-Smith ist Solicitor, vorbereitender Anwalt, juristische Beraterin der Gewerkschaften, sie hat schon manchen Sozialistenprozeß geführt und weiß, um was es geht. Unser Mann verständigt sich rasch mit ihr. Etwas schwieriger ist das mit dem Barrister, dem plädierenden Anwalt. Mister Piddington, K. C., das heißt Königlicher Rat, könnte von Dickens entworfen sein, ein greiser, spindeldürrer Gentleman, in seinem Innern aber brodelt ein Vulkan, bald wird er losbrechen und vier Monate lang Feuer speien. Er wird den Richtern zu schaffen machen, obwohl er vor nicht allzu langer Zeit selbst einer war. Er hat sein Amt als Rat des Obersten Gerichts, das hohe Gehalt und die hohen Ehren zum Protest gegen eine antidemokratische Maßnahme des Gouverneurs niedergelegt, er ist geachtet wegen seiner Überzeugungstreue und als Soziologe, als Kunsthistoriker, als Shakespeare-Forscher und als Linguist, der viele Sprachen spricht; im Laufe des Prozesses für unseren Mann wird er noch eine neue Sprache, das heißt eine sehr alte, dazulernen, seinen dreiundsiebzig Jahren zum Trotz.

Freilich faßt er den Fall unseres Mannes nicht so auf, wie ihn unser Mann aufgefaßt wissen will; Old Piddington möchte eine scharfe Abgrenzung unseres Mannes von Griffin herbeiführen, der sich durch seine illegale Rückkehr nach Australien nicht gentlemanlike benommen habe; Old Piddington möchte, daß unser Mann den unpolitischen Charakter seiner Reise betone; Old Piddington schaudert's bei dem Gedanken, das lilienweiße Schild unseres Mannes könnte durch ein australisches Gerichtsurteil auf ewig befleckt werden; Old Piddington ist bereit, bis zum letzten dafür zu kämpfen, daß solche Schmach vermieden werde.

Uff, nun müssen doch endlich alle für Photoaufnahmen erdenklichen Einstellungen beendet sein, unmöglich kann von dem Bewegungslosen noch eine neue Ansicht gemacht werden. Kaum aber hat unser Mann diese Überzeugung gewonnen, als er erfährt, nunmehr werde er von innen photographiert. Ein ganzes Röntgenatelier mitsamt elektrischen Batterien ist an Bord geschafft worden, Kostenaufwand 100 Pfund Sterling – in Sydney würde eine Aufnahme höchstens ein halbes Pfund kosten. Aber die Kronjuristen haben das weise Gutachten abgegeben, wenn man den Passagierpatienten zum Röntgen an Land ließe, wäre damit das Landungsverbot durchbrochen . . .

Man trägt den schweren Patienten in das neu installierte Röntgenlaboratorium, um sein Bein en face und en profil zu durchleuchten. Was sich weiß auf schwarz ergibt, ist ein Beinbruch, schwarz auf weiß dagegen ein schriftlicher Befund, „supramalleolare Schrägfraktur der rechten Tibia in der Länge von 6 Zoll (15 Zentimeter), vom Malleolus in der Diaphyse der Tibia aufwärts verlaufend. Querlaufende Fraktur des Malleolus externus, Abrißfraktur des Processus posterior tali." (Autorisierte Übersetzung von uns.)

Die Frage, ob auch das Recht gebrochen ist, läßt sich nicht so exakt feststellen. Drüben im Obergerichtsgebäude bejaht Mister Piddington mit Entschiedenheit diese Frage. Es gäbe kein Landungsverbot gegen einen Mann, der bereits gelandet sei; sein Klient sei in Melbourne, also auf australischem Boden, gepackt und gegen seinen Willen mit Gewalt auf die „Strathaird" gebracht worden. Was nennen Sie Menschenraub, wenn nicht dieses? Darf man in Australien jedermann überfallen und einfach auf ein Schiff verschleppen? Ich frage, Euer Ehren, darf man das?

Die Gegenseite ist nicht verlegen, sie produziert (o doppeldeutiges Wort!) die aus England erhaltene Information über die aufrührerische Tätigkeit unseres Mannes. Mit dem Wortlaut dieser vom Innenminister vorgelegten, angeblich überseeischen Beschuldigung rast der alte Piddington in der Mittagspause auf die „Strathaird" zu unserem Mann. „Was haben Sie dazu zu bemerken?" – „Ich habe dazu zu bemerken, daß diese Information nicht der Intelligence Service, sondern ein Unintelligence Service verfaßt hat." – „Bravo, bravo, das sollen die Herren zu hören kriegen. Was ist falsch an der Beschuldigung?" – „Alles. Am Charkower Schriftstellerkongreß haben nicht nur Kommunisten, sondern Schriftsteller der verschiedensten Parteien und Parteilose aus allen Ländern teilgenommen. Ich bin kein Spezialist für ostasiatische Wirtschaftsfragen – der Spitzel, der den Bericht schrieb, hat das daraus geschlossen, weil eines meiner Bücher China behandelt. Ich habe niemals zur Bande des Räuberhauptmanns Max Hölz gehört, denn Max Hölz war kein Räuberhauptmann und hatte keine Bande, er war ein Führer der mitteldeutschen Arbeiter, und ich habe ihn erst nach dem mitteldeutschen Aufstand kennengelernt – und so weiter und so weiter; es lohnt nicht, auf dieses Geschwätz einzugehen."

Chor der Ärzte: „Sind Sie bald fertig, Mister Piddington? Wir wollen dem Patienten ein Pariser Pflaster geben." – „Ja, ich bin fertig. Auf Wiedersehen."

Ein Pariser Pflaster? So heißt wohl Englischpflaster auf englisch, denkt unser Mann, erfährt aber bald am eigenen Leib, daß es ein Gipsverband (plaster) ist. Solche Mißverständnisse können vorkommen; so hat unser Mann durch wiederholte falsche Anwendung des Wortes „cry" eine sentimentale Note in die Berichte hineingetragen. „Cry" heißt nicht „schreien", obwohl er es in der Schule so gelernt hat, sondern „weinen"; „schreien" übersetzt man mit „shout".

Wie viele Australierinnen mögen Tränen des Mitleids vergossen haben, als sie lasen, wie unser Mann die Polizei anweinte, ihn nicht aufs Schiff zurückzubringen, und wie er den Steward anweinte, der ihn an Bord einsperrte. Richtigstellung: es war kein Weinen, es war ein Übersetzungsfehler.

Der Gips ist angemacht, unseres Mannes Bein wird mit der ersten Portion des Breis beklatscht, da hört man schwere Tritte.

Auf einer Bahre wird ein indischer Schiffsarbeiter hereingebracht, bewußtlos, aus seiner linken Schläfe sickert Blut. „In die Ladeluke gestürzt, zwanzig Fuß tief", sagen die Männer, die ihn tragen, und legen ihn auf den anderen Operationstisch. Am Kopfende steht ein alter Inder, mit dem Transport eingetreten, seine Augen haften an dem Leblosen, seinem Sohn.

Die Ärzte blicken einander fragend an, antworten einander durch Blicke: Gut, beenden wir zuerst die Vergipsung. Dieser Ausgang des stummen Gesprächs ist unserem Mann nicht recht, und er sagt: „Bitte, nehmen Sie ihn zuerst vor."

„Sie haben hier gar nichts zu bestimmen", zischt ihn einer der Doktoren an, dessen mädchenhaftes Gesicht nicht so viel Energie vermuten ließ. Statt einer Antwort richtet unser Mann sich auf, zieht das angegipste Bein vom Tisch weg und läßt es seitwärts baumeln, der Gipsbrei tropft aufs Linoleum, die Doktoren wenden sich dem andern Operationstisch zu. Sie betasten den Kopf des Verletzten. Der stöhnt aus der Tiefe der Bewußtlosigkeit ein gräßliches Stöhnen. Sein Vater macht einen Schritt auf ihn zu.

Unser Mann liegt da in tiefer Scham, er möchte vom Operationstisch springen. Wozu bin ich hier? Wozu all der Rummel? Damit ich an Land komme und ein paar Reden halte? Neben mir stirbt ein Mensch, einem Vater stirbt vor seinen Augen der Sohn, dem Alten wird der Rest der Heuer ausgezahlt werden, und dann kräht kein Hahn mehr nach dem Toten.

Wann habe ich doch das letztemal, denkt unser Mann, ein solches Gefühl verzweifelter Ohnmacht gefühlt? Er erinnert sich. Es war 1933 in der Massenzelle am Alexanderplatz, unter vierzig zerschlagenen, verstümmelten Arbeitern. Zerbrochene Kinnladen, zerbrochene Finger, zerbrochene Nasenbeine, zertretene Nieren, Rippen und Geschlechtsteile, die Rümpfe blutig und geschwollen. So waren die Menschen in der Nazikaserne Papestraße zuschanden geprügelt worden, weil sie sich zum Sozialismus bekannten.

Davon will ich sprechen, nimmt sich unser Mann vor, wenn ich an Land kommen sollte, davor will ich warnen. Warnen vor den Herrenmenschen, die nicht genug daran haben, daß der „Untermensch" für ihren Profit in die Ladeluke fällt und in die Grube fährt, sondern ihn noch mit Reitpeitschen und Stahlruten zum Krüppel schlagen, wenn er über seine Lage zu denken beginnt.

Ein Verband um den Schädel scheint alles zu sein, was man für den armen Inder tun kann, hernach hebt man ihn wieder auf die Bahre und trägt ihn in das angrenzende Krankenzimmer. Starr geht der Vater hinterdrein, sein Blick klebt noch immer an dem gebrochenen Auge seines Sohnes.

Hinter der Eskorte schließt sich die Tür. Dort im Krankenzimmer werde auch ich liegen, denkt unser Mann, an der Seite eines Sterbenden, eines gegen seinen Willen Geopferten, um den sich niemand bekümmert. Und um mich dreht sich eine Aktion, es ist schrecklich.

Nun ist unser Mann wieder an der Reihe. Nie ist wohl eine Gipsmasse feindlicher auf ein Bein geklatscht worden. Als er ins Krankenzimmer nebenan getragen wird, ergibt sich, daß der Inder nicht darin ist, er wurde in ein Sydneyer Hospital geschafft, nur der Weg führte durch das Zimmer.

Bis zum Abend ist der Prozeß nicht abgeschlossen. Sollte das Gericht auch morgen nicht zum Urteilsspruch kommen, so darf die „Strathaird" dennoch absegeln, und unser Mann muß an Bord bleiben und wird in Brisbane das Urteil erfahren. Spricht aber das Gericht schon morgen aus, daß Landungsverbot und Schiffshaft zu Recht bestehen, dann ist er auf der „Narkunda" nach Europa zu deportieren. Die dritte Möglichkeit lautet: an Land gelassen zu werden.

„Kopf hoch, alles geht gut bei Gericht", berichten die Besucher, „Piddington hat die Staatsanwälte in eine Sackgasse gejagt, und Richter Evatt selbst bezeichnet die Angaben der sogenannten Information durch England als lächerlich. Aus London ist ein Telegramm da, daß England die Ausweisung nicht verlangt hat, wie behauptet wurde. Im englischen Unterhaus hat nämlich Mister Wilmot im Namen der Labor Party eine Interpellation eingebracht, ob die britische Regierung bei der australischen das Landungsverbot veranlaßt habe. Der englische Innenminister hat geantwortet: ‚Über die Zulassung von Personen nach Australien haben allein die australischen Behörden zu bestimmen, weshalb die Frage eines Ratschlags oder eines Verlangens nicht auftauchen kann.' Es geht gut, Kopf hoch!"

Aber unser Mann hebt den Kopf nicht hoch, er erweist sich im Gegensatz zu seinem Ruf als einsilbig und mißgestimmt. Die Nacht über bleibt er im Schiffshospital, während unten in seiner Kabine dem Steward O'Hara die Arbeit blüht, die mitgebrachten Habseligkeiten unseres Mannes plus einer beträchtlichen Warenmenge von Liebesgaben im Koffer zu verstauen.

Freitag, der 16. November, ist der nächste Tag; es überstürzen sich die Boten vom Gerichtsschauplatz, Frau Jollie-Smith kommt dreimal an Bord, um Auskunft über dunkle Punkte zu heischen, die die Anwälte der Regierung im Vorleben unseres Mannes gefunden haben wollen. Die aufs Deck führende Tür des Krankenzimmers öffnet sich, und unser Mann sieht einen Tonfilmapparat auf sich gerichtet, umstanden von Neugierigen. „Würden Sie ein paar Sätze sprechen?" Unser Mann spricht einen Protest gegen seine Fernhaltung von Australien und sagt ein paar Worte über die Tätigkeit des Weltkomitees gegen Krieg und Faschismus und über den Naziterror. (Von morgen abend an wird der Film in den

Melbourner Kinos laufen, in Sydney aber verboten sein, so ist das in Australien.)

Die Tonfilmaufnahme ist beendet, der dicke Obersteward sperrt die Tür von außen wieder ab, das empört die auf dem Verdeck Versammelten, eine Frau springt auf den Steward zu und schlägt ihn ins Gesicht. „Wie können Sie es wagen, diesen Mann einzuschließen?“ – „Aber, Madam“, stößt der Obersteward hervor, während die eine Seite seines Gesichts noch dicker wird, „das Zimmer ist doch auf der anderen Seite offen.“ – „Sorry“, sagt die Frau, „das wußte ich nicht“, und verschwindet in der Menge.

Jenseits dieser Szene liegt unser Mann, ein Brief von Reverend Rivett wird ihm gebracht: „Mein lieber Freund. Ich kann Sie nicht anders nennen als meinen lieben Freund, wenn Sie auch meinen Namen wohl nie gehört haben. Ich bin ein sehr alter Diener Gottes und glaube fest, im Sinne Gottes zu handeln, wenn ich dagegen auftrete, daß man Sie von meinem Vaterland fernhalten will. Sie kämpfen für den Frieden, und ich weiß auch, wie Sie das verstehen: Sie wollen die Ursachen aller Kriege ausrotten mit Feuer und Schwert. So weit wage ich nicht zu gehen, aber ich weiß, daß die Mächtigen dieser Erde mit salbungsvollen Phrasen Kriege vorbereiten. Ich hatte bestimmt gehofft, heute zu Ihnen kommen zu können, obwohl ich krank bin – meine Krankheit und mein Alter (fast achtzig Jahre) haben mich auch nicht verhindert, täglich für Ihre Freilassung zu sprechen. Eine unaufschiebbare Pflicht aber hält mich ab, Sie heute zu besuchen. Ich bete zu Gott, daß wir einander dennoch sehen können. Mit besten Wünschen Ihr aufrichtiger Arthur Rivett.“

Schade, daß er verhindert ist. Ein anderer Besucher aber wird leise von Freunden angekündigt. Unser Mann verabschiedet seine Gäste, um diesen Besucher zu empfangen. Es ist der, dessen Personalbeschreibung die Behörden in allen Blättern veröffentlichten, dessen Auftauchen überall Aufsehen hervorruft, den die Karikaturisten mit Tarnkappe und Siebenmeilenstiefeln konterfeien: Gerald Griffin.

Aus entgegengesetzten Richtungen waren Gerald Griffin und unser Mann auf dem Weltmeer gen Australien gefahren, zu gleichem Zweck; jeder hatte von den widrigen Wettern gehört, die den anderen bedrängten, sie hatten nicht mehr gehofft, einander kennenzulernen, und glauben nun, diese erste Begegnung werde auch die letzte bleiben, bald werde der eine ostwärts und der andere westwärts davonsegeln müssen, auf Nimmerwiedersehen. Gerald Griffin nimmt ein Briefpapier der „Strathaird" vom Tisch und schreibt einen Brief an die europäischen Antifaschisten, den unser Mann mitnehmen und vervielfältigt in Deutschland verbreiten lassen wird, als Botschaft, seltsam und weltenfern von Deutschland zustande gekommen.

Inzwischen ist es zwei Uhr geworden, milde wird unseres Mannes letzter Besucher hinausgedrängt, weil die Räumung des Krankenzimmers angeordnet ist; oh, ahnten die Beamten, auf wessen Schulter sie ihre Hand legen! Gerald Griffin geht über das spitzelbesäte Deck, über die polizeibedeckte Landungsbrücke, geht in das Land, in dem überall Häscher nach ihm fahnden.

An die auf das Deck führende Tür des Krankenzimmers, an die versperrte, wird plötzlich vehement getrommelt: „Mister Kisch, Kamerad Kisch! Sie dürfen ans Ufer. Hören Sie uns?" – „Ja." – „Das Gericht hat Ihre Freilassung verfügt." – „Hurra!"

Hurra! Das Urteil stellt fest, die Haft unseres Mannes an Bord der „Strathaird" sei ungesetzlich, da nicht bewiesen wurde, daß die „für ein Landungsverbot erforderliche Information von seiten der Regierung einer befreundeten Macht durch offizielle Kanäle" wirklich erfolgte. Durch seinen Sprung vom Deck des Schiffes habe der Kläger nicht bloß kein Gesetz verletzt, sondern fair gehandelt; jeder Ehrenmann darf mit allen Mitteln versuchen, sich aus unrechtmäßiger Haft zu befreien, und wäre selbst dann nicht strafbar, wenn er dabei fünfzehn Menschen getötet hätte. (Warum fünfzehn, warum nur fünfzehn?) Dem beklagten Master der „Strathaird", A. E. Carter, wird auferlegt, den Kläger unverzüglich freizugeben. Die Kosten des Verfahrens fallen ihm, dem Kapitän, zur Last.

Hurra! Unser Mann hat als Ehrenmann gehandelt, indem er wie ein Lausbub vom Schiff sprang; als Ehrenmann, das erhöht das Ansehen der Bewegung; als Ehrenmann, wahrscheinlich glaubt er nun selbst, einer zu sein. Nur nicht übermütig werden, Bürschchen, der heutige Tag ist noch nicht zu Ende, und man soll sich nicht vor dem Abend loben.

Vier Stewards heben unseren Ehrenmann auf eine Bahre, O'Hara nimmt den Koffer, und dieweil vom Ufer her Zurufe brausen und die Operateure kurbeln, daß es eine Art hat, bewegt sich der Zug langsam abgemessenen Schrittes die Gangway hinab zum fünften Kontinent, zum heißersehnten Gestade, auf den australischen Boden.

Unser Mann sieht um sich. Trinke, Auge, was die Wimper hält, von Australien, aber ach, so viele Polizisten kann die Wimper nicht halten. Aus der Masse löst sich ein Zivilist und sagt zu unserem Mann: „Sie haben sich mit mir ins Polizeihauptquartier zu begeben." – „Und mein Koffer?" – „Das braucht Sie nicht zu bekümmern."

Während unser Mann von der Bahre in ein Polizeiauto umgeschlagen wird, umdrängt ihn die Sydneyer Journalistik. „Geben Sie uns ein paar Worte." – „Ja, eine gute Nachricht. Eben hat mich Griffin besucht. Er hat bei mir eine Botschaft an die europäischen Antifaschisten geschrieben." – „Gerald Griffin?" – „Ganz recht, Gerald Gri . . .", die Autotür wird zugeschlagen. Die Hupe heult, die Fahrt auf australischem Festland beginnt.

„Könnten wir nicht über die Hafenbrücke fahren?" fragt unser Mann seinen Begleiter. „Ich hab soviel von ihr gehört." – „Nein."

Das Auto durchsaust eine Geschäftsstraße, die Aufschriften auf den Firmenschildern sind vertikal, schreibt sich unser Mann ins Gedächtnis, die Neonlichter brennen auch tagsüber, die Häuser erinnern an die von Los Angeles. „Pitt Street" ist an der Straßenecke zu lesen, dann „Liverpool Street"; der Wagen biegt in eine schmale Querstraße ein, hält dort, unser Mann sieht eine Autokolonne nachfolgen und gleichfalls hier halten. Polizisten tragen ihn in die Aufnahmehalle des Polizeipräsidiums. Was nachströmt, wird, soweit es nicht beamtet ist, aus dem Raum bugsiert, Mitglieder des antifaschistischen Komitees, der Leiter des Anwaltsbüros von Jollie-Smith, Reporter.

Umgeben von rechteckigen und dreieckigen Figuren, Detektiven amerikanischen Typs, liegt unser Mann auf dem Boden. Zwei von ihnen hatten sich an Bord als mit ihm Sympathisierende vorgestellt, jetzt grinsen sie hämisch, sie haben es nicht mehr nötig zu verschleiern, wer sie sind.

Aus der Halle führt ein Fenster in die Toreinfahrt, von dort lugen die Ausgesperrten herein. Unser Mann wird hochgehoben, auf eine Bank gesetzt und sieht, wie sein Koffer durchsucht, der Inhalt teils rechts, teils links gelegt wird.

„Was ist los?" protestiert er mit der Kühnheit eines gerichtlich approbierten Ehrenmannes. „Ist es in Australien üblich, jedermanns Gepäck zu durchschnüffeln? Ich bin doch kein Häftling."

„Wird sich gleich herausstellen, was Sie sind", erwidert der Zivilist, der unseren Mann an der Landungsbrücke zur Polizei eingeladen hat, ein Mister Wilson, Inspektor der Zollbehörde. „Was haben Sie in den Taschen?"

„Diesen Brief zum Beispiel", kann unser Mann zu äußern sich nicht enthalten, „diesen Brief da. Den hat Gerald Griffin heute bei mir geschrieben."

Die Gesichter ringsum verzerren sich. Einer der Polizeiagenten will höhnisch sein und sagt: „Griffin ist nicht in Australien." — „Ich auch nicht", antwortet unser Mann.

Für die Aufnahme ins Detektivkorps von Sydney scheinen vor allem äußere Gesichtspunkte maßgebend zu sein. Eunuchoider Hochwuchs, abstehende Ohren, Blatternarben und Boxernasen. Alle Detektive sehen einander ähnlich, insbesondere jetzt, da sie sich mit dem Namen „Griffin" verspottet fühlen. Die uniformierten Polizisten dagegen zeigen keine Feindseligkeit gegen unseren Mann; als sie ihn trugen, fühlte er sich beinahe in Freundesarmen.

„Sie werden jetzt einer Diktatprüfung unterzogen", eröffnet Inspektor Wilson unserem Mann. „Schreiben Sie mit, was Konstabler MacKay Ihnen in gälischer Sprache vorlesen wird."

„In gälischer Sprache?" ruft unser Mann laut, damit das Publikum hinter dem Fenster erfahre, was sich hier begibt — ein szenisches Hilfsmittel, in der Dramaturgie als Mauermalerei oder Teichoskopie bekannt. „In gälischer Sprache? Ich spreche zwar ein wenig keltisch, ich war einmal in Strathnaver" (Reminiszenz an das langweilige Gespräch mit dem schottischen Kabinengenossen), „aber es ist sinnlos und unfair, mich daraus zu prüfen. Sie machen ganz Australien damit lächerlich."

Ob das dem Inspektor Wilson unglaubhaft vorkommt oder ob es ihm gleichgültig ist, wenn er ganz Australien lächerlich macht, wie dem auch sei, er gibt dem Konstabler MacKay ein Zeichen.

Konstabler MacKay schickt sich an, aus einem dicken Buch vorzulesen, und unser Mann, dem man eine Füllfeder, einen Bogen Papier und eine Schreibunterlage gereicht hat, schickt sich an zu schreiben. Freilich nicht mitzuschreiben. Er will seinen obigen Protest schriftlich niederlegen. Leider hat die Füllfeder die Eigenschaft der meisten Füllfedern, sie enthält keine Tinte.

„Da ist doch keine Tinte darin! Was ist das für ein Trick?" Wütend zerknüllt unser Mann das Papier, und da ein Detektiv bedrohlich auf ihn zuspringt, wirft er es diesem ins Gesicht, eine Frechheit, die hoffentlich dem Berliner „Angriff" nicht zur Kenntnis kommen wird. Eine andere Füllfeder wird unserem Mann gereicht, er nimmt sie nicht. Konstabler MacKay liest vor, unser Mann wendet sich ab, was ihn nicht hindert zu bemerken, daß die gälischen Worte jetzt ganz anders klingen als das erstemal. Aha, aha, der Kerl kann selbst nicht Gälisch!

Ein Protokoll wird aufgenommen, des Inhalts, unser Mann habe die Diktatprüfung nicht bestanden. „Sie sind verhaftet", proklamiert Mister Wilson, und schon packen drei Polizisten unseren Mann, um ihn davonzutragen. In diesem Augenblick dringt Mister Thorne in den Raum, Büroleiter der Anwältin Jollie-Smith, und bietet Sicherstellung an.

„Die Freilassung gegen Kaution wird abgelehnt", ist das letzte, was unser Mann noch hört, während er wie auf Engelsflügeln von dannen schwebt.

Vor einem Stehpult im Gefängniskorridor wird er gelandet, auf daß ihm die Fingerabdrücke abgenommen werden können, und nach dieser schmutzigen Prozedur hebt man ihn wieder in höhere Sphären. Aus den Gucklöchern der Zellen starren große, unheimliche Augen; Augen ohne Gesichter, Augen an sich sind immer groß und unheimlich.

In einer Einzelzelle läßt man unseren Mann zu Boden gleiten beziehungsweise auf ein Brett, das auf dem Boden liegt. „Das sieht ja scheußlich aus", ruft er, und so ist es auch. Die Pritsche und eine schwarze, durchlöcherte Wolldecke und eine Klosettschüssel und ein unbeschreiblicher Gestank, das ist das Inventar. „Nicht einmal ein Stuhl ist hier. Wie soll ich denn das Klosett benutzen? Ich kann doch gar nicht aufstehen von diesem Brett."

Die Polizisten schauen einander an, sie scheinen einzusehen, daß das kein geeigneter Aufenthalt für einen Verletzten ist. „Wir werden dem Inspektor sagen, daß Sie sich beschweren." Damit gehen sie, hinter ihnen ertönt der nachhaltige Akkord, den jeder Häftling kennt, der Dreiklang aus dem Trommelschlag der zufallenden Eisentür, dem Baß des Schlüssels, der sich im Schloß dreht, und der Zimbel des Schlüsselbunds.

Einzelhaft hat immerhin einen Vorteil: man ist allein. So hart sich's auch hier liegt und so stark es auch stinkt, nach all dem Wirbel täte es gut, ein wenig schweigen und die Augen schließen zu dürfen.

Noch sind die Augen nicht ganz geschlossen ... ein Beamter tritt ein, geschniegelt und gestriegelt, in der Hand eine Reitpeitsche mit Silbergriff, das Abzeichen der Polizeiinspektorswürde. Er näselt: „Wenn Sie es hier schmutzig finden, müssen Sie ein sehr reinlicher Mann sein."

„Ich zweifle nicht daran, daß es hier ebenso rein ist wie bei Ihnen zu Hause."

Diese Antwort ruft bordeauxrote Flecke der Wut auf den Inspektorswangen hervor, sein Kinn schiebt sich nach vorn, sein Peitschenarm hebt sich und ... senkt sich nach einer Sekunde wieder. Mit einem gezischten „Ihre Frechheit wird Ihnen bald vergehen" verläßt er die Zelle. Eisentür, Schloß und Schlüsselbund vereinigen sich zum Abgesang.

So? „... wird Ihnen bald vergehen." Die wollen ihn wohl insgeheim beiseite schaffen, wohin die Öffentlichkeit nicht dringt, wo ihm die Frechheit vergehen soll, bald, irgendwohin und lautlos.

Nein, die Gelegenheit, die Augen zu schließen und zu schweigen, scheint unserem Mann noch nicht gekommen, jetzt ist es Zeit zu lärmen. Er kriecht über die Steinfliesen zur Tür, richtet sich mühselig auf und beginnt eine Demonstration. Er brüllt durchs Guckloch. Er brüllt, was ihm durch den Kopf geht. Er brüllt nach einem Arzt. Er brüllt nach einem Rechtsanwalt. Er brüllt nach dem Konsul. Er brüllt nach einem Stuhl. Er brüllt, man möge ihn zum Klosett tragen, allein könne er sich nicht hinbegeben. Er brüllt, er werde die Zelle vollmachen. Er brüllt, er werde seinen Gipsverband zerschlagen, wenn man ihn nicht von hier wegbringe. Er brüllt, ein solches Pack von Polizeiverwaltung gäbe es in der ganzen Welt nicht.

„Bravo, bravo", tönt es aus der Nachbarzelle, „so ist's richtig! Sag ihnen noch mehr!"

Er brüllt, es sei eine Schande für Australien, den Gast einer großen Organisation so zu behandeln. Er brüllt, es sei ein schmutziger Trick, ihn in keltischer Sprache zu prüfen. (Heiterkeit in den Nachbarzellen. Zurufe: „Ist das wahr?") Er brüllt, ja, das sei wahr, man habe ihn einer Prüfung in gälischem Keltisch unterzogen, um ihn in diese Dreckzelle werfen zu können. Er brüllt, die australischen Merinos wollen sich auf diese Weise bei den Nazileithammeln beliebt machen. Er brüllt – eben gehen Polizisten vorbei –: Warum laßt ihr euch, Polizisten, gefallen, daß man so mit einem Friedensdelegierten umgeht! Er brüllt, er werde dem Inspektor die Reitpeitsche in sein Affengesicht schlagen. Er brüllt, brüllt stundenlang, von Beifallsrufen und Händeklatschen aus den Nachbarzellen begleitet.

Zwei Wächter bringen Kaffee und Brot, er versetzt der Tasse einen Fußtritt und sagt zu ihnen: „Ihr wart doch im Krieg, warum duldet ihr, daß man hier mit einem Kriegsgegner so umspringt?"

Dann brüllt er wieder durchs Guckloch, bis es Abend wird und darüber hinaus. Nun aber fallen die Zellennachbarn von ihm ab, sie wollen schlafen. „Ruhe!" schreien sie. „Seien Sie ruhig, oder wir verprügeln Sie morgen." Unser Mann brüllt weiter.

Während er brüllt und brüllt, ist Canberra, der Sitz der Bundesregierung, auch nicht untätig geblieben. Ein Kommuniqué wurde ausgegeben: „Trotz der Entscheidung des Obersten Gerichtshofs ist die Bundesregierung entschlossen, daß Herr Kisch entweder der Passagier eines Schiffes oder der Insasse eines von Seiner Majestät Gefängnissen sein wird . . . Das neue, nach Kischs Landung eingeleitete Verfahren sichert seine Deportation in wasserdichter Gesetzlichkeit."*

Ebensowenig wie von dieser Entschlossenheit der Regierung

* Für den englischen Übersetzer: In spite of the decision of the High Court, the Commonwealth is determined that Herr Kisch will be either a passenger on a ship or an internee of one of His Majesty's jails . . . The fresh action taken after Kisch landed from the vessel ensures his deportation in watertight legality.

und von der Wasserdichtheit seiner Deportation weiß unser Mann von einem blutigen Vorfall, der sich in Sydney abspielte.

Ernest Gustave Lamb, wohlhabender Bürger von Sydney, einundfünfzig Jahre alt, geschieden, dem Faschismus und dem Alkohol verfallen, hatte heute tief ins Glas und in die Zeitung geguckt. Das war das gleiche, was er auch sonst tat, und im Glas war gleichfalls dasselbe, was sonst darin war: Whisky. In der Zeitung aber stand, der europäische Delegierte zum Kongreß gegen Krieg und Faschismus werde in seinem Prozeß von Christina Jollie-Smith, der bekannten Anwältin aus dem Manchester Unity Building, vertreten.

Christina Jollie-Smith? War das nicht die, die seine Frau beim Scheidungsprozeß beraten, alle Schuld ihm zugeschoben hatte?! Und jetzt vertritt sie den Ausländer, diesen Hetzer! Von Wut gepackt, sprang er auf, rannte ins Manchester Unity Building, nicht ohne vorher von einem Bauplatz einen eisernen Haken losgerissen zu haben.

Frau Jollie-Smith war allein in ihrem Büro, als Lamb hereinstürzte. „Du wirst keine roten Ratten mehr verteidigen", schrie er, „jetzt mußt du krepieren!" und ließ den Eisenhaken auf ihren Schädel niedersausen. Um Hilfe schreiend, vermochte Frau Jollie-Smith sich auf den Korridor zu schleppen, dort brach sie blutüberströmt zusammen.

Manchester Unity Building ist ein Bürohaus. Aus allen Türen liefen Leute herbei, sie hielten den Täter fest und übergaben ihn der Polizei. „Ich bin eigens hergekommen, um sie hinzumachen (doing her in)", wiederholte Lamb immer wieder, „damit sie keine Roten mehr verteidigen kann. Ich will wegen vorbedachten Mordes angeklagt werden."

Vielleicht ist er einer von denen, die aus den Zellen durch Ruherufe den Wunsch äußern, nicht um den Schlaf gebracht zu werden. Denn der Klient der ins Krankenhaus geschafften Frau Jollie-Smith, unser Mann nämlich, brüllt noch immer. Er will aus der Nachbarschaft des Mörders in die der fast Ermordeten, ohne daß er von dem Mordanschlag weiß. (Der Täter ist übrigens einige Wochen später den qualvollen Tod durch Entgiftung gestorben, weil er in der Haft keinen Whisky bekam.)

Ein Polizist patrouilliert auf dem Korridor und flüstert unserem Mann gutmütig zu, er möge nicht mehr schreien, man telefoniere schon mit Canberra. „Die wollen dort all das Zeug wissen, das Sie hier brüllen."

Das ist Wasser auf unseres Mannes heiser gewordene Mühle, er brüllt drohend, droht brüllend.

Um Mitternacht öffnet sich die Tür, vier starke Armpaare ergreifen ihn. Will man ihn in den Dunkelarrest stecken? Nein, man trägt ihn in den Hof und verstaut ihn in einen Ambulanzwagen, der ins Krankenhaus fährt.

Gut gebrüllt, Löwe, raunt er sich ins Ohr, wir aber haben es doch gehört und mißbilligen dieses Eigenlob, obwohl wir mildernde Umstände nicht versagen.

Für das Sydney City Hospital ist das Brüllen noch kein Aufnahmegrund, es muß zunächst festgestellt werden, ob ein medizinischer Grund vorliegt. Deshalb tut der Arzt, was unser Mann zu tun gedroht hat, er zerschlägt den Gipsverband; dann wird der blau-weiß-rot angelaufene Unterschenkel gemustert und die Entscheidung gefällt, die Trikolore habe mitsamt ihrem Träger hier zu bleiben.

Der Pflegebefohlene der Polizei ist zum Pflegebefohlenen des Sydney City Hospitals geworden; die vier Konstabler, die unseren Mann im Wagen hergeleitet haben, können nun nach Hause gehen – sollte man glauben. Dem ist aber mitnichten so. Zu seiten der Rollbahre marschieren die vier in den langgestreckten Krankensaal ein und setzen sich im Rund um das Bett, in das unser Mann gelegt wird. Eigentlich nur drei, der vierte bewacht die Tür. Scharf beobachten sie unseren Mann, dem eben von zarter Hand der Körper, einschließlich zartester Stellen, mit Alkohol abgerieben wird; sie lassen ihn selbst dann nicht aus dem Auge, als er mal muß. Er muß mal. Eine Leibschüssel wird ihm gereicht und Papier, und nun hockt er auf fremdem Kontinent und kennt sich nicht aus, die Tiefen- und Längenverhältnisse sind ihm unbekannt, die Lage ungewohnt, das Risiko ungeahnt groß, und drei Polizisten, revolverbewehrt, lassen ihn nicht aus dem Auge. (Der vierte bewacht die Tür.) Am Morgen sitzen sie noch immer da, wenngleich die Köpfe über den Uniformkragen andere sind, in der Nacht scheint eine Wachablösung stattgefunden zu haben.

Beim Einzug ins Krankenzimmer hatte sich das Vorhandensein von Menschen nur aus glucksenden Geräuschen ahnen lassen, hier und da fuhr ein Lichtschein über unverständliche Schatten. Da der Tag leuchtet, sieht sich ein nachts Hereingebrachter zwischen Unbekannten liegen, die ihn ebenso neugierig betrachten wie er sie.

Halle der Knochenbrüche. Etwa achtzig Mann liegen im Saal. Das Inventar gleicht dem einer Weberei. Jedes Bett ist ein Handwebstuhl, über jedem Bett wölbt sich ein Überbau von Brettern, Stricken und Rollen, Gewichte halten das Gleichgewicht, gekreuzte Schnüre lassen an das Entstehen von Schuß und Kette denken, aber all das Gehänge und Gestänge ist unbeweglich, dient dazu, der Patienten gebrochene Gliedmaßen hoch- und festzuhalten.

Um acht Uhr morgens geht die ärztliche Visite von Webstuhl zu Webstuhl. Als wäre unser Mann die Tänzerin Fanny Elßler, von deren berühmten Beinen man zu ihren Lebzeiten immer und immer wieder Gipsabgüsse machte, wird sein Bein neuerdings in Gips gelegt. Als wäre er die Tänzerin Fanny Elßler nach einem ihrer Bühnenabende, tragen vier Männer ihn zum Wagen.

Es geht zur Polizei, wo ihm heute wegen hartnäckiger Unkenntnis der gälischen Sprache der Prozeß gemacht werden soll. Im Warteraum des Polizeigerichts ist die Jagdbeute der Polizei von heute nacht aufgestapelt, Taschendiebe, Zuhälter, Prostituierte, Trunkenbolde, Messerstecher, ein chinesischer Spielhausbesitzer, und sie sehen genauso aus wie ihre Kollegen in anderen Weltteilen auch.

Nicht unfreundlich nehmen sie unseren Mann auf und belehren ihn, heute amtiere Richter May, und der sei o. k. Eine alte Trinkerin rühmt sich, etwas Deutsch zu können, yes, Sir, und dann sagt sie mit Stolz: „Schnaps". Des weiteren unterrichten sie den Fremdling bereitwillig und kollektiv über die nächtliche Geographie von Sydney, aber leider lichtet sich das Kollektiv nach und nach, denn wer abberufen wird, um seinem Richter Rede und Antwort zu stehen, kehrt nicht mehr in das Fegefeuer des Warteraumes zurück, sondern wird direkt in den Himmel der Freiheit oder in die Hölle der Haft überstellt.

Auch unserem Mann schlägt endlich die Stunde. Polizisten tragen ihn in den dicht gefüllten Saal und wollen ihn auf die Anklagebank setzen, jedoch er klappt zusammen, und so legt man ihn denn vor dem Tisch des Hauses auf die Erde.

Mister Piddington führt seine Sache mit Wucht. Immer toller sei das, was da in Australien getrieben wird. Zuerst habe man diesen Gentleman gesetzwidrig an der Landung verhindert, dann in Melbourne nach Seeräuberart überfallen und auf ein Schiff verschleppt, und gestern, sofort nachdem das Obergericht ihm seine Freiheit wiedergab, wurde er von neuem gekidnapped, und auf seine Anwältin Frau Jollie-Smith wurde ein Mordüberfall verübt. Mister Piddington beantragt Vertagung, weil er wegen des Attentats auf die Anwältin die Aktenvorbereitung nicht besitze.

Demgegenüber wendet der Kronanwalt ein, es bedürfe keiner Aktenvorbereitung, es handle sich ja nur um die Feststellung, daß der Angeklagte die gesetzliche Intelligenzprüfung nicht bestanden hat. Und das sei klar wie die Sonne und werde nicht bestritten.

Wohl werde das bestritten, erwidert Piddington, er bestreite das durchaus und werde beweisen, daß just die gesetzliche Intelligenzprüfung nicht vorgenommen wurde. Er bitte, seinem Vertagungsantrag stattzugeben und den schwerverletzten Angeklagten auf freien Fuß zu setzen.

Wahrhaftig, der schwerverletzte Angeklagte liegt auf dem Parkett, unrasiert, blaß, nichts hört, nichts sieht er von der Verhandlung, seine Lippen zittern, und manchmal versucht er, ein Stöhnen zu verbeißen, jeden Augenblick – so scheint es – kann seine Seele aus dem zerknitterten Pyjama entweichen.

Dennoch protestiert der Staatsanwalt gegen den Antrag auf Freilassung: der Angeklagte sei ein gefährlicher Agitator, sein verwegener Sprung von einem Ozeandampfer beweise zur Genüge, wie groß die Fluchtgefahr sei, und er . . .

„Was?" unterbricht Richter May. (Richter May wird den Angeklagten verurteilen müssen, wie es seine vorgesetzte Behörde verlangt, er ist ja kein richtiger Richter, er ist nur ein Polizeibeamter; muß er sich aber auch einreden lassen, daß dieser sich in Agonie windende Mensch eine Flucht unternehmen werde?) „Was?" unterbricht er den Staatsanwalt, „Sie wollen mir weismachen, daß ein Mann in diesem Zustand fliehen kann? Ich vertage die Verhandlung auf nächsten Freitag. Der Angeklagte ist gegen eine Sicherstellung von 100 Pfund bis zur Urteilsverkündung frei."

Und siehe da, in diesem Augenblick begibt sich ein Wunder. Unser Mann erhebt sich vom Sterbelager und humpelt ohne fremde Unterstützung zur Tür. Die Leute im Saal, sie haben, wie die anderen Bewohner Sydneys, ihn bisher nur in liegender Lage, noch niemals aufrecht gesehen, starren ihn entgeistert an, dieweil er aufsteht und wandelt, und dann bricht ein Gelächter los, wie es dieser Erdteil angeblich noch nie vorher erlebt hat. Allerdings ist es ein junger Erdteil.

Nur der Vertreter der Krone lacht nicht, er spricht eine trübe Prophezeiung aus, die eine Stunde später von den Zeitungsjungen ausgerufen wird: „Das kann ja schön werden!"

Keineswegs darf unser Mann direkt in die Freiheit humpeln, zunächst muß er wieder in eine Gefängniszelle. Der Inspektor mit der Silberpeitsche verfügt: „Keinen Stuhl in die Zelle", entfernt sich aber so schnell, daß eine abfällige Antwort im Dreiklang von Tür, Schloß und Schlüsselbund unhörbar würde.

Bei der Erlegung der Kaution, welche der Sekretär des Gewerkschaftsverbandes von Neusüdwales, King, gestellt hat, werden die Formalitäten nach Tunlichkeit verzögert. Aber schließlich haben auch Formalitäten ein Ende, und unser Mann darf in die Freiheit einer Woche. Vorläufig bedeutet diese Freiheit nur die Rückkehr ins Sydney City Hospital. Es ist das gleiche Bett und dennoch das gleiche nicht: die es umgebenden Polizisten fehlen, und auch an der Tür sitzt keiner.

Zur nachmittägigen Besuchsstunde kommen Freunde und Fremde. Unser Mann ist fieberfrei, und doch erscheint Gwendolyn; man kann einander freundschaftlich ansehen, aber kaum miteinander sprechen, zu viele Leute sind Zeugen. „In Ihrer Kabine war es besser für Sie", sagt Gwendolyn. „O ja", sagt unser Mann.

„Morgen haben wir ein Meeting in der Domain", teilen unserem Mann die Freunde vom antifaschistischen Komitee mit und erklären ihm, was die Domain ist: eine Art Forum Romanum, auf dem die Dialektiker verkünden, daß das Bestehende nicht unveränderlich sei. Viele politische Kämpfe wurden in der Domain ausgefochten, zuletzt mitten im Weltkrieg die siegreiche Kampagne gegen den Versuch, in Australien die allgemeine Dienstpflicht einzuführen. In der Domain herrscht Redefreiheit – allerdings, zu den kommunistischen Meetings kommt die Polizei und verhaftet die Verkäufer von Literatur. „Morgen spricht Reverend Rivett und dann Sie, sind Sie einverstanden? Wir werden Sie morgen mittag abholen.“ Morgen ist Sonntag.

Weil die lahmen Patienten den Gottesdienst nicht besuchen können, schickt die Vincent-de-Paul-Sozietät eines ihrer Mitglieder ins Krankenhaus, auf·daß den Verlassenen frommer Trost gespendet werde. Diesmal macht den Sonntagsdienst ein Mann von kleiner Statur, Typus eines Handwerkers, im Knopfloch trägt er ein Kreuz mit der Umschrift „St. Vincent de Paul“.

Am Bett unseres Mannes angelangt, fragt er diesen, ob er große Schmerzen habe, ob er einen Unfall erlitten, ob er aus Sydney sei, ob er ein Gebetbuch brauche. Unser Mann dankt für das Interesse und fügt hinzu, er habe viel über das Leben von St. Vincent de Paul gelesen, das sei ein abenteuerliches und tapferes Leben gewesen.

„Ich weiß wenig vom Leben des heiligen Vincent“, erwidert das Männchen treuherzig.

„Was St. Vincent de Paul zu seiner Zeit getan hat“, fährt unser Mann fort, „tut in unserer Zeit die Rote Hilfe. Sie hilft den Gefangenen und den Opfern der Ungerechtigkeit.“

„Rote Hilfe? Davon weiß ich leider gar nichts, ich höre davon zum erstenmal. Aber ich werde unseren Pfarrer darüber fragen.“

„Der wird Ihnen nicht das Richtige sagen. Die Geistlichen haben auch für Vincent de Paul nur Hohn und Verleumdung übriggehabt, selbst als er schon Almosenverwalter des Königs war. Ihr Pfarrer wird sicherlich gegen die Rote Hilfe sein, wenn Sie ihn befragen werden.“

„Ja, aber was soll ich machen, um etwas darüber zu erfahren? Mich interessiert das sehr.“

„Lesen Sie die Rote-Hilfe-Broschüren, und dann können Sie in Ihrer Sozietät den Antrag stellen, man möge die Rote Hilfe unterstützen.“

„Ja, wenn ich mit dem Inhalt einverstanden bin, werde ich das tun. Aber wo bekommt man solche Broschüren?“

„Zum Beispiel heute nachmittag in der Domain."

Er bekreuzigt sich. „Ich war noch niemals bei einem Meeting in der Domain."

„Sie müssen es wagen, wenn Sie sich einen Anhänger von Vincent de Paul nennen. Der ging sogar zu den Cholerakranken und zu den Galeerensträflingen."

Bewegt, als leiste er ein Gelübde, verspricht der Handwerksmann, in die Domain zu kommen. „Wird heute nicht dieser Ausländer dort sprechen, dieser . . .?"

Ja, alle Sonntagsblätter melden, er werde heute öffentlich sprechen, allen Anstrengungen und Erklärungen der Behörden zum Trotz. Und damit nicht genug. Dienstag abend werde er in Australia-Hall auftreten, nachher nach Melbourne fliegen, von dort im Flugzeug zurückkehren, und am Freitag sei in den Sydneyer Betrieben ein Streik beabsichtigt, damit die Arbeiterschaft den Ausländer in geschlossenem Zug zum Polizeigericht begleiten könne . . .

Alarmnachrichten. Sie erklären die besorgten Mienen, mit denen die Ärzte bei der Morgenvisite das Bein unseres Mannes betrachten. Da es mit Gips verkleidet ist, können sie gar nichts sehen, aber sie schütteln die Köpfe, als wäre ihnen in ihrer Praxis noch nie ein so beängstigend blasser Gipsverband vor Augen gekommen.

„Das Bein muß hochgehängt werden", verordnet der Chefarzt und fügt im Ton herzlicher Sympathie hinzu: „Sie werden viel Geduld haben müssen, lieber Freund, sonst bleiben Sie Ihr Leben lang ein Krüppel."

„Herr Doktor", sagt unser Mann, „ich will heute das Spital verlassen."

Im Nu verwandelt sich der Ton herzlicher Sympathie in scharfes Anschnauzen: „Glauben Sie, wir sind ein Taubenschlag? Daß man sich aufnehmen lassen kann und wieder weggehen, wenn man gerade Lust hat? Wir geben uns Mühe, Ihr Bein zu retten, und Sie treiben Schindluder mit uns . . ."

Wütend ziehen die Ärzte ab, denn sie haben den Auftrag nicht zu erfüllen vermocht, den politisch peinlichen Patienten mit medizinischen Mitteln vom öffentlichen Auftreten abzuhalten. Noch vom Nebenbett her drohen sie: „Sie werden es bereuen. In längstens vierzehn Tagen sind Sie zur Amputation hier."

Das ist wohl mehr ein Schreckschuß als eine Diagnose, aber man kann ihm Wirksamkeit nicht absprechen. Ein Bein zu verlieren ist keine angenehme Perspektive.

Eine halbe Stunde später kommt ein deutscher Anstaltsarzt, Doktor Theiler, ans Bett. Er kommt als Landsmann. Sein Vater, erzählt er, Leiter einer lutheranischen Mission in Queensland, erhalte seit Hitlers Machtantritt keine Subvention aus Deutschland mehr. Es geschähe also, sagt er, nicht etwa aus politischen Gründen, sondern aus rein ärztlichen, wenn er unserem Mann dringend rate, im Krankenhaus zu bleiben.

Unser Mann besteht jedoch auf Entlassung, er unterschreibt eine Erklärung, daß er auf eigenen Wunsch, auf eigene Verantwortung und gegen den Rat der Ärzte das Spital verlasse. Als er dann aus dem Bett steigt, hilft ihm niemand, er muß sich allein ankleiden, allein zum Fahrstuhl humpeln. Unten im Hof warten die Freunde. Mit der Begründung, jetzt sei keine Besuchsstunde, war ihnen verwehrt worden, unseren Mann aus dem Krankenhaus abzuholen.

Nein, die Domain ist dem Forum Romanum in nichts ähnlich. Weder steinerne Stufen noch marmorne Säulen, weder Rostren noch Tempel. Kein Staub, kein Stäubchen. Grün strahlt die Domain bis zu ihrem Hintergrund von mildem Blau, der mildblaue Hintergrund ist das Wasser im Hafen. Die Rasenflächen heben sich in Wellen, auf deren niederen Kämmen alte Bäume verloren umherstehen. Kleine Kinder und erwachsene Männer spielen mit Bällen; das Ballspiel der Erwachsenen heißt Kricket.

Der November ist in Australien ein Monat des Hochsommers, im offenen Taxi fährt unser Mann mit Freunden über das grüne Gefild zu seiner ersten Versammlung auf australischem Erdreich. Auf einem Hang steht eine Gruppe von Leuten, unser Mann fragt: „Ist hier unser Meeting?" Die Freunde verneinen lächelnd. Unter einem Baum ist ein Podium aufgerichtet, ein paar Dutzend Hörer umgeben den Redner. „Ist das unser Meeting?"

„Nein, auch nicht."

Langsamen Tempos fährt der Wagen auf eine Fläche zu. Sie ist bestanden von Menschen, ein dichter und weiter Wald von Menschen. Nur ihre Rücken sind zu sehen, an zwanzigtausend Hinterköpfe mit zwanzigtausend Nacken, die Gesichter sind nach dem Mittelpunkt der Wiese gerichtet, dorthin, wo von einem Lastauto ein Redner mit silbern leuchtendem Vollbart zu ihnen spricht. Symmetrische und weitausladende Gesten begleiten seine Worte. „Das ist Reverend Rivett", sagen die Freunde, und unser Mann freut sich auf den Händedruck mit ihm, der ihm den guten Brief geschrieben hat und soviel Solidarität bekundet.

Die Freunde heben unseren Mann aus dem Taxi, die äußeren Kreise der Versammlung werden aufmerksam, dann die nächstinneren, man trägt ihn durch die Menge. Nach ein paar Schritten aber hält man an, vorne scheint etwas vorgefallen zu sein, alles versucht, der Tribüne zuzudrängen, von der der Redner verschwunden ist. Wer nicht vorwärts kann, stellt sich auf die Zehenspitzen, reckt den Kopf, man flüstert erregt.

Versammlungsteilnehmer berichten den im Auto Angekommenen von der Rede Rivetts. Mit solchem Feuer habe der Alte noch nie gesprochen wie heute. Reverend Rivett hat mit der Feststellung begonnen, das heutige Meeting sei das größte seit zwanzig Jahren, das größte seit der Antidienstpflichtversammlung, mit der das australische Volk einen Vorstoß gegen seine Vergewaltigung unternahm. Es sei Zeit für die Völker, einen neuen Vorstoß zu unternehmen. „Für die Rettung der Demokratie glaubten die Völker den Weltkrieg zu führen, aber das Ergebnis ist, daß sie Faschismus oder Gefahr des Faschismus geerntet haben. Fünfundsiebzig Prozent der Bevölkerung Australiens sind arbeitende Menschen", sagte Reverend Rivett, „und wenn diese gemeinsam für ihr Recht einstehen, können sie Krieg und Faschismus verhindern, mit so üblen Mitteln diese beiden Geißeln der modernen Menschheit auch vorbereitet werden. Friedenskämpfern hat man verboten, bei uns einzukehren, und diese Schmach noch vergrößert, indem man dieses Verbot mit der Unkenntnis entlegener Sprachen begründete. Käme Christus hierher, um für den Frieden der Menschen auf Erden zu werben, unsere Landpfleger und Zöllner würden ihn daran zu hindern versuchen, weil er ein Ausländer sei und keine europäische Sprache beherrsche, zumindest nicht Gälisch."

Mitten in seiner Rede habe Reverend Rivett das Taxi erblickt, das sich langsam dem Versammlungsplatz näherte. „Dort naht unser Gast, dessen Einlaß man verhindern wollte. Freuen wir uns, daß wir nicht vergeblich gekämpft haben, freuen wir uns, daß wir ihn sehen. Meine Zeit ist um, ich schließe." Und bei den Worten „Ich danke Ihnen", mit denen jeder angelsächsische Redner schließt, sank Reverend Rivett um.

Die Massen im Rund ergriff eine Ahnung, daß das mehr als ein Unwohlsein, mehr als eine Ohnmacht war. Und jetzt ist die Ahnung Gewißheit, erregt flüstert es von der Mitte her bis an den Rand: „Er ist tot . . . Er ist tot."

Reverend Rivett ist tot.

Erschüttert und starr stehen die Zwanzigtausend da, in ihrem Auge ist noch das Bild des Redners, in ihrem Ohr sind seine Sätze. Reverend Rivett liegt in dem Wagen, von dem er sprach, und ist tot. Unser Mann wird hinaufgehoben. Er sieht den Reverend Rivett zum erstenmal und zum letztenmal.

Ärzte breiten ein Tuch über den Toten, Stille, Totenstille herrscht, im Block der Zwanzigtausend öffnet sich eine Straße, durch die Reverend Rivett aus der Versammlung getragen wird, in die Leichenkammer des nahen Hospitals.

Ein alter Mann erklimmt das Lastauto und beginnt zu sprechen, Frank Cotton, des Toten Freund von Jugend an. Er war heute mit Reverend Rivett zur Versammlung gekommen und möchte vor denen, deren Ohr sein Freund in seiner Todesstunde gesucht hat, etwas zum Andenken seines Freundes sagen. „Schon im Burenkrieg hat Arthur Rivett gegen die Teilnahme australischer Truppen gekämpft", erzählt Frank Cotton, „schon damals griffen ihn die Kriegshetzer ingrimmig an, und im Weltkrieg war es noch schlimmer, aber Arthur hat seine Überzeugung mutig weiterverfochten, bis an sein Ende . . . bis an sein . . ."

Hier kann der Redner nicht mehr weiter, schluchzend wankt er zurück, die Menge erzittert in neuer Befürchtung.

Senator Rae tritt vor die Versammlung, auch er einer von der alten Garde, auch er legt Zeugenschaft ab über Arthur Rivett, an dessen Seite er zwei Menschenalter lang stand. Dann gibt der Vorsitzende, L. L. Sharkey, unserem Mann das Wort, „das Wort, das wir uns erzwungen". Er müsse jedoch um Nachsicht für den Gast bitten, falls der in gebrochenem Englisch sprechen sollte.

„Ja", nimmt unser Mann das Wort, „ja, mein Englisch ist gebrochen, auch mein Bein ist gebrochen, nicht gebrochen aber ist mein Herz. Denn die Aufgabe, mit der mich die Antifaschisten Europas zu denen Australiens sandten, erfüllt sich, da ich zu euch spreche. So tief uns der Schmerz über den jähen Tod von Reverend Rivett bewegt, es war ein edler Tod; Reverend Rivett fiel mitten in der Ausübung einer selbstgewählten Pflicht. Seine Name, bisher nur den Australiern teuer, wird nun auch von den europäischen Antifaschisten geehrt werden, und wenn ich ein Buch über Australien schreibe, dann soll darin, das verspreche ich hier, dem tapferen Priester ein Kreuz des Gedenkens errichtet sein."

†

REVEREND ARTHUR RIVETT

ein Kämpfer gegen den Krieg
ein Kämpfer gegen Faschismus
Gestorben
in Sydney Domain am Sonntag,
dem 18. November 1934

Wie die rückwärtszerrenden und abwärtszerrenden Gewalten, vor denen Reverend Rivett bis zum letzten Atemzug gewarnt, wie diese Gewalten des Rückschritts und der Hetze in Deutschland zur Herrschaftsform wurden, davon gibt unser Mann Bericht; er spricht über die Schändung von Menschenwürde und Menschenrecht im Hitlerkerker und sagt, was von dem illegalen Widerstand deutscher Arbeiter in Worten ausgedrückt werden kann.

„Jedoch damit", zetert am nächsten Tag die reaktionäre Presse, „jedoch damit war der Tag noch lange nicht zu Ende, den der Vorsitzende in seinem Schlußwort als einen denkwürdigen in der Geschichte Australiens bezeichnete. Um das sich in Bewegung setzende Lastauto formierte sich die Menge als ‚Schutzgarde, damit unserem Gast kein Harm geschehe'. Der saß auf dem Lastauto und schwenkte einen Strauß roter Blumen, der ihm bei seiner Ankunft auf dem Versammlungsfeld überreicht worden war. Tausende folgten dem Wagen durch Macquarie Street, die für den morgigen Einzug des Herzogs von Gloucester festlich dekoriert ist, und sangen ‚Red Flag' und ähnliche Lieder. Einige Dekorationen mit der Aufschrift ‚Willkommen' wurden von den Kandelabern gerissen und an dem Auto befestigt. Vor dem Abgeordnetenhaus wurde der Delegierte unter ununterbrochenen Hochrufen aus dem Lastauto gehoben und in ein Personenauto getragen. Dann sang man die ‚Internationale', wobei die Menge nach Mister Kischs Vorbild die Fäuste zum Gruß erhoben hielt. Diese Geste ist, wie uns von informierter Seite mitgeteilt wird", (fix gearbeitet, deutsches Konsulat!) „die Grußform des sogenannten Roten Frontkämpferbundes, einer schon vor Herrn Hitlers Regierungsantritt in Deutschland aufgelösten kommunistischen paramilitärischen Formation . . . Wie wir erfahren, wird Polizeirichter May, der die verhängnisvolle Freilassung verfügte, bei der Fortsetzung der Verhandlung am Freitag nicht mehr im Richterstuhl erscheinen."

Gerald Griffin, „der Mann mit Tarnkappe und Siebenmeilenstiefeln", war Freitag in Sydney gewesen; Newcastle, wo er Sonnabend im Saal des Gewerkschaftshauses auftrat, liegt hundert Meilen nördlich von Sydney an Australiens Ostküste; am Sonntag, an dem der andere verbotene Delegierte in Sydney Domain spricht, wird Gerald Griffin in Melbourne erwartet, sechzehn Schnellzugstunden weit westlich von Sydney, an Australiens Südküste.

Er soll am Abend in einem Protestmeeting gegen die beiden Landungsverbote sprechen. Alle Bahnhöfe in der Umgebung Melbournes sind polizeilich bewacht, in den Zügen werden die Passagiere streng zur Ausweisleistung veranlaßt, die Beamten fassen alte Männer bei deren echten Bärten, um festzustellen, ob es nicht falsche Bärte sind, auf den Landstraßen wird ein Auto nach dem andern angehalten und untersucht, sogar der Kühler.

Achttausend Menschen sind abends im Melbourne-Stadion. Um zehn Uhr, die ersten Redner, die Labor-Abgeordneten Blackburn und Frank Brennan, haben geendet, erhebt sich der Vorsitzende und teilt mit, er werde eine Frage stellen und nach ihrer Beantwortung den Saal verdunkeln und die Türen schließen lassen. Achttausend Menschen halten den Atem an.

Vorsitzender Gleeson: „Ist Gerald Griffin im Saal?"

Eine Stimme von der Ostseite der Halle: „Ja, ich bin hier."

Mit der Gewalt einer Eruption schlägt die Atemlosigkeit in ein Toben der Begeisterung um, die Versammelten steigen auf Stühle und Bänke, die Galeriebesucher strömen auf jene Seite, von der man den sehen kann, der die Frage beantwortet hat und aufgestanden ist, ein junger Mann mit hoher Stirn und großer Hornbrille: der steckbrieflich gesuchte Gerald Griffin. Tücher werden geschwenkt, Hochrufe brausen, das Händeklatschen nimmt kein Ende, auch nicht, nachdem die Lichter verlöscht sind.

Aus dem Finstern schallt Gerald Griffins Stimme, er erzählt von seinem vorgestrigen Besuch auf der „Strathaird", von seiner gestrigen Rede bei den Bergarbeitern von Newcastle, von seiner heutigen Fahrt nach Melbourne, einer Fahrt mit Hindernissen. Er ruft auf zum Kampf gegen Krieg und Faschismus.

Während nach seiner Rede der Beifall tobt, verschwinden fünf Männer durch einen Seitenausgang in eine Querstraße, wo ein Auto hält; einer der fünf preßt sein Taschentuch an den Mund. Die fünf Männer schauen sich vorsichtig um, ob kein Polizist in der Nähe ist. Nichts Verdächtiges. Kaum aber flitzt ihr Wagen los, da sperren ihm an der Straßenecke zwei heranfahrende Polizeiautos den Weg. „Hände hoch!"

Die Insassen des Privatwagens müssen umsteigen ins Polizeiauto, die beiden wuchtigsten der Konstabler halten die Arme des Mannes fest, der sein Taschentuch gegen das Gesicht gepreßt hat.

Schade!

Schade, daß dieser Mann nicht Gerald Griffin ist, schade, daß keiner der Verhafteten Gerald Griffin ist und daß alle fünf binnen einer halben Stunde die knurrende Wachstube verlassen dürfen.

Was Gerald Griffin anbelangt, so hatte er in der Dunkelheit und ohne Hornbrille seinen Platz gewechselt und wartete dann das Ende der Versammlung ab, um mit dem Strom der Achttausend von dannen zu schwimmen.

Ob rechts, ob links, es gibt nur eine Meinung: wenn etwas noch ungeschickter und lächerlicher sein kann als die beiden Landungsverbote, so ist es die Tatsache, daß die Regierung sie nicht durchzuführen vermag. Welch eine unfreiwillige Regierungspropaganda für die Antifaschisten!

Auf einer der vielen Karikaturen in den Zeitungen sieht man unseren Mann – nein, unser Männchen, denn ganz klein und häßlich sitzt er auf einem Stuhl; unter ihm jedoch läßt die Regierung ihr Licht leuchten, und dadurch erscheint der Schatten des kläglichen Zwergs gigantisch und respekteinflößend an der Wand. – „Schafft Griffin her", schreit auf einer anderen Zeichnung der Generalstaatsanwalt Menzies der Polizei so heftig zu, daß die Konstabler an die Wand klatschen und die für Griffin vorbereiteten Handschellen zu baumeln beginnen. Ein Karikaturist läßt Griffin und unseren Mann Arm in Arm durch die Einreiseverbote schreiten wie durch einen Triumphbogen.

Ceterum censeo, zeterte Menzies noch vor vier Tagen, die Delegierten werden den Fuß nicht auf den Boden des australischen Gemeinwesens setzen. Dieses Axiom hat er mit der gleichen Energie verfochten wie die mittelalterlichen Geographen das ihre: den südlichen Teil der Erdhälfte könne nimmermehr eines Menschen Fuß betreten, weil sotaner Fuß oben haften, hinwiederum sein Körper und sein Kopf nach unten hängen müßten, welches zwar bei Fliegen an der Zimmerdecke möglich sei, mitnichten aber bei Menschen. Seither hat sich dieses Axiom als unrichtig erwiesen, unter anderem bei jenen Füßen, für die Mister Menzies eine Ausnahme statuieren wollte. Der eine trägt einen Siebenmeilenstiefel, der andere eine gipserne Hülle, und so fest wurden die verbotenen Füße auf australischen Boden gesetzt, daß dieser in ein einziges Versammlungsfeld verwandelt zu sein scheint.

So kann es keinesfalls weitergehen, den beiden Gegenfüßlern Menzies' muß der Boden entzogen werden. Um das dem Griffin zu tun, wird die Nachricht lanciert, der Mann, der als Griffin in den Versammlungen auftrete, sei gar nicht Griffin, sondern ein Australier, die Behörde kenne seinen Namen und seine Adresse genau, habe aber keinen Anlaß, gegen ihn einzuschreiten.

Dann wird, vielleicht aus Politik, vielleicht aus Sensationslust, diese Behauptung übersteigert: nicht *einen* Mann, sondern drei Männer lasse das antifaschistische Komitee in verschiedenen Teilen Australiens jeweils als Griffin sprechen. Und einer dieser drei heiße sogar wirklich „Griffin". Das gibt Anlaß zum Titel „Griffin ist wirklich Griffin, wenn auch ein anderer", als ob schon allgemein feststünde, daß es auf keinen Fall der richtige sei.

Zur Verstärkung dieser Kampagne wird ein „Privattelegramm aus Wellington (Neuseeland)" ausgegeben, „Mister Gerald Griffin, der sich seit seinem Abtransport aus Australien wieder hier befindet, erklärte heute, er sei sehr belustigt darüber, daß jemand in Australien unter seinem Namen Versammlungen abhalte".

Um dieses Netz von Falschmeldungen zu zerreißen, lädt Griffin Pressevertreter zu einer (selbstverständlich vor Überrumpelung gesicherten) Zusammenkunft ein, legitimiert sich. mit Paß und Unterschrift und mit seinen beiden in Neuseeland ausgestellten Schiffskarten, aber die Interviews werden von den regierungsbeeinflußten Chefredaktionen mit der gleichen Überschrift versehen, unter denen über sein Auftreten in den Versammlungen berichtet wird: „Der Mann, der Griffin zu sein behauptet".

Sogar die sozialdemokratische Presse beginnt, die Formel „der angebliche Griffin" anzuwenden, und so erwachen auch in der Arbeiterschaft Zweifel; mancher betrachtet sich als genasführt, schämt sich, einem falschen Griffin zugejubelt zu haben; in den Betrieben setzt es Diskussionen. Die antifaschistische Bewegung, von der viele Schichten der Bevölkerung zum erstenmal durch die Schikanen gegen die Delegierten hörten, gerät in den Verdacht, ein übles Manöver inszeniert zu haben.

Gerald Griffin hatte ursprünglich die Absicht, ebenso illegal, wie er gekommen war, nach Neuseeland zurückzukehren. Eine geheime Abreise hätte aber die Lügen nicht zum Verstummen gebracht, und so beschloß er, sich den Behörden zu stellen. Öffentlich wurde angekündigt, Griffin werde am nächsten Sonntag in der Domain sprechen. Wieder waren Zehntausende auf dem Platz. Das Wort wurde einem Mister John King erteilt, der sich sofort als Gerald Griffin zu erkennen gab und begründete, warum er heraustrete „aus dem Rauch". (So nennt man in Australien die Illegalität.)

Kompaniestark war die Polizei auf dem Platz der Redefreiheit erschienen, sie umstellte in dichtgeschlossenem Kreis die Tribüne mit dem Langgesuchten, jeden Augenblick ließ sich ein Angriff, ein Handgemenge gewärtigen. Bleich, aber unbeirrt sprach Griffin gegen die Tyranneien des Faschismus und gegen die, in deren Interesse ein Neubeginn des Völkerschlachtens liegt.

Nach zwanzig Minuten erklärte er seine Rede und seine illegale Vortragsreihe durch Australien für beendet, stieg von der Tribüne herab. Das uniformierte Aufgebot, das seinerseits durch einen dichten Kordon von Zivilpolizisten gegen die Versammlungsteilnehmer abgeriegelt war, nahm Gerald Griffin fest.

Andere Methoden mußten gegen unseren Mann angewendet werden. Er war durch Gerichtsbeschluß auf freiem Fuß, man konnte ihn nur bei einer strafbaren Handlung verhaften. Deshalb wurden ihm Fallen gestellt, zumeist in den „Dinner-Hour-Meetings", den Versammlungen, die während der Mittagspause vor dem Fabriktor abgehalten werden. Hierher konnte man Provokateure entsenden, denn die Belegschaftsmitglieder kennen einander nicht allesamt, und die Vermutung, daß sich ein Spitzel eingeschlichen habe, liegt ziemlich fern, insbesondere für die politisch wenig erfahrenen Zufallshörer. Hauptsächlich um solche Indifferenten zu erfassen, werden diese Mittagsversammlungen vor den Arbeitsstätten abgehalten, aber die Veranstalter begegnen hier oft einem kühlen, fast ablehnenden Auditorium: daß die Versammlung zum Arbeiter kommt statt der Arbeiter zur Versammlung, ruft sein Mißtrauen wach. Wenn auf dem Fabrikhof Caruso sänge oder Greta Garbo spielte, er würde nur widerwillig hinhören und brummen: Was wollen die von mir?

Solche Stimmungen sind guter Boden für Provokationsbazillen. Unser Mann sprach vor den Eisenbahnwerkstätten von Eveleigh. Eine dröhnende Stimme rief dazwischen: „Genosse, sagen Sie uns ganz offen, ob wir im nächsten Krieg zuerst unsere eigenen Offiziere erschießen sollen?" Wenige Minuten später ließ sich der gleiche oder ein ähnlicher Zwischenrufer vernehmen: „Führen Sie uns zum Gouverneursgebäude, und wir werden dort gleich Ordnung schaffen!"

Für Dienstag, drei Tage nach dem Domain-Meeting, war eine Abendversammlung in Australia-Hall angesetzt. Unser Mann kam an, Freunde hoben ihn aus dem Auto und auf eines Simson Rücken, der ihn treppauf trug. Polizei rechts und links, nebenan und hinterdrein. Sie schritt, aber sie schritt nicht ein, weder auf der Treppe noch im Vorraum.

Erst in dem Augenblick, als unser Mann in den gefüllten Saal eintrat und die Versammelten ihn begrüßten, schob sich ein baumlanger Detektiv durch die Polizeikette und sagte, lauter und brüsker als nötig, zu unserem Mann: „Folgen Sie mir sofort in die Garderobe." Versammlungsteilnehmer drängten bedrohlich gegen den Polizeikordon, Zurufe wurden laut und die Stimmung kritisch. Der Simson, der unseren Mann noch immer auf dem Rücken trug, schickte sich an, den Weg zum Podium fortzusetzen, Polizisten stellten sich ihm entgegen. „Hallo", rief unser Mann, „laßt uns mal zuerst hören, was der Onkel uns zu erzählen hat."

„Ich bin nicht Ihr Onkel", schrie der Detektiv, „und Sie sind, gottlob, nicht mein Neffe."

„Nun, nun", begütigte ihn unser Mann, „mein Sohn sind Sie ja auf keinen Fall." Ringsum wurde gelacht. Der Detektiv krallte seine Hand in unseres Mannes Schulter. Aber er verhaftete nicht. Ihm mochte eingefallen sein, daß hier keine formale Amtsehrenbeleidigung vorliege. Wenn man jemandem sagt: „Sie sind vielleicht mein Sohn", so ist das in Australien die schwerste Beleidigung, die der Mutter. Unser Mann hatte jedoch ausdrücklich das Gegenteil versichert: der Detektiv sei auf keinen Fall sein Sohn.

Simson und seine Last bewegten sich in den Garderobenraum. Dort händigte der Detektiv unserem Mann eine Vorladung für die Verhandlung am Freitag ein. Sonst nichts. Das hätte ebensogut im Saal oder vor dem Hauseingang getan werden können, abgesehen davon, daß unser Mann auch ohne die schriftliche Vorladung bei Gericht erschienen wäre. Aber darauf war es der Polizei nicht angekommen, angekommen war es ihr darauf, einen Zusammenstoß hervorzurufen. Im Laufe des Meetings, das nunmehr beginnen konnte, wurde die Vorladung an den Meistbietenden versteigert.

Tags darauf verständigten die Freunde unseren Mann von seinem bevorstehenden Zusammentreffen mit dem Ministerkabinett beim Empfang der Fellowship für den Poeta laureatus . . .

„Halt, halt! Ich verstehe kein Wort. Habt ihr in Australien einen Poeta laureatus? Was ist die Fellowship? Warum gibt sie ihm einen Empfang? Was hat das mit dem Ministerkabinett zu tun? Und was mit mir?"

Nein, Australien besitzt keinen Poeta laureatus, aber derjenige, der diese mittelalterliche Höflingscharge gegenwärtig in England bekleidet, ist nach Australien beordert worden, um mit dem Sohn des Königs an der Jahrhundertfeier teilzunehmen. Selbiger Poeta laureatus heißt John Masefield.

„John Masefield? So heißt auch ein Poeta ganz anderer Art. In Upton Sinclairs Anthologie der sozialen Literatur gibt es revolutionäre Verse von einem Masefield."

„Das ist der gleiche, aber solche Verse macht er nicht mehr. Vielleicht erinnern Sie ihn an seine früheren Gedichte, wenn Sie mit ihm zusammenkommen."

„Wieso, zum Teufel, soll ich denn mit ihm zusammenkommen?"

Das ist so: die Fellowship of Australian Writers, der Schutzverband australischer Schriftsteller, veranstaltet zu Ehren des hohen Kollegen ein Bankett, die Bundesregierung und die Regierung von Neusüdwales haben ihr Erscheinen zugesagt.

Nun aber haben linksstehende Mitglieder des Verbandes, gerade so viele, als zur Einladung eines Gastes statutengemäß berechtigt sind, beschlossen, einen ausländischen Kollegen zu dem Bankett einzuladen. Und zwar jenen, der nach Ansicht der Regierung widerrechtlich und unerwünscht im Lande ist.

Krach im Schutzverband. Die Rechte beschuldigt die Linke, Politik in den Verband hineingetragen zu haben, die Linke entgegnet, die Politik sei vom Vorstand hineingetragen worden, indem er aus rein politischen Gründen den fremden Kollegen nicht von selbst einlud. Der Vorstand behauptet, unser Mann sei nicht als Schriftsteller, sondern zu politischer Tätigkeit nach Australien gekommen. So? antwortet die Opposition, und was ist's mit den offiziellen Jubiläumsgästen aus Übersee, den Hankey und Baden-Powell und all den noch höheren, fuhren sie etwa nicht zu politischer Tätigkeit nach Australien? Glaubt der Vorstand, der Poeta laureatus kam hierher, um sich uns anzusehen oder um ein Gedicht auf Australien zu machen? Nein, Mister Masefield wurde zu politischer Tätigkeit hierhergesandt, und deshalb beteiligt sich die Regierung an dem Empfang.

Interviewt, ob sie trotz der Einladung des unerwünschten Ausländers erscheinen werden, erklären Ministerpräsident und Minister, darunter Minister Th. White, der den Schriftstellerberuf unseres Mannes bestreitet, daß sie sich durch nichts daran hindern lassen werden, an der Huldigung Australiens für den englischen Poeta laureatus teilzunehmen. „Ich werde kommen", verkündet jeder Minister einzeln, „ob Kisch da ist oder nicht." – „Ich werde kommen", verkündet auch unser Mann, „ob die Minister da sind oder nicht." Er empfinde es als Ehre, der Einladung Folge zu leisten, denn er sei selbst im Vorstand der Fellowship of German Writers. Mister John Masefield, befragt, ob er etwas gegen die Anwesenheit des prohibited immigrant beim Festmahl einzuwenden habe, antwortet: „Ich habe keine Meinung in dieser Angelegenheit."

In England scheint man diesem Zusammentreffen eines hohen Hofmannes mit dem beanstandeten Fremden noch mehr politische Bedeutung beizumessen als im Dominium. Die Korrespondenten der Londoner Presse bekommen Weisung, bei ihren Berichten über den Verlauf des Banketts keine Kabelspesen zu sparen, und im Wentworth-Hotel werden Telefonzellen gebaut, von denen aus die Berichterstatter die Festhalle überblicken können.

Wir aber, nicht auf Zeilenhonorar und Aufträge von Fleet Street angewiesen, wollen uns damit begnügen zu sagen, daß es ein wohlgelungenes Fest war. Fünfhundert Gäste, die Herren im Cut, die Damen mit Schmuck. Die Mitglieder der Regierung, so mannhaft sie ihr Erscheinen in Aussicht gestellt hatten, waren ausnahmslos ferngeblieben. Dagegen glänzte der nicht allen liebsame Gast durch seine Anwesenheit. Vier Männer trugen ihn feierlichen Schrittes durch die lautlos zur Seite tretende Menge zu seinem Platz, und er nahm sich im Jackett und in den Hosen seines blauen Pyjamas ganz schmuck aus.

Der Vorsitzende begrüßte Mister John Masefield mit warmen Worten. Mister John Masefield dankte mit warmen Worten, hob die Notwendigkeit von Solidarität und Freundschaft und Liebe zwischen den Angehörigen der schreibenden Zunft hervor und ging dann eilig von dannen – vielleicht gemahnte ihn die Anwesenheit des anderen überseeischen Kollegen peinlich an eine Zeit, da er für Upton Sinclairs Anthologie so unversöhnliche Worte gegen alle Helfershelfer der Mächtigen gefunden hatte.

Vierhundertneunundneunzig blieben essend und plaudernd im Saal, darunter der andere fremde Gast. Eine Autogrammpolonäse zu ihm beendete das schöne Fest. Er fügte zu seinem Namenszug jedesmal die Worte „ein Springer“ hinzu, um auszudrücken, daß ihn hier niemand als Schriftsteller kenne und nur von dem Akrobaten ein Andenken heische.

Mit spitzem Lächeln reichte ihm eine Dame „ihr Lieblingsbuch“, auf daß er es signiere, ein kostbar eingebundenes Exemplar von „Mein Kampf“. Bereitwillig schreibt er auf die Titelseite die Feststellung, zum erstenmal im Leben setze er seinen Namen auf solch stupides Zeug.

Am nächsten Tag – oh, wir haben ein reichhaltiges Festprogramm, tschindara-tschin-bum, hereinspaziert, meine Herrschaften! –, am nächsten Tag ist Liverpool Street schon vor neun Uhr morgens schwarz von Menschen, begierig, kundig, eingedenk, teilhaftig, mächtig, voll genießen sie die Zeremonie, mit der der Angeklagte die Freitreppe zum Polizeigericht emporgetragen wird, und auch der Verhandlungssaal ist begierig, kundig usw., und vor allem: voll.

Wie angekündigt, sitzt Richter May, der unseren Mann auf freien Fuß gesetzt hat, nicht mehr im Richterstuhl.

„Nein“, erwidert unser Mann, als er von Richter Gibson gefragt wird, ob er sich schuldig bekenne, und es geht los.

Inspektor Wilson von der Zollbehörde wird als Zeuge verhört, ob und wie die Intelligenzprüfung vorgenommen wurde. Er sagt aus, der Angeklagte habe so laut, daß es die Leute außerhalb der Wachstube hören konnten, gerufen: „Es ist unfair, mich gälisch zu prüfen. Nicht mich stellen Sie damit bloß, sondern Australien. Die ganze Welt wird darüber lachen.“

Bewegung im Publikum. Polizisten stürzen mit Gummiknüppeln auf die Zuhörer zu und bellen: „Ruhe im Gerichtssaal!“ Ein Mann ruft gestikulierend: „Ein Prophet! Er wollte euch warnen, Australien lächerlich zu machen.“ Man schleppt ihn aus dem Saal. „Ein Prophet!“ hört man ihn noch von draußen rufen.

Zeuge Wilson: „Der Angeklagte behauptete, es sei keine Tinte in der Füllfeder, die ich ihm gereicht hatte, und ...“

Bewegung im Publikum. Die Polizisten bellen: „Ruhe im Gerichtssaal!“

Zeuge: „... und zerriß das Papier und warf es fort.“ (Daß der Angeklagte es auf einen Detektiv warf, verschweigt der Zeuge großmütig.) „Er sagte auch, er sei einmal in Strathnaver gewesen und spreche etwas Keltisch, aber Konstabler MacKay habe keine Ahnung davon."

Konstabler MacKay wird als nächster Zeuge vorgerufen, gibt an, er sei bis zu seinem sechzehnten Lebensjahr im Dorf Tongue in Sutherland, einer gälisch sprechenden Gegend Schottlands, aufgewachsen, der Schulunterricht sei englisch gewesen.

Piddington befragt den Zeugen MacKay nach einigen gälischen Worten, Zeuge antwortet, er habe sie vergessen. Auch einfache Vokabeln, wie „nein", „Straße", „Haus", kennt er nicht oder übersetzt sie falsch. (Piddington hat ein englisch-gälisches Wörterbuch mitgebracht.)

„Es ist schon zwanzig Jahre her, seit ich gälisch sprach", entschuldigt sich MacKay.

Piddington fordert ihn auf, ein Wort aus dem Diktionär vorzulesen. (Keltisch hat eigene Buchstaben.) Zeuge: „Das scheint irisches Gälisch zu sein, ich kann nur schottisches Gälisch lesen."

Piddington: „Die schottische Bevölkerung zählt 4843000 Seelen, kaum 2,8 Prozent von ihnen sprechen keltisch. Das ist also keine lebende europäische Sprache im Sinne des Gesetzes."

Es entspinnt sich ein linguistischer Streit, Beweise begegnen Gegenbeweisen, Beweisanträge und Gegenbeweisanträge kreuzen sich, die Vertagung des Prozesses wird gefordert.

Staatsanwalt: „Ich habe nichts dagegen, unter der Bedingung, daß der Angeklagte bis zur Wiederaufnahme in Haft bleibt, damit sich so skandalöse Szenen wie in der Domain die geballte Faust, die Demonstration in Macquarie Street oder die öffentliche Versteigerung der Vorladung nicht wiederholen."

Der Richter erklärt, die Freilassung des Angeklagten bis zur Urteilsverkündung sei bereits verfügt und sei nicht rückgängig zu machen. Der Prozeß wird vertagt.

Zur nächsten Verhandlung bringt der Staatsanwalt einen Sachverständigen mit: John McCrimmin, Polizeiinspektor a. D., geboren auf Isle of Skye, einer zu Schottland gehörenden Hebrideninsel, soll bekunden, daß Konstabler MacKay richtiges Schottisch-Gälisch spreche. Um die Eignung des Sachverständigen zu beweisen, legt ihm der Staatsanwalt den Text der Diktatprüfung vor.

John McCrimmin liest vor und übersetzt, ohne zu stocken:

„Er erinnert sich daran, daß sein Vater ein Buch, genannt das ‚Rote Buch‘, besaß, welches vielerlei über die Sippen des Hochlands erzählte und auch Teile von Ossianschen Gedichten enthielt.“

(Der Sydneyer Schriftsteller Julian Smith* entdeckte, daß dieses Zitat einem alten Werk „Sprache und Literatur des schottischen Hochlands“ von Prof. John Stuart Blackie entstammt, darin eben die Maßregeln angeführt sind, mit denen König Georg II. im Jahre 1747 nicht nur die gälisch-keltische Sprache zu unterdrücken versuchte, sondern sogar das Tragen von schottischer Tracht zu einem schweren Verbrechen stempelte. Wäre die Terra Australis schon damals ein freies britisches Dominium gewesen, so hätte sie jeden nur gälisch sprechenden Einwanderer ebenso abgewiesen, wie sie heute den nicht gälisch sprechenden abweist.)

Da der Sachverständige McCrimmin das Prüfungsstück fließend liest und übersetzt, müßte man nun widerspruchslos seine Entscheidung hinnehmen: Konstabler MacKay vermag die schottisch-gälischen Worte so vorzulesen, daß jeder Kenner dieser Sprache sie mitschreiben kann.

Leider mischt sich Mister Piddington mit einer Frage an den Richter ein: „Erlauben Sie, Verehrungswürdiger, daß auch ich von Mister McCrimmin etwas übersetzen lasse?“ Der Verehrungswürdige erlaubt es, Piddington hält dem sachverständigen Kelten ein Buch hin und verdeckt das letzte Wort der zu übersetzenden Stelle.

Sachverständiger (übersetzt): „Ebenso könnten wir nützen, wenn wir es ihr frei überließen, sich zu ihrer Zerstreuung dem Laster hinzugeben.“

Piddington: „Wollen Sie, bitte, Ihre Übersetzung dem Protokollführer diktieren?“

Sachverständiger (diktiert): „Ebenso könnten wir nützen ...“ Mit entschuldigendem Lächeln: „Das ist keine sehr moralische Sentenz.“

* „On the Pacific Front. The adventures of Egon Kisch in Australia.“ By Julian Smith; Sydney 1936. Australian Book Services Ltd., Manchester Unity Building. (230 S.; 14 Photos.)

PIDDINGTON: „Im Original schon. Es ist nämlich der Satz aus dem Vaterunser: Führe uns nicht in Versuchung, sondern erlöse uns von dem Übel. Das Wort, das ich mit dem Finger verdeckt habe, heißt ‚Amen'."

Die Polizisten rücken gegen das Auditorium vor. „Ruhe im Gerichtssaal!" Aber all die drohend geschwungenen Gummiknüppel können das Gelächter nicht ersticken. Der Richter schneuzt sich des langen und breiten.

SACHVERSTÄNDIGER: „Im Gälischen gibt es drei verschiedene Arten von Orthographie, und dadurch kann sich leicht ein anderer Sinn ergeben."

PIDDINGTON: „Ich glaube nicht, daß eine Orthographie das Vaterunser so verwandeln kann. Übrigens bezweifle ich jetzt, Mister McCrimmin, daß Sie den Text der Diktatprüfung auch so fließend übersetzt haben, als Sie ihn zum erstenmal lasen."

SACHVERSTÄNDIGER (mit Entschiedenheit): „Jawohl, das habe ich."

PIDDINGTON: „Wann war denn das?"

SACHVERSTÄNDIGER (merkt, daß er sich verplappert hat): „Muß ich diese Frage beantworten?"

PIDDINGTON: „Sie haben ja schon zugegeben, daß Sie den Text vorher kannten, also können Sie auch sagen, wann Sie ihn gesehen haben."

SACHVERSTÄNDIGER: „Gestern."

PIDDINGTON: „Und wo?"

SACHVERSTÄNDIGER schweigt.

PIDDINGTON: „Im Büro des Herrn Staatsanwalts?"

SACHVERSTÄNDIGER: „Ja, aber ich habe den Text sofort ..."

Der Rest seiner Aussage erleidet trotz Gummiknüppeldrohung und „Ruhe-im-Gerichtssaal"-Gebell kläglichen Schiffbruch im Sturm der Heiterkeit.

Wieder mündet die Disputation in die prinzipielle Frage, ob Gälisch im allgemeinen und Schottisch-Gälisch im besonderen eine Sprache im allgemeinen und eine europäische Sprache im besonderen sei.

Richter Gibson meint, Schottisch-Keltisch werde in Europa gesprochen, also sei es ohne Zweifel eine europäische Sprache.

PIDDINGTON: „Es gibt mehr Chinesen in Sydney als schottisch-gälisch sprechende Menschen in Europa. Wenn aber jemand ernsthaft behaupten wollte, Chinesisch sei ohne Zweifel eine australische Sprache, würde man ihn ins Irrenhaus sperren."

RICHTER: „Zielt das auf mich?"

PIDDINGTON: „Sie haben doch nicht behauptet, Verehrungswürdiger, daß Chinesisch ohne Zweifel eine australische Sprache sei."

Erst recht geraten Rechtsanwalt und Staatsanwalt einander in die Haare, bei jeder Gelegenheit beschimpfen sie einander weidlich, niemals aber tun sie es ohne die vorgeschriebene Anredeform „mein gelehrter Freund".

„Your Worship" dagegen ist die Formel, die hier, bei einem Gericht unterer Instanz, dem Richter gebührt.

Unser Mann sagt: „Your Warship" – Gelächter, „Ruhe im Gerichtssaal!" –, ohne daß man es dem Ausländer als bösen Willen auslegen kann, wenn er den feinen Unterschied in der Aussprache nicht herausbringt und dadurch eine verehrungsberechtigte Amtsperson einem ollen Kanonenboot gleichsetzt.

Zwei Ecktürme wachsen auf dem Richtertisch zu schwindlichten Höhen empor. Der rechte dräut den Frevlern, die dem Gälischen das Recht bestreiten, eine Sprache im Sinne des australischen Einwanderungsgesetzes zu sein, aus dem anderen Turm richtet sich die Bestückung gegen jene, die einen aussterbenden Dialekt ausgraben, um ihn für ihre politischen Antipathien zu mißbrauchen. Noch sind die Turmbauten nicht bis zum Giebel gediehen, noch liegt weiteres Baumaterial bei den Rivalen bereit, Bücher, Zeitschriften, Statistiken. Aus allen Werken starren die Lesezeichen hervor, als wären sie Flintenläufe.

Unser Mann könnte zum Turmbau seiner Partei nur einen einzigen Quaderstein beitragen; er erinnert sich, daß Friedrich Engels in der „Lage der arbeitenden Klasse in England" vom Verschwinden der gälisch-keltischen Sitten und Sprache spricht und die wirtschaftlichen Gründe und sogar den Zeitpunkt dieser Erscheinung anführt; die mit dem Ende des 18. Jahrhunderts einsetzende Industrierevolution erschloß das schottische Hochland; auf den neuerstandenen Chausseen wanderte die bisher zumeist aus Schmugglern und Wilddieben bestehende Bergbewohnerschaft in die Industriebezirke ab, und vor dem Anrücken der englischen Zivilisation mußten die alten Gebräuche und Ausdrucksformen verschwinden.

Aber es gelingt nicht, ein Exemplar von Engels' Meisterreportage aufzutreiben in dem Land, in dem sich mehr als in einem anderen die Lage der englischen Arbeiterklasse vom Anfang des vorigen Jahrhunderts ausgewirkt hat. Belege aus der bürgerlichen Literatur hingegen schleppt Piddington in solcher Fülle heran, daß der Staatsanwalt die Hände ringt. „Was soll denn das für einen Zweck haben?"

„Den Zweck", antwortet Piddington, „Ehre und Freiheit eines bedeutenden Gastes zu retten, und mehr als das, den Ruf Australiens."

Staatsanwalt: „Quatschen Sie keinen solchen Blödsinn, mein gelehrter Freund, Ihr bedeutender Gast wird eingesperrt werden, wie er es verdient, und in acht Tagen erinnert sich kein Mensch mehr seines Namens."

Auch er scheint ein Prophet zu sein, wenigstens was das Einsperren betrifft. Der Richter denkt nämlich gar nicht daran, sich mit den beiden babylonischen Türmen und ihrer Sprachverwirrung zu befassen, er denkt nicht daran, den Prozeß um weitere Verhandlungstage zu verlängern, deren Abende der Angeklagte doch nur, wie die bisherigen, verwenden würde, um Vorträge und Reden zu halten.

Woran Richter Gibson sicherlich denkt, ist die Absetzung seines Vorgängers, des Richters May. So erhebt er sich denn und verkündet das Urteil: Keltisch ist eine europäische Sprache, Schottisch-Gälisch ist eine Abart dieser Sprache und selbst eine europäische im Sinne der Einwanderungsakte, der Konstabler, der den Angeklagten der Diktatprüfung unterzog, war dieser Sprache mächtig, und der Angeklagte hat die Prüfung nicht bestanden. Daher ist der Angeklagte schuldig, unbefugt in Australien eingereist zu sein, und wird zu sechs Monaten Zwangsarbeit und zur Zahlung der Gerichtskosten verurteilt.

Piddington: „Unerhört! Zum Strafausmaß habe ich ja noch gar nicht plädiert."

Richter: „Das ist nicht nötig, das Strafausmaß ist im Gesetz genau festgelegt."

Piddington: „Sie verwechseln, Verehrungswürdiger, Ihren

von der Regierung erhaltenen Auftrag mit dem Gesetz. Sechs Monate Zwangsarbeit sind keineswegs festgelegt, sondern im Gegenteil als Höchststrafe angegeben."

Da sich erweist, daß das stimmt, wird das Strafausmaß zurückgezogen, und Piddington plädiert.

Plädiert? Wie ein heraldischer Löwe hält er den Ehrenschild seines bereits schuldig gesprochenen Klienten in den Klauen. Nicht mehr um den Sieg kann er kämpfen, bloß noch um glimpfliche Gefangenschaft, er faucht und funkelt und dröhnt: Nur die Mindeststrafe darf verhängt werden.

Richter Gibson ist kein Romantiker, er fürchtet nicht, von einem Wappentier zerfleischt zu werden, er fürchtet nur das Schicksal des Richters May. Darum fällt er von neuem das Verdikt: „Sechs Monate Zwangsarbeit und Zahlung der Gerichtskosten."

Vier Polizisten schleppen unseren Mann aus dem Saal, zahlreiche andere preschen gegen das Publikum vor, das seiner Empörung über die hohe Strafe lauten Ausdruck gibt.

Wiederum wird unser Mann einer Leibesvisitation unterzogen; höhnisch steht der Polizeiinspektor dabei und knallt die Silberpeitsche gegen seine Ledergamaschen.

Verhallt ist der altgewohnte Dreiklang von Tür, Schlüssel und Schlüsselbund. Unser Mann liegt in einer großen Zelle und versucht sich auszumalen, wie sich das nächste Halbjahr gestalten wird. Sechs Monate Zwangsarbeit, vielleicht im australischen Busch unter Känguruhs und giftigen Schlangen. Es kann auch noch länger als sechs Monate dauern; Gerichtskosten werden überall im Fall der Nichteinbringlichkeit mit Haft bezahlt – die einzige international geltende Valuta.

Zwei Stunden später wird unseres Mannes Zelle anderweitig gebraucht. Aus Parramatta ist ein Schub von zwölf Häftlingen angekündigt, erzählen ihm die Polizisten, die ihn freundlich und fürsorglich in eine kleinere Zelle tragen. Die stinkt noch mehr als die große; sie stinkt am meisten von allen ihm hier vertrauten Zellen. Ohne Licht, ohne Lektüre, ohne Bleistift und ohne Papier liegt er auf der Pritsche. Zum Abendbrot gibt's Kaffee (oder ist es Tee?), immerhin nicht so schlimm wie in Spandau, und drei Scheiben gerösteten Brots.

Spätabends ruft ein Polizist mit gedämpfter Stimme durchs Guckloch: „Zerreißen Sie das sofort!" und schnellt ein Papierkügelchen in die Zelle. Ein Brief: „Keine Sorge, wir arbeiten weiter. G."

„G." bedeutet Gwendolyn.

Auch Gerald Griffin wird zu sechs Monaten Zwangsarbeit verurteilt; in Sträflingskleidern sitzt er im Zuchthaus von Parramatta. Griffin ist in Irland geboren, also ein Kelte, ein Gäle sogar. Sein Verbrechen besteht darin, daß er nicht Holländisch kann.

Die beiden Verurteilungen wühlen die Gemüter auf. Vor allem sieht die Arbeiterschaft das Vorgehen der Behörden als Herausforderung an; die Protestbewegung wächst und äußert sich so radikal, wie dies noch vor einigen Jahren undenkbar gewesen wäre.

Zur Zeit der Prosperität, als noch keine industrielle Reservearmee von Hunderttausenden die Löhne drückte, als viele Arbeiter ein Häuschen mit Garten und manche ein Kleinauto erwerben konnten, galt den Australiern ihr Land als ein ewig unveränderbares Paradies, sie fühlten sich den Bewohnern der übrigen Weltteile überlegen, und ihre Zukunftsforderungen, ihr politisches und gewerkschaftliches Ideal erschöpften sich in dem Satz: „Ten bob a day – zehn Schilling Tagesverdienst."

Selbst jene Mitglieder der Labor Party, die sich Sozialisten nannten, glichen im Grunde dem Tolstoischen Gerichtsherrn Iwan Iljitsch; der weiß genau, daß alle Menschen sterben müssen, und glaubt dennoch nicht an seinen Tod, weil er, Iwan Iljitsch, ja nicht „alle Menschen" ist. So wußten jene Labor-Sozialisten von den internationalen Gesetzen der kapitalistischen Produktion, von der Ausbeutung der Arbeitskraft, vom Wechsel von Konjunktur und Krise und vom Kampf der Klassen, leugneten aber die Gültigkeit dieser Gesetze für Australien.

Als die Weltkrise über vier Weltteile hereinbrach und den fünften verschonte, schien das ein neuer Beweis für die Sonderstellung Australiens zu sein. 1929 jedoch kreuzte die Krise den Äquator, und der konservative Ministerpräsident Bruce (jetzt Australiens Vertreter in London und beim Völkerbund) wußte besser von ihrem Kommen als die Sozialisten obiger Observanz. Er demissionierte und machte einem Labor-Kabinett Platz, damit dieses die Verantwortung auf sich lade.

In der Tat konnte das neue Ministerium die Landung der Krise nicht verhindern. Sie hißte ihre graue Fahne, sie verwandelte die arbeitswilligen Bewohner des menschenärmsten Erdteils in Arbeitslose, sie schloß Betriebe, sie schränkte Belegschaften ein und erhöhte die Arbeitszeit und senkte die Löhne, sie rief Streiks und Aussperrungen hervor, sie ließ den Ministerpräsidenten von Neusüdwales, J. Lang, einen Labor-Mann, durch den britischen Generalgouverneur absetzen und übergab auch die Regierung des Staatenbunds wieder einer nationalistischen Koalition.

Bei Iwan Iljitsch beginnt es zu dämmern. Schon verhaftet man in der Domain, dem Platz der freien Rede. Schon verbietet man Bücher, die in England erlaubt sind. Und nun will man uns sogar vorschreiben, wen wir hier empfangen dürfen? Sollen wir uns gefallen lassen, daß Antifaschisten und Kriegsgegner verurteilt werden?

Neue Anhänger stoßen zur Avantgarde des Klassenbewußtseins, die diese Entwicklung längst vorausgesagt hat, in den Arbeiterbezirken gründen sich antifaschistische Komitees, Keimzellen der Einheitsfront.

Aber auch weite Kreise des Kleinbürgertums und des Bürgertums sind höchst unzufrieden mit ihrer Regierung. Sie ist ihnen zu konservativ, vertritt allzu offen die Interessen von ein paar Banken, Versicherungsgesellschaften, reichen Weizenfarmern und Schafzüchtern und der fast ganz in englischen Händen liegenden Großindustrie.

Die Mehrheit der australischen Bevölkerung ist demokratisch. Hierzulande gibt es keinen Hof, keine Aristokratie und keine privilegierte Offizierskaste – Kommandant der australischen Truppen im Weltkrieg war ein als Reserveoffizier eingerückter jüdischer Ingenieur namens Monash. Den Ehrgeiz, in „bessere Kreise“ aufgenommen zu werden, hat der richtige Australier nicht; anders als in Europa schaffen Titel und Orden, ja selbst Reichtum allein kein Ansehen; anders als in Amerika empfindet man es als lächerlich, alles auf der Welt nur nach dem Einkaufspreis zu schätzen.

Sich das Leben so leicht wie möglich zu machen, sich Hirn und

Seele nicht allzusehr zu beschweren, ist des Australiers oberste Maxime. Sein Ahne hatte Land und Weide in Besitz genommen, wo er sie fand, Eingeborene, chinesische und europäische Einwanderer als Sklaven verwendet und nach Gutdünken leben oder sterben lassen – nichts störte ihn als die Obrigkeit mit ihrem Zuchthausregime und ihrem Verlangen nach Bezahlung des Bodens und der Steuern. Immer waren daher die duftigsten Blumen im Bukett der australischen Flüche für die Behörden ausersehen.

Davon steckt dem Enkel etwas im Blut. Er findet es verdammt unsympathisch, was die Behörden da treiben, und verdammt sympathisch, daß sich die beiden Delegierten dagegen wehren. Insbesondere der Tiefsprung vom Deck wird von dem sportfanatischen Erdteil als sportliche Leistung gewertet.

Was die Regierung den beiden zu sagen verwehren wollte, haben sie wiederholt gesagt. Jeder im Lande hat es gehört oder gelesen, und keiner im Lande hat etwas Gefährliches darin gefunden. Also war das Verbot nicht nur wirkungslos, sondern auch durchaus sinnlos, und die sechs Monate Zwangsarbeit sehen wie nackte Rache aus.

Das anfängliche Mißtrauen gegen die beiden Delegierten hat sich als unberechtigt erwiesen, Griffin ist der richtige Griffin und nicht jemand, der sich für ihn ausgibt. Von dem anderen hat Minister White behauptet, er sei ein politischer Agitator und kein Schriftsteller, jedenfalls kein besonderer, sonst wäre er ins Englische übersetzt. Jetzt aber kündigen die Buchhändler zwei englische Ausgaben an, „Secret China" erscheint in London, „Changing Asia" in New York.

Die Berufung gegen die Verurteilung rollt zu verschiedenen Instanzen, und niemand kennt sich in diesem Labyrinth aus. Unter anderem muß unser Mann vor einem Supreme Court in der alten Hauptstadt Parramatta erscheinen, und stilles Schaudern befällt ihn, da er in dieses Gerichtszimmer getragen wird, wo in den Kinderjahren der Kolonie Neusüdwales ein betrunkener Richter, ohne die Angeklagten oder die Zeugen anzuhören, Urteil auf Urteil lallte: „Tod durch den Strang."

Davon ist im gegebenen Fall keine Rede, es wird in Parramatta überhaupt kein Urteil über ihn gefällt, weil sich – wie gesagt, komplizierte Dinge – gleichzeitig das Oberste Bundesgericht in

Sydney mit der Sache befaßt. Dessen Fünfmännersenat berät eine Woche lang über die Frage, ob der Einwanderer zu Recht aus Schottisch-Gälisch geprüft worden ist, und entscheidet dann mit vier gegen eine Stimme: nein.

Wohl sei Scotch-Gaelic in philologischem Sinne eine Sprache und zweifellos eine europäische, hingegen sei sie es, zum Unterschied von Irish-Gaelic, der Staatssprache des Freistaates Irland, nicht in politisch-rechtlichem Sinne, id est nicht in dem des Einwanderungsgesetzes. Diesem Sinn entspreche eine sich rapid vermindernde Sprechweise einiger abgelegener Pfarrgemeinden keineswegs. Somit wird das Urteil des Polizeigerichts aufgehoben und jede weitere Verfolgung wegen Unkenntnis des Schottisch-Gälischen oberstgerichtlich untersagt.

So ist denn unser Mann zum erstenmal in Australien ein freier Mann, nicht nur ein auf freiem Fuß befindlicher Mann. Er verlangt seinen Paß und sein Rückreisebillett, die man ihm in Fremantle abgenommen hat, erhält sie aber nicht.

Im Eisenbahnzug, der ihn von Sydney zu einer Versammlung nach Melbourne führt, drängen sich Bauern, Dorfpriester, Frauen, Kinder; sie fahren zum Eucharistischen Kongreß. Auf dem Bahnhof in Melbourne wird unser Mann mit Ansprachen begrüßt und die Internationale gesungen; bewegt stehen die eucharistischen Pilger entblößten Hauptes im Kreis, dann nahen sie sich dem vermeintlich heiligen Mann, berühren ehrfürchtig seine Krücken, versuchen ihm die Hände zu küssen und erbitten seinen Segen.

Das antifaschistische Meeting findet im Stadion von West-Melbourne statt; das ist heute ebenso voll wie beim Auftreten von Griffin; wieder sind über Zehntausend versammelt. Der Labor-Abgeordnete Blackburn faßt die Gründe der allgemeinen Erregung in einem Satz zusammen: „Wir Australier waren stolz darauf, in einem freien Land zu leben; aber das, was den beiden Antikriegsdelegierten widerfahren ist, hat jedem von uns gezeigt, daß Australien kein freies Land mehr ist und auch die Reste der Freiheit in Gefahr sind."

Unser Mann leitet sein Referat damit ein, daß er bereits zur Jahrhundertfeier in Melbourne sein wollte. In den Tagen, deren

Gedenken der Staat Victoria feierte, dauerte eine Reise aus Europa nach dem damals unbewohnten Port Phillip, dem heutigen Hafen von Melbourne, acht Monate, und von dort hierher, wo heute die Versammlung abgehalten wird, kaum zehn Minuten. Er aber habe von Europa hierher nur vier Wochen gebraucht und vom Melbourner Hafen bis nach West-Melbourne nicht weniger als nochmals vier Wochen. So wurde der Abstand zwischen Erdteil und Erdteil verringert, und der Abstand zwischen Mensch und Mensch ist größer denn je.

Über den weiteren Inhalt der Reden kann man in den Protokollen des Bundessenats nachlesen, der sich – aber wir wollen den Ereignissen nicht vorgreifen. Vor der Pause wird die Versammlung aufgefordert, Beiträge für den Verteidigungsfonds zu spenden. In der Mitte des Saales erhebt sich ein Boxring, auf ihn regnet es Geld von allen Seiten, nur zehn Minuten lang und nur kleine Münzen. Die Zählung ergibt 130 Pfund, ein beispielloser Rekord.

Am nächsten Tag sieht unser Mann Melbourne, die Stadt, die seine unbezähmbare Neugierde wachrief, als er, ein dem Schiff Verhafteter, seine Besucher von ihr sprechen hörte. Melbourne ist ein Märchen, auch für den, der aus dem Märchen Sydney kommt. Sydney scheint entstanden zu sein, indem aus einem gigantischen Becher Tausende von Würfeln auf eine bizarr gezackte, von Hügeln umsäumte Bucht geschüttet wurden, unbekümmert darum, ob einer oder der andere der Würfel ins Meer fiel, einer oder der andere just noch am Felsenrand hängenblieb; dann stapfte ein Riese durch das bewürfelte Land und schuf so die Serpentinenstraßen am Hafen. (Wo er hinschiß, ist die City.)

Was aber Melbourne anlangt, so hat es sich ein Feenkönig sorgsam erdacht, bevor er es hinzauberte, und hernach hüpften seine Töchter über die Wege und bestreuten sie mit unsäglich bunten Beeten und Blumen und Sträuchern.

Nun beguckt sich unser Mann diese moderne Wunderstadt, fährt durch St. Kilda Road, eine Straße, weit schöner als die Avenue des Champs-Elysées in Paris, nun lernt er alles verstehen, was ihm bei jenen Bordgesprächen der Melbournesen unverständlich war.

„Deepdene“ ist die Straßenbahn, die den Stadtteil Deepdene

durchfährt, Heidelberg ist ebenfalls ein Stadtteil am Yarra Yarra-Fluß und heißt so, weil der erste Grundstücksbesitzer dieser Gegend den Yarra Yarra dem Neckar ähnlich fand. Auch ein Braunschweig gibt's in Melbourne, jawohl. Und mit dem Menzies, bei dem man Cocktail trinkt, verhält es sich wie mit Heidelberg und Braunschweig; es ist nicht der Staatsanwalt, sondern ein Gastwirt in William Street, Ecke Collins Street. Bei Lyons in Swanston Street trinkt unser Mann Kaffee, und dieser Lyons ist alles eher als Australiens Ministerpräsident. Dagegen ist Bill Dolphin, der Geigenmacher, durchaus original; nach Feierabend kommen seine Freunde, und es geht feuchtfröhlich zu. Jemand lädt unseren Mann zu sich ein. „Rufen Sie mich vorher an, Ivanhoe 4646, das ist leicht zu merken ..." Ja, sagt unser Mann, ich habe mir Ihre Nummer schon gemerkt, als Sie sie an Bord der „Strathaird" nannten.

In Unity Hall spricht unser Mann in einer Versammlung, auch nach Wonthaggi fährt er, einer Stadt hundert Kilometer hinter Melbourne, die schwärzer ist als andere Kohlenstädte, obwohl sie so hart am Meer liegt, daß die Wellen an die Häuser klatschen.

Schwere Debatten setzt es im Senat von Canberra. Eines seiner Mitglieder, der alte Sozialist Rae, wurde vom australischen Komitee gegen Krieg und Faschismus nach Neuseeland delegiert, um eine Vortragstournee abzuhalten. Die neuseeländische Regierung, sonst konservativer als die australische, hat die Einreise bewilligt, wohlweislich will sie das Feuer nicht schüren, das seit den beiden Landungsverboten über dem ganzen australischen Archipel lodert. Nicht so klug sind Raes Senatskollegen und Landsleute; sie verlangen eine Maßregelung, weil er sich in die Verhältnisse eines Nachbarstaates einmische, weil er seine Beurlaubung von den Senatssitzungen mit privaten Angelegenheiten begründet habe und vor allem, weil er dieser staatsfeindlichen Antikriegsbewegung angehöre.

Unerkannt (vermummt?) hat ein Senator namens Payne dem Meeting im Melbourne-Stadion beigewohnt, er tut sich auf diesen seinen Mut allerhand zugute und gibt im Senat den Inhalt der schrecklichen Reden wieder; er schwört, der Kapitalismus sei dort als Ursache der Kriege bezeichnet und diese und ähnliche lästerliche Behauptungen mit Beifall aufgenommen worden. Auf dem Titelblatt einer in der Versammlung verschleißten Broschüre vergieße ein Krokodil Tränen vor dem neuen Kriegerdenkmal. „Ich lenke die Aufmerksamkeit der hohen Regierung . . ."

Ach, die Aufmerksamkeit der hohen Regierung ist schon lange gelenkt. Sie hat am Tage nach der Verurteilung unseres Mannes die Stimmen aus dem Goebbelsschen Blätterwald, die den sechs Monaten Zwangsarbeit begeistertes Lob zwitscherten, an die australische Presse ausgegeben. Aber daß die Nazis befriedigt sind, befriedigt die demokratischen Australier keineswegs. Befriedigt hingegen ist unser Mann, weil er auf diesem Wege erfährt, wie schnell die gleichgeschaltete Presse Deutschlands die illegalen Antifaschisten davon unterrichtet hat, daß ihre Freunde den Kampf bis nach Australien tragen.

Im Bundesparlament bringt die Regierung einen Gesetzentwurf ein, der sie ermächtigen soll, jeden ihr mißliebigen Fremden auch ohne Sprachprüfung von Australien fernzuhalten. Die Labor Party opponiert, die Regierung erklärt, das Gesetz werde nicht rückwirkend auf die beiden Delegierten Anwendung finden, dennoch fällt der Entwurf.

Nach der Aufhebung des Polizeiurteils durch den Obersten Gerichtshof wird die Beeinflussung der öffentlichen Meinung gegen die Delegierten organisiert. Täglich veröffentlicht der „Sydney Morning Herald" spaltenlange pseudonyme Zuschriften, in denen Scotch-Gaelic geradezu zu einer Weltsprache gestempelt wird. Schotten, Hochländer, klingt es aus dem Mund der Masken, gerät euer Blut nicht in Wallung, wenn ein Fremder die Sprache eurer Heimat schmäht und ihm von Australiens höchsten Richtern recht gegeben wird?!

An jedem Neujahrstag versammelt sich die schottische Kolonie von Sydney auf dem Gelände der Landwirtschaftsmesse zu fröhlich-landsmannschaftlicher Tagung. Auch diesmal kommen sie heran, die Macphersons, die Macdouglas', die Macintoshs, die Macgregors, die Macdonalds und die Macdarishes, in Röckchen und Käppchen und mit dem Dudelsack, aber statt zu tanzen und lustig zu sein, vernehmen sie Flüche gegen den Mann, der die Ursprache ihrer Urahnen nicht kennt und dennoch freigesprochen wurde; ein Priester versteigt sich in seiner Predigt zu den wenig priesterlichen Worten:

„Würde ein australischer Gerichtshof im schottischen Hochland behaupten, Schottisch-Gälisch sei nicht als lebende Sprache anzusehen, so würden diese Herren selbst nicht länger als lebend anzusehen sein. Denn man würde sie erschlagen."

Nicht alle Schotten, scheint es, wollen an solchem Totschlag teilhaben; viele schreiben unserem Mann, daß sie sich als gute Schotten fühlen, auch wenn sie nicht Gälisch verstehen. Einer, der es versteht, schickt zum Beweis, daß er es versteht, einen gälischen Brief an unseren Mann, die englische Übersetzung legt er bei. Er preist die gälische Sprache als markig und ausdrucksvoll, ihre Wiedererweckung wäre des Kampfes wert; beleidigt sei das Gälische nicht durch den, der es nicht kennen konnte, sondern durch jene, die es zu einer Falle mißbrauchten. Er habe dem „Sydney Morning Herald" den gleichen Brief geschrieben, aber da er nicht abgedruckt wurde, möge er wenigstens bei Gericht als Zeugnis eines treuen Kelten dienen.

Durch „inoffizielle Kanäle" erfahren die Freunde unseres Mannes, daß höchst offizielle Persönlichkeiten die Verfasser der pseudonymen Artikel im „Sydney Morning Herald" sind.

Hinter dem Namen „Columbinus" verbirgt sich zum Beispiel Sir Mungo MacCallum, Kanzler der Sydneyer Universität, Führer der Konservativen, ideologischer Ratgeber des Ministeriums. Er spricht sich für die Verwendung der gälischen Sprache bei Intelligenzprüfungen aus, weil durch sie, „wenn auch auf vertrackte und winkelzügige Weise, ein unerwünschter Ausländer von Australien ferngehalten werden kann". Mit herabgelassenem Visier berennt Ritter Mungo die Richter, die die ihm sympathische „vertrackte und winkelzügige Moral" als vertrackte und winkelzügige Unmoral verurteilt haben, und neigt am Schluß des Turniergangs mit einem ironisch-demütigen „Caesar super grammaticam" die Waffen vor dem Obersten Gericht – dem Cäsar, dem er Unkenntnis der Grammatik vorwirft.

Ein einst fortschrittliches Wochenblatt, „The Bulletin", wird durch sein Bedürfnis, der Kampagne eine neue Note beizugesellen, antisemitisch; um die jüdischen Abonnenten dennoch nicht vor den Kopf zu stoßen, erfindet es die Rasse der „internationalen Juden", deren vorläufig einziger Repräsentant – erraten! – unser Mann ist.

Das alles ist nur Vorspiel zur nächsten Komödie. Am 3. Januar erscheint ein Polizeibeamter im Büro der Anwältin Jollie-Smith; er hat unserem Mann, dessen Adresse die Polizei nicht kennt, eine Vorladung persönlich einzuhändigen. Unser Mann ist natürlich nicht anwesend, aber Frau Jollie-Smith ist anwesend, eben aus dem Hospital entlassen, und sie gibt dem Beamten den Bescheid, übermorgen um zehn Uhr vormittags wiederzukommen. Übermorgen, am 5. Januar, ein Detail, das sich als entscheidend herausstellen wird, nimmt unser Mann aus den Händen des Polizeibeamten die Vorladung entgegen.

Ein neuer Prozeß ist die Antwort auf das wiederholte Verlangen nach Rückgabe von Paß und Fahrkarte.

Der König von Großbritannien hat (unter anderem) darauf zu achten, daß in seinem Reich keine Einmengung in ein schwebendes Verfahren, keine Beeinflussung des Gerichts und keine Beleidigung des Obersten Gerichtshofs erfolge. In des Königs Namen und beraten von Mister Piddington, verklagt unser Mann den „Sydney Morning Herald", der seine Kampagne angesichts des neuerlichen Verfahrens zur Hetze steigert.

Kopfschüttelnd wird diese Klage überall diskutiert. Das Organ des Ministeriums! Das Organ der Konservativen! Das Organ des Kapitals! Unermeßlich reich an Einfluß und Geld, hatte es, selbst als die Labor Party in der Regierung saß, seine scharfmacherische, reaktionäre Politik fortgesetzt, jeder falschen Nachricht durch seinen würdigen Ton und seine seriöse Aufmachung den Stempel der Wahrheit aufgedrückt. „S. M. Herald" vor Gericht zu stellen, das ist, als ob man in Hitlerdeutschland den „Völkischen Beobachter" vor Gericht stellen wollte . . .

Bevor aber diesem mächtigen Inländer der Prozeß gemacht wird, wird er dem nicht ganz so mächtigen Ausländer gemacht. Dieses Mal wurde gegen ihn alles noch „wasserdichter" vorbereitet als bisher, dieses Mal vertritt die Klage der Generalstaatsanwalt von Neusüdwales, Mister Manning (Menzies ist Generalstaatsanwalt des Staatenbundes), und als Kronzeuge erscheint der Innenminister höchstpersönlich, Thomas Paterson mit Namen, mit dem Angeklagten weder verwandt noch verschwägert, danke.

Zeuge sagt aus, die australische Regierung habe nach dem erfolgten Freispruch des Angeklagten an die britische Regierung die Bitte gerichtet, ihre Stellungnahme zu der Ausweisung unchiffriert zurückzukabeln. Als Antwort traf aus London folgende unchiffrierte Depesche des Staatssekretärs für die Dominions ein: „Die Lage ist die, daß dem Egon Erwin Kisch im September 1933 im Hinblick auf seine bekannte subversive Tätigkeit die Landung im Vereinigten Königreich verwehrt wurde. Die Erlaubnis, das Vereinigte Königreich zu betreten, würde ihm auch jetzt verweigert werden." Dieser, „durch offizielle Kanäle von der Regierung einer befreundeten Macht" eingelaufenen Information zufolge habe er, Minister Paterson, das neuerliche Verfahren verfügt.

Zeuge verneigt sich, will sich zurückziehen. „Einen Augenblick." Mister Piddington hat an Minister Paterson Fragen zu stellen, sie prasseln wie Hagel hernieder: „Ist Ihnen bekannt, daß europäische Faschisten Maßregeln gegen den Delegierten verlangt und erzwungen haben? Ist Ihnen bekannt, daß gedroht wurde, Deutschland werde sich vom australischen Wollmarkt zurückziehen und sogar einen bereits abgeschlossenen Kauf in Höhe von 10000 Pfund rückgängig machen, wenn das Einreiseverbot nicht erlassen beziehungsweise die Ausweisung nicht verfügt werde? Ist der Herr Minister bereit, den chiffrierten Depeschenwechsel vorzulegen, der der Bitte um das unchiffrierte Telegramm vorangegangen ist?"

Nein, der Herr Minister ist dazu keineswegs bereit. Er verschanzt sich hinter das Amtsgeheimnis und erklärt, daß er auch den Ministerialbeamten Jones, der von der Verteidigung als Zeuge für die Naziintervention geführt wird, nicht von seinem Dienstgeheimnis entbinden werde. Zeuge verneigt sich, zieht sich zurück.

An den Generalstaatsanwalt Manning richtet Piddington die Frage, wann und wo der Angeklagte sich des Verbrechens schuldig gemacht habe, dessen er angeklagt ist.

Darauf ist der Generalstaatsanwalt sehr wohl vorbereitet. Er hat zwei amtliche Zeugen dafür zur Hand, daß der Angeklagte unbefugt in Australien war. Der eine, der Zollbeamte, der unseren Mann vor zehn Wochen mit dem Landungsverbot so peinlich überrascht hat, ist eigens aus Fremantle geholt worden, von wo es nach Sydney ebenso weit ist wie von Madrid nach Stockholm. Als zweiten Zeugen für die Hunderttausenden bekannte Tatsache, daß unser Mann sich in Australien befindet, führt der Generalstaatsanwalt einen Sydneyer Polizeibeamten, der unter Eid bezeugt, unserem Mann die Vorladung zur Gerichtsverhandlung eingehändigt zu haben.

„Wann war das?“ fragt Piddington.

„Am 5. Januar.“

„Aber die Vorladung trägt das Datum 3. Januar. Beide Aussagen könnten viel besser beweisen, daß der Angeklagte *nicht* in Australien war, denn nach der einen ist der Angeklagte in Fremantle nicht gelandet, und der andere Zeuge hat ihn am 3. Januar überhaupt nicht gesehen.“

Manning: „Dann war es eben am 5.“

Piddington: „Sie können doch nicht am 3. jemanden eines Verbrechens anklagen, das er erst am 5. begehen wird?!“

Ach was, darüber soll sich das Oberste Gericht den Kopf zerbrechen – wenn es überhaupt zu einer Berufungsverhandlung kommen sollte. Hier wird verurteilt.

Generalstaatsanwalt Manning fordert Schuldigsprechung. Er fordert sie nicht etwa im Interesse der australischen Rechtssicherheit, denn von nun an werde der Angeklagte Australien ohnehin bloß aus dem vergitterten Fenster einer Kerkerzelle oder aus dem Bullauge eines davonfahrenden Schiffes erblicken. Aber im Interesse anderer Staaten möge ihm das Kainszeichen der Verurteilung aufgedrückt werden, so zwar, daß „his future movements might be subject to scrutiny wherever he went, and so that people in other countries might know the status he has acquired in Australia“. („. . . seine künftigen Handlungen überall Grundlage einer Maßnahme bilden können, wohin immer er sich begebe, und damit die Leute in anderen Ländern erfahren, welchen Stand er während seines australischen Aufenthalts erworben hat“) – nämlich den Stand eines Zuchthäuslers.

Nicht das geringste ist dem Herrn Generalstaatsanwalt an der Abbüßung der Strafe gelegen. Im Gegenteil. Er ist bereit, dem

Angeklagten die Aussicht aus dem Gitterfenster zu ersparen, wenn dieser seinerseits bereit ist, aus dem Bullauge des nächsten abfahrenden Schiffes zu gucken. In diesem Fall würde der Generalstaatsanwalt auch für die sofortige Rückgabe von Paß und Schiffsbillett Sorge tragen.

Unser Mann will in vierzehn Tagen abreisen, aber damit ist dem Generalstaatsanwalt und seinen Auftraggebern durchaus nicht gedient. Warum nicht? Der Prozeß S. M. von Großbritannien gegen „S. M. Herald" ist angesetzt, die Regierung befürchtet, die klägerische Partei habe alle Pseudonyme gelüftet. Hohe Herren sind darunter und von Gefängnisstrafen bedroht. Nur wenn der Kläger außer Landes wäre, würde der Prozeß nicht steigen. Er darf nicht steigen, um keinen Preis.

Im Sydneyer Arbeiter-Kunstklub wird Theater gespielt, Kabarett gemacht, referiert, viel diskutiert und noch mehr getanzt, insbesondere am Sonntag. Matrosen aus aller Herren Ländern verkehren dort.

Seit ein paar Tagen liegt die „Mosel" am Circular Quay, ein deutsches Schiff, und ein paar Jungs ihrer Bemannung sind im Klub schon von früher her wie zu Hause. Wenn man sie fragt, ob sie politisch organisiert sind, so antworten sie: „*Solche* Nazis sind wir", und heben lachend die Faust in Schulterhöhe, um zu zeigen, welcher Art Nazis sie sind. Ihrer zwei kommen am 18. Januar in den Klub mit der Nachricht, der Kapitän habe den Schiffsarrest inspiziert und befohlen: „Wir segeln halb sieben. Sobald der Gefangene an Bord ist, sind sofort die Taue zu lösen." Die Matrosen glauben, daß es sich um den Antikriegsdelegierten handelt.

Am gleichen Tag hat ein wohlmeinender Konstabler einem Taxichauffeur zugeflüstert: „Fahr zu Piddington und sag ihm, daß Kisch heute um sechs Uhr auf ein Boot gebracht werden soll."

Zweifellos will man unseren Mann heute verurteilen und gleich abtransportieren.

In der Nachmittagsverhandlung erhebt sich der alte Piddington, zitternd vor Erregung, zu einer Mitteilung: „Die Tatsache, die wir erfahren haben, ist so unglaublich, so . . . so . . .", stößt er hervor und fällt mitten im Satz bewußtlos zu Boden.

Einen Arzt! Einen Arzt! Alles rennt durcheinander, man bemüht sich um den Ohnmächtigen; mit einem Achselzucken zum Generalstaatsanwalt hin unterbricht der Richter die Verhandlung, vertagt sie auf morgen. Während die Abendblätter den neuesten Zwischenfall melden, „Piddington K. C. im Gerichtssaal zusammengebrochen", fährt die „Mosel" aus dem Hafen, und ihr Schiffsarrest ist leer.

Bei der nächsten Verhandlung ist Piddington, der Wackere, wieder auf dem Posten, doch kann er die Verurteilung unseres Mannes nicht verhindern. Drei Monate Zwangsarbeit wegen unbefugten Aufenthalts und weitere 106 Tage für die Gerichts- und Berufungskosten – der Richter rechnet sie gleich in Haftzeit um, weil er (mit Recht) ihre Nichteinbringlichkeit annimmt.

Die Unkenntnis der gälischen Sprache war seinerzeit mit sechs Monaten Zwangsarbeit bestraft worden, jetzt, ohne dieses Verbrechen, beträgt das Urteil sechseinhalb Monate!

Im Parlament von Neusüdwales bringt der Labor-Abgeordnete Gorman eine Interpellation ein, weil der Generalstaatsanwalt von einem ihm direkt unterstellten Richter plädiert, ihm also den Urteilsspruch von Amts wegen befohlen hat. Der Ministerpräsident antwortet, Mister Manning sei nicht in seiner Eigenschaft als Generalstaatsanwalt und Vorgesetzter des Richters, sondern als Rechtsbeistand der Krone vor Gericht erschienen. Diese Antwort löst Tumulte aus, die Sitzung muß unterbrochen werden.

Gegen das Urteil hat Piddington abermals Berufung eingelegt, und das Oberste Gericht anerkennt die angegebenen Gründe als zureichend für die Ansetzung einer Berufungsverhandlung*.

Unser Mann ist auf freiem Fuß, diesmal gegen ein Pfand von 200 Pfund.

Der Vorsitzende und andere Vorstandsmitglieder des Schriftstellerverbandes, die unseren Mann nicht zum Masefield-Dinner einladen wollten, haben ihre Demission geben müssen; des neuorientierten Verbandes erste Veranstaltung ist ein Festabend zu Ehren der aus Westaustralien eingetroffenen großen Romanschriftstellerin Katherine Susannah Prichard und unseres Mannes, eines eben zu Zwangsarbeit Verurteilten.

Zu dieser Veranstaltung hat sich der Vorsitzende P. R. Ste-

* Die juristische Seite des Falles ist in der Broschüre behandelt: „How the Kisch-Griffin Ban was smashed" by P. Thorne. (Sydney 1935, Intern. Labor Defense.)

phenson eine literarhistorische Überraschung ausgedacht: die authentische Biographie über den umstrittenen Gast. Er hatte aus dem tschechischen Konversationslexikon im tschechoslowakischen Generalkonsulat den betreffenden Artikel heraussuchen und übersetzen lassen und liest ihn jetzt feierlich vor.

Ach du meine Güte! Es war eine ganz alte Auflage des Lexikons, eingefrorene Posthornklänge tönen hervor, errötend und erblassend vernimmt sie der Betroffene, mit heiterem Hallo vernimmt sie Australien; denn das Lexikon beschränkt sich im Grunde darauf, zu attestieren, K. gilt als Kenner des Prager Nachtlebens.

Andere Reminiszenzen, bessere und nicht so weit zurückliegende, gibt es bei anderen Veranstaltungen. So nähert sich nach einem Vortrag in der Sydneyer Vorstadt Balmain ein Mann von kleiner Statur, vor Schüchternheit noch kleiner, dem Podium. „Sie werden sich meiner nicht mehr erinnern, ich war einmal im City Hospital bei Ihnen, von der Vincent-de-Paul-Sozietät. Sie haben mir damals gesagt, ich soll zu dem Meeting in der Domain gehen."

„Waren Sie dort?"

„Mein Gott, das vergesse ich mein Lebtag nicht. Ich war ohnehin aufgeregt, ich habe ja vorher noch nie eine Volksversammlung mitgemacht. Kaum war ich dort, starb der alte Rivett vor meinen Augen, dann trug man den Kisch hinauf, und ich traute meinen Augen nicht: das war doch der Mann, mit dem ich vormittags gesprochen hatte."

„Na, und haben Sie bei der Vincent-de-Paul-Gesellschaft den Antrag gestellt, die Rote Hilfe zu unterstützen?"

Der Alte lächelt: „Das war ja nur ein Witz von Ihnen. Jetzt verstehe ich das schon. Früher habe ich gar nichts davon gewußt, daß Menschen im Kerker sind nur wegen ihrer Überzeugung. Ich bin Mitglied der Roten Hilfe geworden, die Vincent-de-Paul-Sozietät weiß nichts davon. Aber privat spreche ich mit den Mitgliedern darüber, und ich habe schon sechs für die Rote Hilfe angeworben."

„Das ist wirklich schön."

„Jaja. Ich bin hierhergekommen, um es Ihnen zu sagen."

Wieder liegt ein deutsches Schiff im Hafen vor Anker, die „Leuna", wieder gehören der Bemannung solche Nazis an, die die Faust heben, um zu zeigen, welcher Art Nazis sie sind. Am Tag, da die „Leuna" absegeln soll, erscheinen zwei Detektive in einer Wohnung von Potts Point und fragen nach unserem Mann. „Wer? Der verbotene Immigrant?" – „Ja, der." – „Wieso soll der bei mir wohnen? Bei mir wohnt überhaupt niemand." Die Detektive überzeugen sich, daß das stimmt. (Unser Mann ist schon am Vormittag aus dieser Wohnung übergesiedelt.)

Auf neutralem Boden, in der Freimaurerloge oder in einem wissenschaftlichen Zirkel, werden einem Minister Vorwürfe gemacht: „Den Mann auf ein Nazischiff zu verschleppen bedeutet doch Mord!" Für eine derartige Ahnungslosigkeit in Sachen des Völkerrechts hat der Minister nur ein überlegenes Lächeln übrig. „Kein Haar darf man ihm krümmen. Er ist ja tschechoslowakischer Staatsbürger, untersteht also gar nicht der deutschen Gerichtsbarkeit, außer wenn er an Bord etwas anstellt . . ."

Soll man lachen oder weinen darüber, daß das Unvorstellbare unvorstellbar ist? Soll man weinen oder lachen darüber, wenn Worte wie „Völkerrecht" und „Gerichtsbarkeit" im Zusammenhang mit den Nazis ausgesprochen werden?

Gerald Griffin, auch er bis zu seiner Berufungsverhandlung gegen Kaution auf freiem Fuß, hält in Queensland Versammlungen ab. Unser Mann war dort gleichfalls angekündigt gewesen, hatte aber wegen der Prozesse absagen müssen. Jetzt läßt sich's nicht mehr aufschieben, obwohl wieder Pläne bestehen, ihn unterwegs anzuhalten und auf ein Schiff zu bringen.

Er fährt also nicht aus Sydney ab und nicht mit dem angekündigten Zug. Ungestört verläuft die Reise in den hohen Norden, der, dem Äquator näher, ein heißer, tropischer Norden ist. Ungestört von Freund und Feind kommt er am Morgen in Brisbane an. Wie schön ist ein leerer Bahnsteig, die Luft ist rein, der Ankömmling atmet sie in vollen Zügen. Nur zwei Krücken sind an seiner Seite, sonst niemand, dieweil er die Stadt durchstelzt.

Solange man auf zwei gesunden Beinen steht, merkt man nicht, wie viele ihrer sind, die es nicht tun. Sie, die Männer auf Krükken, bilden eine besondere Gemeinschaft, sie blinzeln sich auf der Straße zu, mustern gegenseitig Gliedmaßen, Krücken und allfällige Kriegsabzeichen, prüfen einander. Machst du deine Schritte, indem du die Hände auf den unteren Quergriff stützest oder indem du deine Achselhöhlen auf die Krücken drückst? Setzest du die Krücken voran und ziehst die Beine nach oder machst du es umgekehrt? Sind deine Krücken alt oder neu, hölzern oder aus Aluminium, hast du einen verkürzten Fuß, ein Holzbein oder gar kein Bein, bist du ein Lebenslänglicher oder nur ein Gast in der Welt der Krücken und Krüppel ...?

Unser Mann hat sich zu der Adresse durchgefragt, die ihm mitgegeben wurde. Nun öffnet er die Tür des Raums, einige Leute halten eine Sitzung ab, aber angesichts des im Türrahmen stehenden Mannes stockt die Debatte jäh, die Gesichter ziehen sich in die Länge. Unser Mann hat sich ohne Zweifel in der Adresse geirrt, ist irgendwohin geraten, wo er stört, vielleicht zu Feinden. Was hilft's, es bleibt ihm nichts anderes übrig, als sich vorzustellen.

„Ja, wir wissen", wird ihm erwidert. Pause.

„Und wer sind Sie, bitte?" fragt er; weil man es ihm nicht von selbst sagt, fragt er es nicht ohne Befürchtung.

„Wir sind der Kisch-Begrüßungsausschuß."

„Seid ihr das? Schön begrüßt ihr mich."

„Wir stellen eben das Programm für Ihren Empfang zusammen ... Vertreter der Betriebe werden auf der Bahn sein, und der sozialistischen Gemeinden, und ... was sollen wir jetzt machen, Sie sind ja schon hier!"

„Das ist doch nicht so schlimm, ich gehe einfach zum Bahnhof zurück und werde dort auf meinen Empfang warten." So tat er auch.

Am Ausläufer des Bahnsteigs, es ist schon mehr freie Strecke als Bahnhof, sitzt in sich gekauert unser Mann auf einer Bank, unter der Bank liegen die Krücken. Zwei Eisenbahner neben ihm essen ihre Stullen, gehen dann weg, ohne ihn auch nur mit einem Blick zu streifen.

Ohne ihn auch nur mit einem Blick zu streifen, versammelt ein Polizeiherr seine Mannen an diesem entlegenen Bahnhofsende und gibt die letzten Instruktionen: „... energisch ... auch beim geringsten Anlaß . . . wenn er mit jemandem stehenbleibt, stört er den Verkehr . . ."

Ein Zivilist und zwei Konstabler werden bestimmt, am ersten Waggon zu stehen. Ein Zivilist und zwei Konstabler werden bestimmt, am zweiten Waggon zu stehen. Ein Zivilist und zwei Konstabler werden bestimmt, am dritten Waggon zu stehen.

Etwas abseits von dieser operativen Gruppe hält sich ein Mann in blauer Bluse, eine Gesichtshälfte ist eine gewöhnliche Gesichtshälfte, die andere ist verstümmelt, wie weggerissen. Der Inspektor ruft ihn zu sich: „Fitzpatrick!"

„All right, Sir."

„Sie haben den Wagen hier?"

„All right, Sir. Einen Milchwagen."

„Fahren Sie nicht allzu nah hinter ihm her. Er wird wahrscheinlich in Camphill wohnen, bei einer Frau Hussie in Stephen Street."

„All right, Sir."

Dem Bahnhofsportier wird eingeschärft, auf den Polizeiinspektor zuzutreten und mit lauter Stimme zu sagen: „Der Stationsvorsteher erlaubt nicht, daß auf dem Bahnhof ein Banner entrollt wird." Die Szene wird geprobt.

Den Kopf in die Hände gestützt, schielt unser Mann nach den vollen Gesichtern der Detektive und dem halben von Fitzpatrick dazu, der ihm nachfahren soll zu einer Frau Hussie, Camphill, Stephen Street. Am fernen Ausgang des Bahnsteigs sieht er eine Menschenansammlung sich vergrößern und verdichten, über ihr ragen die Staffeleien der Photographen und die Stangen eines zu entrollenden Banners, gegen das der Portier mit lauter Stimme im Namen des Stationsvorstehers protestieren soll, Signal zum Einschreiten der Polizei.

Endlich fährt der Zug mit dem Erwarteten ein, der nicht darin ist, sich aber dergestalt unter die Ankömmlinge mengt, daß ihn jedermann für einen von ihnen halten muß. Vor der Ausgangstür Empfang, keiner schreit so laut „Hurra" und schwingt so hoch den Hut wie einer, auf den unser Mann mit dem Finger weist. „Sie sind ein Polizeiagent, ich kenne Sie." Ein Hochruf bleibt im Mund, ein Hut in der Luft stecken.

Leise sagt unser Mann zu den Fahnenträgern, sie mögen das

Banner einrollen und es erst entfalten, wenn er das Zeichen dazu gebe. Ansprachen werden gehalten, die unseres Mannes schließt mit den Worten: „Und nun laßt uns das Banner der Antikriegsbewegung entrollen, und wir werden sehen, wie jener unbeteiligte Mann dort herbeieilen und den Polizeiinspektor im Namen des Stationsvorstehers mit lauter Stimme auffordern wird, es zu verbieten."

Der Bahnhofsportier kann diese Prophezeiung nicht hören, er steht etwa zwanzig Meter entfernt, jetzt aber schießt er auf den Inspektor zu. „Der Bahnhofsvorsteher erlaubt nicht, daß hier ein Banner entrollt wird", und begreift nicht, warum diesem ernsten Satz ein so homerisches Gelächter folgt.

Vor dem Bahnhof parkt ein Milchauto, am Steuer döst ein Mann in blauer Bluse, man sieht nur sein Profil. Unser Mann stellt sich vor ihn hin und sagt zu seinen Freunden: „Das ist ein Spitzel."

„Ich? Ein Spitzel?" entrüstet sich der Chauffeur. „Was fällt Ihnen ein?"

„Aber, Kamerad . . ." Die Freunde sind erschrocken über das Verhalten unseres Mannes. Der kommt zum erstenmal hierher, beleidigt einen harmlosen Chauffeur, kann uns einen saftigen Skandal an den Hals hetzen. „Aber, Kamerad, wie kommen Sie darauf? Dieser Mann ist doch kein Spitzel."

„Doch", beharrt unser Mann, „er hat nur eine Wange und nur ein Ohr, wie ihr von der anderen Seite sehen könnt, heißt Fitzpatrick, ist ein Spitzel und soll mir zu Frau Hussie nachfahren, nach Camphill, Stephen Street."

Alle schauen den Spitzel Fitzpatrick en face an und unseren Mann, den übersinnlich Begabten, von der Seite. Gestern hat das Empfangskomitee vertraulich den Beschluß gefaßt, den Gast bei Frau Hussie einzuquartieren; wieso weiß er das?

Fitzpatrick protestiert nicht mehr, er gibt Gas, und weg ist er mitsamt dem Milchwagen. Das Auto mit unserem Mann fährt statt nach Camphill aus der Stadt Brisbane hinaus, hinter das Dorf Granville, auf die Farm des Freundes Sintivalla.

Die Tournee durch Queensland beginnt, die Versammlungen finden in Stadien, in Theatern, in Hochschulen, in Kinos und Kriegergedenkhallen statt; aus den Dörfern, die noch die alten

Namen aus der Buschnegerzeit tragen, und aus den Dörfern mit englischen und deutschen Namen kommen die Bewohner in geschlossenen Trupps.

In fast militärisch ausgerichteten Viererreihen, mit einer goldbestickten schwarzweißroten Fahne des Vereins „Germania", marschieren die deutschen Bauern, Schafzüchter und Arbeiter aus Minden heran, aus Marburg, Kirchheim, Hessenberg und wie die deutschen Orte hier alle heißen. Von 11000 Einwohnern im Lockyer Distrikt, einer Landschaft von 80 Meilen Durchmesser, sind nicht weniger als 10000 Deutsche. Drei Generationen hindurch sprachen sie nicht englisch, so daß englische Firmen für Queensland deutsche oder deutschsprechende Reisende anstellen mußten, die australischen Woll- und Vieheinkäufer ihre Geschäfte im Lockyer Distrikt und in den Darling Downs nur deutsch abschlossen.

Erst seit Beginn des Weltkriegs zeigt sich ein Riß in der Tradition. Damals wurden deutsche Schulen geschlossen, die Jugend hörte auf, deutsch miteinander zu reden, und will als „dinky-dye Aussies", als waschechte Australier gelten. Und doch ist auch in jenen, deren Väter als „Anzacs" gegen Deutschland standen, in jenen, die kaum mehr Deutsch verstehen, in jenen, die am Sonntag nicht mehr in die lutheranische Kirche kommen, und doch ist auch in dieser Nachkriegsjugend ein liebevolles Interesse an Deutschland wach, eine Sehnsucht nach dem Land von Großmütterchens Märchen.

Dort, in der Welt des „Es war einmal", hat sich wieder etwas begeben, was an den Lindwurm und an die Hexe erinnert, ein grusliger Spuk, davon haben sie gehört und gelesen. Jetzt fragen sie den, der von dort kommt, Alte, die stolz sind, Deutsche zu sein, und Junge mit dem Traum von der Märchenheimat: Ist es wahr, daß man politische Gegner nackt auspeitscht, politische Gegner ohne Urteil erschießt, erhängt und zu Tode martert? Ihre Fragen scheinen zu flehen: „Sag uns, daß das alles nicht wahr ist."

Polyglott geht es zu in und nach den Versammlungen von Wynnum, Toowoomba und anderen Städten; am Rand der Darling Downs ließe sich der Turmbau von Babel auch nicht vollenden. Eine Gruppe russischer Arbeiter fragt, wie es jetzt in Rußland sei, ob der Delegierte etwas gehört habe über Artjom; Gerüchte über sein Leben und seinen Tod sind hierher, zu seiner alten Arbeitsstätte, gedrungen. „Er lebte nämlich hier mit uns, und als im siebzehner Jahr in Rußland die Revolution ausbrach, wollte er, wir sollen alle zurück, jetzt gebe es keinen Zaren und keinen Kapitalismus mehr, und die Arbeiter seien frei. Aber wir haben nicht geglaubt, daß so etwas lange dauern kann, und er ist allein abgefahren."

Ja, euer Artjom war Volkskommissar in Sowjetrußland, 1921 kam er durch einen Eisenbahnunfall ums Leben. Die Stadt, die seinen Namen trägt, ist die Hauptstadt des Donezbeckens, und in dem Bezirk seines Namens gibt es Hunderte von modernen Kohlengruben, Montanwerken, Glasfabriken und Arbeiterstädten. Auch die Universität von Charkow heißt nach ihm. Auf dem Marktplatz seiner Stadt Artjomowsk steht er aus Stein gehauen im Bergmannskleid, mit Wickelgamaschen und die Grubenlampe in der Hand, so wie ihr ihn wahrscheinlich gekannt habt, towarischtschi.

„Jaja, so kannten wir ihn, towarischtsch. Damals hatten wir nicht den Mut, mit ihm zu gehen. Jetzt sind wir arbeitslos."

Weit von hier, in Neusüdwales, steht „S. M. Herald" vor den Obersten Richtern, und es ergeht ihm nicht gut. „Nach mehr als einem Jahrhundert der Unantastbarkeit", schreibt der „Labor Daily" am 8. Februar 1935, „zerfiel endlich all der Bombast und die Arroganz des ‚Sydney Morning Herald', als er gestern in Sack und Asche, kriecherisch und liebedienerisch die ‚apologia pro sua vita' anbot, bevor noch das Oberste Gericht ihn wegen versuchter Beeinflussung verurteilte. Niemals hat es in der Geschichte der australischen Journalistik eine beschämendere Selbsterniedrigung gegeben als das Bekenntnis des ‚Sydney Morning Herald': ‚Wie immer der Urteilsspruch ausfallen möge, wir sprechen unsere tiefe, uneingeschränkte Reue aus über einige in den inkriminierten Artikeln enthaltene Behauptungen, welche sich bei Überprüfung als ungenau, übertrieben und unglücklicherweise sogar als beleidigend erweisen . . .' Doch auch diese Selbstanklage rettete das Blatt nicht vor den verwundend niederprasselnden Worten des Richterspruchs. Seit Australiens größter Patriot, der unvergessene Dr. John Dunmore Lang, vor zwei

Menschenaltern ‚die heimtückische alte Kröte von Hunter Street‘ anprangerte, ward dem ‚Sydney Morning Herald‘ eine solche heilsame Züchtigung nicht mehr zuteil ...“

Bei einem Meeting in den Queensländer Eisenbahnwerkstätten von Ipswich erwähnt unser Mann, daß er nun keinen Grund mehr habe, seine Abreise aus Australien zu verzögern, nachdem die Absicht, den Prozeß gegen den „Herald“ zu verhindern, vereitelt ist. „In einer Woche fahre ich.“

Schon am nächsten Tag antwortet Mister Menzies im fernen Canberra auf diese Rede im fernen Queensland, unser Mann wiege sich in trügerischen Hoffnungen. „Je länger er sich der über ihn verhängten Strafe entzieht, desto länger wird er in Australien bleiben müssen. Nicht ein Tag der Haftzeit wird ihm geschenkt. Das ist mein letztes Wort in dieser Angelegenheit.“

Und damit behält der Generalstaatsanwalt zum erstenmal recht in dieser Angelegenheit, es ist tatsächlich sein letztes Wort in dieser Angelegenheit.

Seit Urväterzeiten sitzt in den unterschiedlichen Regierungen Australiens Billy Hughes, ein trockener Mann, obwohl mit allen Wassern gewaschen, taub, obwohl hellhöriger als seine Ministerkollegen; jetzt ist er zwar nur Minister für Volksgesundheit, bewahrt jedoch in diesem Portefeuille auch allerhand giftige Pillen gegen seine politischen Rivalen auf. Als Labor-Mann war er einst ins Parlament und ins Ministerium gekommen, während des Krieges trat er für die allgemeine Dienstpflicht ein, beide Volksabstimmungen ergaben „Nein“; Billy Hughes verlor die Mitgliedschaft der Labor Party, gewann aber die Ministerpräsidentschaft und 25 000 Pfund als Ehrengabe für seine Verdienste um die Landesverteidigung „von dankbaren Mitbürgern“. Vieles hat man ihm schon vorgeworfen, niemals jedoch mangelnde Schläue.

In camera caritatis, dem Ministerkabinett, spricht er nun seine Ansicht über die Affäre aus:

Dummheit Numero eins war es, den unerwünschten Einreisenden nicht schon von Fremantle aus nach Europa zurückzuschikken, ihn in alle australischen Häfen zu schleppen;

Dummheit Numero zwei war es, sich durch die Prüfung in keltischer Sprache ins Unrecht mitten hineinzusetzen;

Dummheit Numero drei war es, den vom Obersten Gericht

zweimal Freigesprochenen zum drittenmal vor Gericht zu ziehen. Heute kann man den Mann nicht mehr einsperren, die Arbeiterschaft und weite Kreise der Intellektuellen stehen auf seiner Seite.

Diese Analyse von Billy Hughes dringt in die Öffentlichkeit mit dem Gerücht, er habe gefordert, Mister Menzies habe unverzüglich zum Silberjubiläum des Königs nach London abzureisen. Zwar werde Seine Majestät erstaunt sein, ausgerechnet den Staatsanwalt als Vertreter Australiens zu empfangen, aber nur durch die Abreise könne Mister Menzies seine Erklärung wahrmachen, sein letztes Wort in dieser Angelegenheit gesprochen zu haben.

Wie gesagt, das sind Gerüchte, Couloirgerüchte aus dem Parlament, allzu absurd, als daß man sie glauben könnte. Da wird plötzlich die Entsendung von Lyons und Menzies nach London offiziell kundgetan.

Nie ward wohl einem Staatsanwalt ein so heiterer Abschied bereitet. Er, sein „letztes Wort" und die Abreise sind ein gefundenes Fressen für die Witzbolde. Auf einer Karikatur fragt ein Herr im Schiffahrtsbüro den Schalterbeamten: „Kennen Sie mich?" – „Nein, mein Herr." – „Ich muß so schnell wie möglich abreisen, nur mit diesem Kisch möcht ich nicht auf dem gleichen Schiff sein." – „Aha, Sie sind Mister Menzies."

Australiens politischer Satiriker, Adam McKay, hat eine Szene gedichtet, die der „Sydney Telegraph" veröffentlicht. Schauplatz Rom. Ein italienischer Reporter stürzt in die Redaktion. „Ich hab eine Riesensensation!" – „Piano, piano", erwidert der Redakteur mit dem seiner Gattung eigenen Phlegma, „hat sie den offiziellen Stempel vom Duce? Deine letzte Sensation, mein Junge, verschaffte dem Chef drei Monate Urlaub irgendwo, wohin er gar nicht reisen wollte." – „Revolution in Australien, die geflüchteten Minister sind hier gelandet mit Weib, Kind und Gefolge, den Kronjuwelen und . . ." – „Australien hat keine Kronjuwelen." – „Nun, so haben sie das Gold aus dem Staatsschatz mitgenommen." – „Australien hat kein Gold im Staatsschatz." – „Egal, sie wurden davongejagt und wollen sich an Mussolini um Hilfe wenden." – „Wer hat sie davongejagt?" – „Egon Kisch; er ist sehr streng mit der australischen Regierung." – „Schreibe eine halbe Seite. Wie ist es mit Photos? Im Archiv haben wir, soviel ich weiß, nur das von Kisch."

Die beiden längst des Landes verwiesenen Delegierten fahren weder auf dem gleichen Schiff wie die beiden Minister, noch haben sie Zeit, auf den Kai zu kommen, um sich von ihnen zu verabschieden. Sie sind auf einer Vortragsreise im Newcastler Bezirk, einem schwarzen Land am blauen Pazifik, einem grauen Elend unter goldener Sonne, des Kumpels Reich.

Hier ist in jeder Stadt das Rathaus Versammlungsraum, Bürgermeister oder Abgeordnete führen den Vorsitz, die Reden werden durch den Rundfunk verbreitet, die Polizei ist unsichtbar. Niemals dürfen die Delegierten im Hotel schlafen, jeder Kumpel will womöglich beide Gäste beherbergen. Das Logis liegt gewöhnlich an der Peripherie oder gar außerhalb der Ortschaft, in später Nacht, nach der Versammlung, geht es über Halde und Hügel in die Bergmannswohnung, die Kinder müssen aus dem engen Bett oder vom harten Sofa, damit der müde Gast Platz finde. Einmal tragen Jugendgenossen unseren Mann meilenweit durch submarine Kohlenstollen, um ihm zu zeigen, wie unter dem Meeresgrund Kohle gefördert wird. Eine Welle von rührender Kameradschaft umfängt die Delegierten.

Aber als sie in den Bahnhof der Stadt Kurri-Kurri einfahren, wird ihnen etwas schwummrig zumute. Denn was sehen sie da vor sich? Sie sehen da vor sich eine militärische Abteilung in schottischen Uniformen und vernehmen Kommandorufe. Zieht das Hochland mit bewaffneter Macht und klingendem Spiel gegen den Feind der gälischen Sprache zu Felde?

O nein, o nein! Es erweist sich, daß die Mannen mit Käppi und Röckchen in freundschaftlicher Absicht aufmarschierten; sie sind die Musikkapelle der schottischen Bergarbeiter von Kurri-Kurri, bewillkommnen die Delegierten mit dem Klang des Dudelsacks und geleiten sie zum Versammlungslokal.

Für den 27. Februar, den Jahrestag der Nacht, in der die Nazis das deutsche Reichstagsgebäude anzündeten, bereiten die Melbourner Antifaschisten einen Fackelzug vor, Kundgebung gegen den Terror in Deutschland; den Zug sollen die beiden Delegierten führen.

Bereits nach der ersten Ankündigung hat die deutsche Konsularvertretung gegen diese „beispiellose Provokation" protestiert, unter Boykottdrohungen verlangt sie das Verbot dieser Veranstaltung.

Leicht gesagt! Der Verbote hat es in dieser Angelegenheit gerade genug gegeben, sie haben den Karren nur verfahren; sollen jetzt jene Minister, die ihre Kollegen wegen der Verbote abgeschoben haben, selbst mit Verboten vorgehen? Würde sich die Melbourner Arbeiterschaft ein Verbot auf Naziintervention gefallen lassen? Es gibt nur eine Lösung: dieser europäische Delegierte müßte einfach „freiwillig" vor dem 27. Februar abreisen, lautlos verduften, sich davonschleichen, und niemand dürfte erfahren, daß seine Abfahrt von der Regierung veranlaßt wurde.

Die Kronanwälte rufen die Anwältin Jollie-Smith an und schlagen vor: Ihr Klient verpflichtet sich, mit dem nächsten Schiff abzureisen, das über Neuseeland geht und keinen australischen Hafen anläuft. Ihr Klient verpflichtet sich, bis zu seiner Abreise an keiner Kundgebung teilzunehmen, nicht öffentlich zu sprechen und keinerlei Mitteilungen an die Presse zu geben. Dafür kommt die Regierung für die Kosten des Strafverfahrens und der Verteidiger auf, und in seinem Paß wird das australische Landungsverbot nicht vermerkt. Sollte auch nur eine dieser Bedingungen abgelehnt werden, so wird er zur Abbüßung der Zwangsarbeitsstrafe verhalten, für die Bezahlung der Kosten haftbar gemacht und in seinem Paß Strafe und Ausweisung eingetragen.

Nicht nur eine dieser Bedingungen wird abgelehnt, sondern alle. Die Vertreterin unseres Mannes teilt es den Kronanwälten mit, und die antworten: „Ihr Klient soll machen, was er will, wir kümmern uns nicht mehr um ihn. Wir zahlen die Kosten und schicken ihm seinen Paß, damit er abfahren kann. Hoffentlich geschieht das recht bald."

Verflucht hoch sind die Kosten, einschließlich derjenigen des seinerzeit verurteilten Kapitäns der „Strathaird" machen sie 1524 Pfund aus, also ungefähr so viel, wie vor einem Menschenalter die große Melba zahlte, um ihre tschechische Konkurrentin Emmy Destinn am Betreten Australiens zu verhindern. Erinnerst du dich, Leser, daß wir bei Erwähnung dieser Primadonnentragödie ein Zitat anführten, demzufolge alle großen weltgeschichtlichen Tatsachen sich sozusagen zweimal ereignen, das eine Ma' als Tragödie, das andere Mal als Farce ...?

Gerald Griffin und unser Mann fahren nach Melbourne, geradewegs zum Fackelzug. Vor dem Gewerkschaftshaus steht die Spitze des Zuges, in den Querstraßen formieren sich die Organisationen und Betriebe zu Kolonnen, die beiden Delegierten werden aufgefordert, am Mikrophon des Gewerkschaftssenders eine Ansprache zu halten. Unser Mann würde gern die Gesichter der Herren vom deutschen Generalkonsulat sehen, während er Hitler und Thälmann, Göring und Dimitroff, Goebbels und Ossietzky einander gegenüberstellt.

Zum erstenmal in der Geschichte Ozeaniens nehmen Eingeborene geschlossen an einer Demonstration der Weißen teil; auf dem denkbar primitivsten Instrument, einem Blatt des Kautschukbaums, das sie an die Lippen pressen, spielen sie revolutionäre Lieder; wie Urwaldbrausen tönt ihre Marseillaise.

Zwölfhundert Fackeln wurden ausgegeben, zehnmal soviel Menschen bilden den Zug; laut zustimmend oder still ablehnend oder nur neugierig stehen dreißigtausend Spalier. Zwischen Zug und Zuschauern marschiert Polizei und Gendarmerie des Staates Victoria, vorneweg die Detektive des Political Squad.

An der Ecke von Bourke Street, einer ansteigenden Straße, und Swanston Street macht die Tête wegen irgendeiner Stockung halt. Auch auf dem Firmament scheint ein Fackelzug innezuhalten, fünf besonders hell flammende Fackeln stehen oben einander gegenüber, und tief unter ihnen, dem Kreuz des Südens, schaukeln die irdischen Fackeln wie Lichter einer schwimmenden Flotte.

Weit und hoch spannen sich ihre Segel, und wenn ein Lichtschein sie trifft, kann man Worte lesen: „Befreit" und wieder „Befreit" oder „Thälmann" oder „Ossietzky". Rufe schallen im Sprechchor, und dann singen die Matrosen dieser Flotte.

Nacht des 27. Februar. Wo sind sie hin, die Freunde, Kollegen, Genossen, die, heute ist's zwei Jahre her, in den Keller des Berliner Polizeipräsidiums hinabgestoßen, dann in den Polizeiwagen verstaut wurden, „zur Erschießung", wie man ihnen sagte, schwere Fahrt in den vermeintlichen Tod. Damals kam der Tod noch nicht, er kam erst später, langwieriger, qualvoller. Wie viele wurden am Fenstergitter erhängt, auf der Flucht erschossen, im

Sack ertränkt, mit dem Beil hingerichtet, zu Tode geprügelt, im verlöteten Zinnsarg den Angehörigen zugestellt! Und wie viele noch in den Kerkern, jeden Tag, jede Nacht des gleichen Endes gewärtig!

„Befreit ...! Befreit!"

Mit Fackeln und Fahnen bewegen sich die Kolonnen, du siehst sie bis zur Straßenbiegung, fast eine Meile lang, aus Russell Street stampfen neue nach, und du weißt, der Strom ist unendlich, nicht nur in den Straßen Melbournes erzwingt er sich den Weg, er fließt durch Europa, Amerika, Asien, Afrika.

Ein mächtiger Strom. Ein mächtiger? Sind nicht weit mächtiger die ererbten, die erbeuteten Vorrechte, der starre Besitz, die Interessen des Profits, der Cäsarenwahn der Staatsmänner, die Verbreiter der Volksverdummung, die korrupten Politiker, die glatten Diplomaten?

Du siehst die australische Nacht erhellt, und du weißt, auch anderswo und überall sind Fackeln entfacht. Und ...? Und darf nicht dennoch ein spitzbäuchiger Gouverneur in Boston Unschuldige hinrichten, um seine persönliche Energie hervorzukehren, um zu zeigen, er lasse sich in seine Befugnisse nicht hineinreden? Und ...? Und kann nicht ein General nach Gutdünken einen Kanzler ernennen, der ein Sechzigmillionenvolk versklavt? Und darf ein Ölmagnat, ein Rüstungsmagnat, ein Zeitungsmagnat nicht Order geben zu bewaffneten Interventionen? Und ...? Und dieser Strom von arbeitenden Menschen – ihre Fäuste und Fahnen und Fackeln heben sich durch die Nacht, rufen nach Befreiung der gefangenen Genossen –, diese Tausende von Melbourne, mit denen Millionen in aller Welt marschieren, haben noch nicht die Macht, das Mauerwerk der faschistischen Bastillen zu sprengen.

Es ist so, aber es kann nicht so sein. Und ...? Und es wird nicht so sein. „Hurra! Hurra!" grüßt eben eine Gruppe aus dem Spalier, hurra, hurra, Jugendgenossen, für eine Welt, der wir hurra zurufen werden.

Ziel des Fackelzugs ist eine weite Au am Yarra Yarra-Fluß, auf ihr kauerten vor einem Jahrhundert Australneger friedlich um ein Lagerfeuer, als der weiße Mann auftauchte. Er war gekommen, um auch diesen Teil Australiens in Besitz zu nehmen, er hat die herrliche Stadt Melbourne und den reichen Staat Victoria gegründet, dem schwarzen Mann jedoch weder Herrlichkeit noch Reichtum gebracht.

Das Marschorchester zieht auf den Versammlungsplatz ein, lagert sich im Kreis, mit beiden Händen drückt jeder ein Kautschukbaumblättchen an die geschlossenen Lippen, und alles ist ähnlich, wie es damals war, aber nicht ganz so. Vor den endlosen Kolonnen der Weißen, die auf die Wiese zuschreiten, flieht der schwarze Mann nicht, es sind seine Freunde, von ihnen hat er seine neuen Lieder gelernt, Kampflieder für Weiß und Schwarz.

„O Tannenbaum, o Tannenbaum . . ." ist in angelsächsischen Ländern ein Arbeiterlied, sein Text beginnt mit den Worten: „Des Werkmanns Fahn' ist tiefstes Rot . . .", und in den Südstaaten von Nordamerika ist sogar die Melodie, die dem Deutschen so traulich klingt, als aufrührerisch verboten. Hier spielen es die Eingeborenen vom Blatt, vom Blatt des Kautschukbaums, und obwohl Stimmen hart einfallen, glaubt unser Mann das naive deutsche Weihnachtslied zu hören: „. . . wie grün sind deine Blätter." Dann aber – was ist das? Die Männer aus dem Busch stimmen an: „Links, links, links und links, der rote Wedding marschiert . . ."

In konzentrischen Kreisen sitzen die Massen auf dem Boden, der matte Schein der verglimmenden Fackeln läßt die Gesichter nicht erkennen. Nur die Tribüne leuchtet, hochgehoben von zwei Armen aus Licht, den Kegeln der Scheinwerfer. Aus dem Hell ins Dunkel tönen die Reden, aus dem Dunkel ins Hell tönen Zwischenruf und Zustimmung; allmählich sind auch die letzten Fackeln zu Ende gebrannt, die Versammelten vollkommen unsichtbar geworden, und nur das Gezweig der Bäume schimmert im Sternenschein.

Hinauszusprechen in die unbegrenzte Natur zum unsichtbaren Menschen ist nichts Leichtes; manchmal vergessen die Redner, daß sie Redner sind, und glauben, einsam in der Mitte einer Kuppel zu stehen, dann senken sie die Stimme, aber im gleichen Augenblick schallt es aus dem Unsichtbaren von allen Seiten her: „Lauter! Lauter!" Die Stimme muß erhoben werden, erhoben dafür, daß sich das Heer nicht auflöse, weil seine erste Schlacht gewonnen ward.

Auch für Gerald Griffin muß freie Abreise ersiegt werden durch nicht erlahmende Solidarität. (Sie wird nicht erlahmen, und nach zwei Monaten wird Gerald Griffin unter dem anhaltenden Druck der Massen freigesprochen werden.)

Einem letzten Rückzugsmanöver des Gegners ist noch zu begegnen. In Canberra wurde eine „private“ Mitteilung ausgegeben, unser Mann habe beim britischen Generalgouverneur von Australien interveniert, woraufhin ihm die Strafe nachgesehen und die Abreise bewilligt worden sei. Der Generalgouverneur hat diese Lüge nicht dementiert, und deshalb wird von der Tribüne am Yarra Yarra das Dementi eindeutig gegeben.

Unser Mann verteidigt heute die gälische Sprache, die tausend Jahre alt und trotz jahrhundertelanger Unterdrückung nicht gänzlich verschwunden ist, sich in Bergstellungen noch behauptet. Im Kaukasus und in Mittelasien sind seit 1917 viele Sprachen und nationale Kulturen zu neuer Blüte erweckt worden, die weit weniger verbreitet und weit tiefer verschüttet waren als die schottisch-gälische. Sie als Intelligenzprüfung gegen einen Nichtschotten zu verwenden war freilich eine heimtückische Waffe, und darum befanden sich die Anwälte unseres Mannes in Notwehr, als sie diese Waffe zerbrachen. Dem Schottisch-Gälischen, einer Sprache im Sinne des Gesetzes und der Wissenschaft, sei die Wiedergeburt zu wünschen ... Nur der Faschismus spricht von überlegenen Völkern und unterdrückt Rassen und Sprachen.

Mit einem Schwur, den Faschismus zu bekämpfen und seine Opfer nie zu vergessen, endet die Nacht am Ufer des Yarra Yarra. Die Eingeborenen überreichen unserem Mann einen Kampfbumerang, Erbstück ihres Stammes, eine wahre Damaszenerklinge aus Holz. Das Geschenk soll besagen: Kehre zurück, wie ein Bumerang zurückkehrt.

Vorläufig bleibt unser Mann noch in Melbourne und besucht die Stadt Ballarat, die 1854 den revolutionären Aufstand der Goldgräber sah; in einer heftigen Schlacht eroberten Linientruppen das von Diggern verschanzte Lager „Eureka Stockade“. Aber aus dieser niedergeworfenen Revolte erhob sich die Demokratie Australiens; der Steckbrief gegen Peter Lalor, den Führer der „Eureka Stockade“, war kaum von den Straßenecken verschwunden, als Peter Lalor schon Präsident der neugeschaffenen Volksvertretung war.

Eben jetzt finden wieder Wahlen für das Parlament von Victoria statt; bürgerliche, Labor- und kommunistische Kandidaten stehen einander gegenüber. Die Organisation gegen Krieg und Faschismus hat Griffin und unseren Mann aufgefordert, in den Wählerversammlungen der Arbeiterparteien über die Notwendigkeit der Einheitsfront zu sprechen. Vorsicht ist die Mutter der Labor Party, und so beschließt ihr Parteivorstand, den beiden Delegierten dürfe in keiner Wahlversammlung der Labor Party das Wort erteilt werden; die Labor Party werde selbständige Organisationen gegen Krieg und Faschismus schaffen.

Griffin und unser Mann können also nur als Zuhörer in den Labor-Meetings erscheinen. Kaum aber sind sie erschienen, so verlangt die Versammlung im Sprechchor: „Sie – sollen – sprechen! Auf – die – Tribüne!“ Die Delegierten sprechen, ohne die erzwungene Gastfreundschaft zu mißbrauchen, sie danken den Mitgliedern der Labor Party für die in der Kampagne geleistete Solidarität und fordern auf zur Kampfgemeinschaft, zur militanten Einheitsfront gegen Krieg und Faschismus.

In Footscray, in Kensington, in Carlton, in Newport, in Collingswood werden die Wahlversammlungen der beiden Arbeiterparteien gleichzeitig auf dem gleichen öffentlichen Platz abgehalten, und so ist es nicht nötig, den Vorsitzenden des Labor-Meetings in Verlegenheit zu bringen; die Teilnehmer gehen zu den Nachbarn hinüber, wenn sie durch den ostentativ verstärkten Beifall von drüben erfahren, daß die beiden Delegierten angekommen sind.

Abschiedsgrüße, Einladungen und Glückwünsche in allen Sprachen erhält unser Mann, aber auch Droh- und Schmähbriefe, er sei ein Agent Hitlers, ein Agent Stalins, ein Agent der Jesuiten, einer von den Weisen Zions, Gereimtes und Ungereimtes. Ad Ungereimtes: „Es möchte *sehr* angezeigt sein, wann Sie bei den Umzug morgen Abends ein Plackat tragen möchten mit der Aufschrift – Wir Tschechen sind eine Nation von *Lügner,* Verräter und Feiglinge!! Mit Verachtungsgruß: ein Österreicher.“ O du mein Österreich.

Abfahrbereit liegt der Dampfer „Orford“ im Melbourner Hafen, und vom Kai, auf den unser Mann vor vier Monaten hinuntersprang, hinkt er nun die Landungsbrücke hinauf. Er wird fast umgerannt von Neugierigen, die, ohne ihn zu beachten, auf und über das Schiff jagen.

Aus Sydney sind viele Freunde zum Abschiednehmen gekommen. Ade, Tom Fitzgerald, guter Freund, ade, Percy Laidler, ade, Jean Devanny, grüßt die Kollegen von der Feder, ade, Gibson und Sharkey, grüßt die Genossen! Auch Gwendolyn ist wieder an Bord, diesmal von keiner Organisation entsendet; aus dem Traum aufgetaucht, wirst du nun wieder ein Traum.

Ade, Gerald Griffin, tapferer Gefährte; gemeinsam mit dir ging's quer durch halb Australien, oft unter wehenden Fahnen, oft im bergenden „Rauch“. Polizeihaft und Freundeskreis, Massenversammlungen und Nächte in einsamen Dörfern wechselten einander ab. Du, junger Genosse von der Insel Neuseeland, wußtest mehr von europäischer Literatur als der Schriftsteller aus Europa. Jede deiner Reden war voll von gutverarbeitetem Material über die ideologischen und ökonomischen Voraussetzungen der Kriegsgefahr, über die historischen Grundlagen des Faschismus, der Weltdelegierte hat von dir gelernt. (Aber sag's nicht weiter, Gerald!) Ade, all ihr Freunde, ade, Gwendolyn, was macht das Taschentuch an deinen Augen, du energische Org.-Leiterin?

Es rollen von den eisernen Riesenspulen die Taue der „Orford“ ab, es huht die Sirene, es stößt der Rauch aus den Schloten. Ein Sängerkrieg entspinnt sich am Ufer; zu Ehren eines davonfahrenden Baptistenpriesters singt seine Gemeinde fromme Choräle; dem Dirigenten der Scotch Thistle Society, der in die alte Heimat reist, wollen seine Freunde mit Schnadahüpfelweisen, Schalmei und Dudelsack den Abschied leicht machen; aus der dritten Gruppe tönt es über Stadt und Meer: „Then comrades come rally – And the last fight let us face – The International – Unites the human race . . .“ Von Signalmasten, von Kranen und von Verladegerüsten schwenken die Freunde Arme und Fahnen, rufen Grüße an die Freunde in Europa.

Eben schwimmt die „Strathaird“ hafenein, sie kommt aus London, es läßt sich nicht erkennen, ob etwa O'Hara, Freund und Steward, oder Kapitän Carter auf Deck steht.

Nach zwei Tagen Fahrt naht Adelaide, auf dem Pier spielt noch immer die Familie des Kriegsinvaliden um milde Gaben, die Fahne mit dem Kreuz des Südens vor sich aufgepflanzt. Die Stadt ist nicht mehr so unerreichbar weit vom Außenhafen wie vor vier Monaten. Himmelblau schimmert ein Gebirge in der Fahrtrichtung des Autos, die Mount Lofty Ranges, zu ihren Füßen liegt die üppige Adelaide hingestreckt. Dann fährt das Auto in die Stadt ein. Eine Londoner Aktiengesellschaft hat die Hauptstadt Südaustraliens ausgeheckt, mit Reißfeder und Lineal wurde sie konstruiert, aber Blumen und Mädchen schmücken den Plan.

Zwischen Ankunft und Abfahrt des Schiffes spricht unser Mann in zwei Versammlungen; hernach geht es zum Außenhafen zurück, wieder Massenabschied. „Wer trieb den Herzog von der Titelseite?" fragt ein Sprechchor, und ein Sprechchor gibt Antwort. „Wer besiegte die Reaktionäre des Commonwealth?" – „Wer ließ sich nicht mundtot machen?"

Montag, 11. März 1935, ist unseres Mannes letzter australischer Tag; die Schleier des Morgens hüllen die Stunde ein, zu der das Schiff in Fremantle festmacht, dem Hafen von Perth. Die Perther Freunde kamen nachts mit dem letzten Eisenbahnzug nach Fremantle.

„Eine Unze Tat wiegt mehr als eine Tonne Worte, darum grüßen dich die I. W. W.", steht auf einem Banner, das wie ein Triumphbogen über die Landungsbrücke gehalten wird. („I. W. W." bedeutet „Industrial Workers of the World", die große syndikalistische, theoriefeindliche Organisation, die während des Weltkrieges in Amerika und Australien direkte Aktionen gegen den Militarismus unternahm. Daß sie die Stadt Sydney in Brand stecken wollte, ist freilich nicht wahr – mit dieser absurden Beschuldigung nämlich wurden die Führer der australischen I. W. W. zu je 14 Jahren Zuchthaus verurteilt. Wenige Jahre nach dem Krieg hörten die I. W. W. zu bestehen auf, ihre Mitglieder, zum Beispiel jene „Sydney-Brandstifter", sind zumeist Kommunisten geworden, wenn sie auch durch ihre Vergangenheit miteinander verbunden blieben.)

Unser Mann dankt den Trägern des Banners und spricht über die Vergangenheit der „Wobblies". Sofort wendet sich ihr Redner an die Menge auf dem Kai: „Ihr alle habt gehört, daß der Delegierte uns zuerst begrüßt hat. Diese Würdigung muß den Arbeitern Australiens zeigen, daß die I. W. W. ihre einzige wirkliche Vertretung sind, alle Parteien und anderen Organisationen nur Irrtum und Irreführung ..."

Ach so ... Unser Mann begreift jetzt, weshalb ringsum Unruhe entstanden war: diese übriggebliebene Ortsgruppe der I. W. W. steht in Gegnerschaft zu den beiden Arbeiterparteien und zum Komitee gegen Krieg und Faschismus, ihr Erscheinen hier gilt nur der Unze Tat des Delegierten.

Der hat nun die Linie wiederherzustellen, sagt in seinem Schlußwort: ohne Theorie keine Praxis, ohne Worte auch keine Unze Tat, ohne Willen zur Einigung, ohne Einheitsfront keine Möglichkeit des Sieges.

Vor und auf der Laderampe des Heuerplatzes warten 400 Schauermänner. Sie wollen etwas über ihren deutschen Kollegen, den Hamburger Hafenarbeiter Ernst Thälmann, hören und schicken ihm ein Telegramm nach Moabit.

Pfefferminzbäume und Scharlachbäume, Riesenfarne und Riesenkakteen säumen die Straße Forest Drive, rechts unter ihr windet sich der Swan River, an einer Stelle biegt sich der Fluß so scharf, daß das Uferland wie eine Insel in der flüssigen Schlinge liegt; der konische Turm einer alten Mühle winkt von dem scheinbaren Eiland zur Straße hinauf.

Nach vierzehn Kilometern taucht Perth auf. Für die Mittagsstunde ist ein Meeting angesetzt; jetzt ist noch früher Morgen, und unser Mann hat Zeit, sich in Perth umzusehen. Vor der Polizeistation erhebt sich das Denkmal zweier Polizisten; sie wurden in Coolgardie von Golddieben (muß man nicht, da es sich um Gold handelt, „Räuber" sagen?) erschossen. „Die Täter wurden gehängt" ist lapidar vermerkt, Warnung für jedermann.

Lockung für jedermann: auf St. George's Terrace hängen in den Schaufenstern der Grundstücksmakler, der Banken und der Prospektoren Telegramme über Goldförderung, Berichte über Aufstellung von Maschinen, geologische Pläne und Tabellen mit den Goldkursen. Kauft Aktien! Kauft Parzellen! Die goldenen Zeiten kehren wieder.

1892, als der Farmer Patrick Hannan ahnungslos durch die Frotting Grounds ritt und auf dem Gestein etwas Rotes schimmern sah, hatten für Westaustralien goldene Zeiten eingesetzt. Mit Spekulation, mit Krediten, mit Anteilscheinen und mit Lots an der Goldenen Meile und den Minen von Coolgardie und Kalgoorlie konnte man weit sicherer Millionär werden, als wenn man selbst nach Gold schürfte. Der Digger litt Hitze und Durst, er mußte für Wasser, nicht etwa echtes Trinkwasser, sondern kondensiertes Meerwasser, mit seinem echten Leben bezahlen oder gar mit echtem Gold, er verdurstete oder wanderte ab. Letzteres störte auch die Unternehmer, und so gaben sie dem Ingenieur C. Y. O'Connor den Auftrag, sein Werk zu tun, ein Wasserwerk, eine 350 Meilen lange Röhrenleitung von den Darling Ranges zum Golddistrikt. Als es vollendet war, Wasser und Arbeitskräfte zur Goldgrube strömten, machten es die Herren von Perth mit dem Wasserleiter, wie es die von Hameln mit dem Rattenfänger gemacht hatten: sie verweigerten ihm den Lohn. O'Connor beging Selbstmord, aber er bekam nachher ein Denkmal, wie auch in Hameln der Rattenfänger das seine bekam.

Wer heutzutage das Glück hat, ein Goldvorkommen zu entdecken, muß es beim Australian Gold Development Trust anmelden, und erst wenn es vom Bergingenieur für abbauwürdig erklärt wird, teilt man dem ehrlichen Finder ein paar Aktien des künftigen Unternehmens zu. Wer das Gold zutage schafft, Erz und Stein hämmert, wird im Taglohn bezahlt, und je kleiner der Taglohn, desto ergiebiger das Bergwerk. An der Spitze der Kurse notieren die Goldlager der Fidschi-Inseln, weil dort Papuas den Abbau besorgen, die dem goldenen und teuren Produkt innewohnende Arbeitskraft schwarz und billig ist.

Wenn man für geleistete Arbeit gar keinen Lohn bezahlen muß, braucht man nicht einmal Gold, um steinreich zu werden. Vor zwei Menschenaltern war Perth eine kleine Stadt, die von dem Goldgehalt ihrer Umgebung nichts ahnte, und doch erstanden hier damals Paläste und Avenuen und Parkanlagen. Denn Perth war Verbannungsort für englische Sträflinge und blieb es noch, als sich die anderen Städte Australiens schon längst gegen die Gefangenentransporte gesperrt hatten.

Auf das massivste Bauwerk der Stadt, das Rathaus, haben die Erbauer, das heißt: nicht die Bauherren, sondern die Bauarbeiter, ihr Signum gesetzt, indem sie jedem Fenster die Form eines breiten Pfeils gaben – der breite Pfeil war das Zwangsabzeichen der Sträflinge – und in höchstem Galgenhumor den Turmgiebel mit einem aus Galgen und Schlinge gebildeten Ornament schmückten.

Die Mittagsstunde ist herangekommen. Fahnen wehen auf der weitweiten, goldgrünen Esplanade. Unseres Mannes hundertstes Meeting, letztes Meeting in Australien. Kinder bringen Blumensträuße, ein fünfjähriges Mädchen flüstert ihm zu, sie habe keine Blumen, aber sie schenke ihm dafür ihr Lolly, ihr Bonbon. Nach seiner Jubiläums- und Abschiedsrede steigt unser Mann, langsam die Krücken setzend, hinab von der Tribüne, er kostet jede Stufe aus. „So, jetzt kannst du das Lolly lutschen", sagt das kleine Mädchen und schmiegt sich an den fremden Onkel, „ich heiße Gwendolyn, gefällt dir der Name?"

Ein weißhaariger Mann zieht den unseren beiseite. „Haben Sie von der Pariser Kommune gehört?" – „My oath", antwortet unser Mann und vibriert das erste dieser beiden Worte; „my oath" bedeutet auf australisch „das will ich meinen", und wenn man das „my" mit leichtem Wiehern ausspricht, so besagt es, wie sehr man das meinen will. Befriedigt entnimmt der Alte einer Schachtel ein rotes Fahnentuch. „Commune de Paris, 1871. Liberté, Fraternité, Egalité ou la mort." – Tausend Francs und Amnestie hatte General Gallifet nach der Niederwerfung der Kommune öffentlich jedem zugesagt, der eine der Empörerfahnen zur Stelle schaffe, so sehr fürchtete er ihre Auferstehung. Er hat nicht alle in seine Klauen bekommen. Vierundsechzig Jahre später, hier auf der anderen Seite des Globus, sieht unser Mann eine Fahne der Pariser Kommune, mit Stolz gepflegt und verwahrt.

Der Alte erzählt seine, der Fahne Geschichte. Er heißt Roger Grenier, sein Vater, Pierre Grenier, war als Communard zum Tode verurteilt und nachher zu lebenslänglicher Deportation nach Neu-Kaledonien begnadigt worden. Roger zählte damals zehn Jahre. Zu dem Elend, das die ihrer Ernährer beraubten Familien in Paris litten, gesellte sich heimtückische Verfolgung. Der (bis dahin) „blutigste aller Adolfe" schonte in seiner Rache weder Witwe noch Waise, weder Greisin noch Kind; seine Journaille zelebrierte Teufelsmessen gegen die „Brut der Briganten"; niemand wollte Sohn oder Tochter eines Kommunemitglieds beschäftigen, niemand ihnen Wohnung geben; wo immer sie Unterschlupf fanden, tauchten Spitzel und Denunzianten auf. Schließlich wurde den Familienangehörigen der Verbannten bewilligt, ihren Vätern und Gatten nach Neu-Kaledonien zu folgen, 600 Frauen und Kinder auf der Fregatte „Fénélon". Mit ihnen fuhr der kleine Roger über das große Meer, auf seinem Körperchen barg er ein Fahnentuch. Sein Vater hatte, bevor die Häscher ihn holten, ihm aufgetragen, die Fahne gut zu verwahren, und der Junge hatte sie gut verwahrt in Paris, wo so viele Feinde und „Freunde" nach ihr fragten, und auch auf dem Schiff, wo man aneinandergepreßt im Zwischendeck lag, selbst Waschen und Notdurft sich öffentlich vollzogen und die Augen der Späher überall patrouillierten.

Als die „Fénélon" auf ihrer Fahrt nach den Kerkerinseln 1873 in Port Jackson Anker warf, erlebten die geduckten Opfer des machtgierigen Schleichers Adolphe Thiers etwas, was sie nicht erwartet hatten: Kundgebungen der Liebe und Solidarität. Hunderte von australischen Arbeitern kamen zum Schiff mit Blumen und Geschenken und Einladungen, die Frauen und Söhne und Töchter sahen sich um ihrer Väter willen geehrt, um derentwillen sie bisher geächtet gewesen waren. In Sydney wurde ein Festmahl in der Stadthalle veranstaltet, jeder australische Demokrat wollte in den zwei Tagen, da das Schiff im Hafen lag, die Familie eines Freiheitskämpfers bei sich bewirten.

Was Wunder, daß der kleine Roger Grenier das Land, das ihn und die Seinen so herzlich umarmte, zu lieben begann. Hier will ich leben, entschloß er sich. Vorerst aber ging die Reise weiter, dem Archipel der Verbannten zu.

Vater Grenier küßte seinen mutigen Jungen, und wenn er den Mitgefangenen heimlich die Fahne zeigte, unter der sie gekämpft, zuckte es um ihre Augen. Sechzehn Jahre lang dauerte die Gefangenschaft auf Neu-Kaledonien, dann kam die Vollamnestie. Pierre Grenier kehrte nach Paris zurück, Roger aber stieg unterwegs aus und blieb in Australien, dem Land, in dem zu bleiben er sich als Kind vorgenommen. Mit ihm blieb die Fahne.

Noch heute fühlt sich Roger Grenier als Sohn der Pariser Kommune, und seine Tochter und deren Tochter, die mit ihm zur Versammlung gekommen sind, müssen zeigen, wie gut sie

Französisch sprechen. „Ich bin Labor-Mann, aber meine Enkel stehen *Ihnen* näher, Genosse", sagt er, während er mit zärtlichen Gesten die Fahne zusammenfaltet.

Die Stunden bis zur Abfahrt der „Orford" verbringt unser Mann mit einigen Freunden in den Darling Ranges, wo Katharine Susannah Prichard wohnt, mitten im Busch. Nur ein Strauch Bogainvilla steht in blutigroter Blüte, sonst ist alles kahl, sieht aus, als hätte ein Waldbrand hier gewütet. Wenn aber morgen oder übermorgen Regen fällt, wird das Gras binnen wenigen Stunden mannshoch aufsprießen und das Gezweig der Bäume und Sträucher zu kompakten Körpern werden.

Unberührt von der Dürre ist die Fauna; im Garten, der keine Grenzen hat, hört man die Dingos kläffen, ein Opossum äugt von einem Ast und springt davon, ohne Seitenblick und ohne Seitensprung spielen auf einem anderen Baum zwei Koalabären tapsig miteinander, und zutraulich nähert sich dem kleinen Ric, dem Sohn der Dichterin, ein Känguruh und läßt sich kraulen.

In der aus Bohlen gezimmerten Laube, mehr Blockhaus als Laube, trinkt man Tee, und die Freunde tragen unserem Mann auf, sich dafür einzusetzen, daß die europäischen Kollegen die für Australien bestimmten Briefe und Materialien nicht immer nur nach Sydney schicken. „Alles geht hier an uns vorbei, tagelang braucht die Post von Perth nach Sydney, und tagelang, um von Sydney nach Perth zurückzugehen. Wir liegen doch Europa viel näher als Sydney und Melbourne, viel näher."

Australien W. rechnet sich nur widerwillig zum Commonwealth, die Sehnsucht von Australien W. gehört Europa, die australischen Freunde möchten gleich mit nach Europa, wo nicht ein solch banaler Alltag herrscht mit heulenden Dingos, hopsenden Känguruhs, gellend blühender Bogainvilla, mit Bären und Opossums auf den Ästen des bald verdorrten, bald jäh emporschießenden Urwalds.

In Fremantle drängen sich Freunde bis hart an den Uferrand, hoffentlich fällt niemand ins Wasser; die Fahne der I. W. W. beharrt auf ihrem Standpunkt, eine Unze Tat wiege mehr als eine Tonne von Worten; der alte Roger ist da, seine Enkelin schwingt das Fahnentuch, das ihr Großvater seinem Vater auf diese Hemisphäre mitgebracht hat.

Mit unbeteiligten Gesichtern, die Hände auf dem Rücken, überragen zwei stattlich gebaute Männer die Menge. Einmal – war es vor vier Monaten oder war es vor vier Jahren? – schritten sie, als ein Schiff diesen Hafen anlief, auf einen namenlosen Passagier zu und nannten ihn beim Namen. Sie waren ein unheimlich großer Doppelpunkt gewesen.

Abschied, letzter Abschied. Die „Orford“ löst sich vom Kai und gleitet langsam an einem deutschen Schiff vorbei, der „Justin“. „Hipp, hipp, hurra“ grüßt die auf dem Deck der „Justin“ in Reih und Glied aufgestellte Bemannung auf ein Zeichen des kommandierenden Offiziers. Und nach dieser Captatio benevolentiae erfolgt die Demonstration gegen die roten Fahnen und Lieder am Kai. „Heil Hitler, Heil Hitler, Heil Hitler!“ ruft die Reihe in dröhnendem Chor und mit ausgestrecktem Arm.

Das aber ist den Passagieren der „Orford“ zuviel, und auch solche, die unserem Mann keineswegs grün sind, verlangen von ihm: „Sagen Sie uns ein Schlagwort gegen Nazism.“ – „Hebt die Faust und ruft ‚Rot Front‘.“ – „Wie? Road Front?“ – „Ja.“

Da heben sich die Fäuste, und so schallend klingt das „Rot Front, Rot Front!“, daß sogar die vier geknickten Beine auf dem Flaggentuch der „Justin“ zu erstarren scheinen, die sich eben noch so unternehmungslustig in die Luft warfen. Ein Kommando: „Stillgestanden! Horst-Wessel-Lied!“ Aus voller Lunge wird gesungen, und aus voller Lunge fällt der Kontrapunkt in jedes Piano, knallt in jede Verszeile:

Die Straße frei,
Rot Front!
die Reihen fest geschlossen.
Rot Front!
Der Tag für Freiheit
Rot Front!
und für Brot bricht an.
Rot Front!

Verbeißen die Sänger auf der „Justin“ nicht ein Lachen? Das Gesicht des Befehlshabers ist wutverzerrt. Zwischen Chor und Gegenchor hört man plötzlich die Kommandostimme: „Wegtreten!“

Die beiden Schiffe sind aneinander vorbeigeglitten, das Ufer wird wieder sichtbar, die Freunde, die Abschied winken, ganz links die Fahne der Pariser Kommune. Sie ist das letzte, das unser Mann und wir vom australischen Ufer noch erkennen können, sie ist der Schlußpunkt.

AN BOTANY BAY SITZEND

Eine morgendliche Brise schaukelt die Sonnenkringel auf dem bläulich schimmernden Wasser der Bucht. „Morgendliche Brise", „Sonnenkringel", „bläulich schimmernd", so viele Worte, ebenso viele Hinweise auf eine schöne Gegend. Aber die Gegend ist keineswegs schön, sie ist –

Einen Augenblick! Die morgendliche Brise hat uns eben das Papier aus der Hand gerissen, auf das wir das Landschaftsbild schreiben. Will sie uns hindern, Einwände zu machen? Kümmere dich, Brise, um die schwimmenden Sonnenflecke, kräusle sie und störe uns nicht, wir wollen und werden die Wahrheit schreiben.

Was stand denn auf unserem Papier, das jetzt selbst auf den bläulich schimmernden Wellen tanzt? Darauf stand, daß die Gegend keineswegs schön ist. Setzen wir fort: Riedgras oder kahler Boden und hinter uns der Busch von Kurnell Park säumen die Bucht ein; menschenleer, häuserleer und schiffeleer ist's hier. In Rockdale steht eine Gerberei; vor dem Gestank ihrer Abwässer flüchtet jeder zufällig in die Bucht geratende Fischschwarm eilig ins offene Meer zurück oder in den St. Georges River. Nur ein Haifisch, ihn stört kein Gerbstoff, tummelt sich, kaum hundertfünfzig Schritte von uns entfernt, im Wasser; er wird hier weder Fisch noch Fleisch finden.

Auf der einen Seite des Ufers, sie gehört zur Vorstadt Laperouse, haben Obdachlose ihr Obdach, eine aus zerbeulten Blechplatten, zerbrochenen Kistenbrettern und löchrigen Ölkannen zusammengeklebte Hüttensiedlung, mit bitterer Ironie „Happy Valley", Glückliches Tal, genannt. Nahebei, in den Dünen, führen Eingeborene die Kunst des Bumerangwerfens vor, um von neugierig Stehenbleibenden einen Penny zu erbetteln.

Mitten aus Kurnell Park steigt Rauch hoch, oberhalb der Baumkronen wird er vom Morgenwind erfaßt und steht schräg auf der Kuppel des Buschs. Vielleicht haben Pfadfinder ein Lagerfeuer angefacht, obwohl das hier doppelt streng verboten ist.

Kurnell Park ist nämlich Nationalheiligtum und Nationaleigentum. Das erstere, weil es ein historischer Punkt ist, und das zweite, weil niemals jemand Lust verspürt hatte, hier zu wohnen, die Anschaffung durch die Nation also billig war. Zerr nicht, Brise, das sagt nichts gegen Australien, überall in der Welt macht patriotischer Eifer dort halt, wo es um Geld geht.

An der Landzunge Kurnell Park landete der Entdecker Australiens. Seither ist der Erdteil einigermaßen besiedelt und bebaut worden, Hütten wurden zu Millionenstädten, Anlegestellen für Kanus wurden zu Welthäfen, und nur hier, wo der erste Anlegeplatz war, erstand kein Hafen, nur hier, wo man das erste Eingeborenendorf sichtete, findet sich kein Dorf und keine Stadt, selbst die Fische sind verschwunden, bei deren Fang der Entdecker die schwarzen Männer damals überraschte.

Gegen seinen Willen, aus purem Zufall, geriet der Entdecker hierher, von der Südküste Tasmaniens hatte ihn ein widriger Wind ... Warum zupfst du so wütend, Brise? Ach so, du warst es selbst, die den Europäer herüberholte, damit er den Kontinent auffinde! Gut, so sei das Wort „widrig“ zurückgenommen, du warst damals ein wohlmeinender Wind, wenn du auch deinen Zweck nicht recht erreichtest. Dein Schützling fuhr in Botany Bay ein, ging nach einem kleinen Intermezzo, das wir im zweitnächsten Kapitel behandeln wollen, an Land, begrub den eben an Schwindsucht verstorbenen Matrosen Thorby Sutherland, nahm Süßwasser aus einem kleinen Fluß, hißte auf alle Fälle die englische Flagge und segelte auf Nimmerwiedersehen nordwärts davon.

Gleich zu Beginn seiner Weiterfahrt, schon nach zwölf Meilen, schien es ihm, als ob sozusagen zwei Knöpfe des Küstensaums offenstünden und ein kleiner Meerbusen jungfräulich hervorschimmerte. Er zeichnete das auf seiner Karte ein und textierte es als „Port Jackson“. Im übrigen aber ließ er den lieblichen Busen links liegen, der später die Stadt Sydney säugte. Das Jahr, das man damals schrieb, war 1770, das achtlos vorbeifahrende Schiff war die ausrangierte Kohlenbarke „Endeavour“, und der Mann, der sie befehligte, hieß James Cook und war Leutnant.

Zerr nicht, Brise, er *war* Leutnant. Gewiß, es ist nicht angenehm für einen Weltteil, von einem schlichten Leutnant entdeckt worden zu sein, und deshalb wird er in den Geschichtsbüchern als Kapitän Cook bezeichnet. Aber zum Kapitän wurde er erst nach seiner Heimkehr ernannt, und du mußt doch zugeben, Brise, daß man den Entdecker Australiens nicht als Leichtmatrosen bezeichnen würde, wenn er später dazu degradiert worden wäre.

Wie dem auch sei, James Cook – du siehst, Brise, wir vermeiden seinen Rang, damit du mit dem ewigen Gezupfe aufhörst – gilt als der Kolumbus Australiens, obwohl er nur an diesem Tümpel Botany-Bucht Anker warf und dann die Ostseite des Kontinents entlangsegelte. Die Westküste hatten vorbeifahrende Niederländer schon lange vorher auf ihren Karten als „Nieuw Holland" eingezeichnet. Sogar ein Engländer, der Seeräuber William Dampier, hatte achtzig Jahre vor seinem Landsmann Cook an der Nordküste Australiens gekreuzt, um mit seinem gestohlenen Schiff der regulären ostindischen Schiffahrt aus dem Weg zu gehen. Jonathan Swift läßt Gulliver hier, im Land der Houyhuhnms, der Pferdemenschen, stranden, das er nach der Karte Dampiers für die Südwestküste Asiens hält.

Noch älter als die Entdeckung Australiens ist der Name Australien. Als Huldigung für den König von Spanien, der ein Habsburger, ein Österreicher, ein Austriæ war, hatte der Seefahrer De Quiros 1606 die größte der melanesischen Inseln auf den Namen „Austrialia del Espiritu Santo" getauft. Der Name ging auf die ganze Gegend über, jedoch der Espiritu Santo des Nationalhasses, der 1914 auf die Erde flatterte, sprach dem Feindesland Austria das Recht ab, sich für den Taufpaten von Australien zu halten: Austrialia (mit zwei i) habe mit Australia (mit einem i) weniger zu tun als Melanesien mit Australien, dieses letztere leite seinen Namen von „auster" ab, dem römischen Wort für Südwind – eine windige Erklärung, jawohl, Brise, nie wäre sie aufgetaucht, hätte Austria an der Seite Australiens Krieg geführt.

Leutnant Cook kümmerte sich um keinen der früheren Namen, ihn erinnerte der Landstrich, den er entlangstrich, an die Küste der englischen Provinz Wales; aber um dem neuen Gebiet nicht zuviel Ehre anzutun, nannte er es nicht Neu-Wales, sondern nur Neu-Süd-Wales.

Keineswegs war James Cook neugierig, seine australische Entdeckung wiederzusehen, so nahe von ihr er auch auf seinen beiden nächsten Weltreisen kreuzte. Und könnte er heute seinen alten Landungsplatz aufsuchen, müßte er feststellen: „Alles ist noch so wie vor hundertfünfundsechzig Jahren. Nur das Dorf der Wilden fehlt und im Wasser die Fische . . . Hat also keine Bedeutung gehabt, daß ich hierherkam und die englische Flagge hochzog."

Enttäuscht würde er wieder ins Jenseits segeln und so den gleichen Fehler begehen, den er zu Lebzeiten beging: nicht um die Ecke zu schauen. Wegen dieses Fehlers konnte Cooks 1771 erstatteter Bericht viele Jahre lang keinen Menschen dazu verlokken, in die neuentdeckte Region zu übersiedeln.

An Bord der Cookschen „Endeavour" war jedoch ein Mister Joseph Banks mitgefahren – schon gut, Brise, er wurde später zum „Sir" gerittert. Selbiger Joseph Banks war ein reicher junger Mann mit großem Interesse für Botanik; ihm und dem anderen mitfahrenden Botaniker, dem Schweden Solander, zu Ehren hatte der Landungsplatz den Namen Botany Bay bekommen.

Nach England zurückgekehrt, tat Mister Joseph Banks alles dazu, daß sein Patenkind nicht vergessen werde, daß es wachse und sich als nützliches Glied des britischen Empire erweise. Seine Agitation hatte Erfolg, nachdem England durch den nordamerikanischen Freiheitskrieg seine größte Kolonie verloren hatte. Achtzehn Jahre nach der „Endeavour" liefen wieder Schiffe in Botany Bay ein, Schiffe mit einer merkwürdigen Ladung, von der im nächsten Kapitel dieses Buches die Rede sein wird.

Zu unseren Füßen plätschern apoplektische Wellen an den floßartigen, glattglänzenden Felsrand, auf den Cook seinen Fuß, den ersten beschuhten Fuß, setzte, zu unseren Häupten kreischen hungrige Möwen.

Zwei Burschen im blauen Overall, wahrscheinlich Arbeitslose, rudern in einem primitiven Boot heran, machen es am Ufer fest, legen sich bäuchlings ins Gras und fangen an, abwechselnd Münzen hochzuwerfen, „Two-up" heißt dieses Spiel, es ist verboten, Erwachsene und Kinder treiben es an allen Ecken und Enden.

Oberhalb der Wipfelkontur von Kurnell Park vergrößert die windschiefe Rauchsäule ihren Durchmesser. Der Haifisch im Wasser hofft noch immer, hier Handgeld zu machen. Auch der

Brise engherzig-patriotischer Eifer erlahmt nicht, sie ist weiterhin bemüht, sich unseres Manuskripts zu bemächtigen.

Angesichts dieser öden Landschaft verstehen wir, daß Cook keinerlei Sehnsucht zeigte, sie wiederzusehen. Hätte er das Projekt erlebt, Botany Bay zu kolonisieren (er erlebte es nicht, 1779 wurde er auf Hawaii von Eingeborenen getötet), so hätte er es wohl bekämpft. Schon deshalb, weil er Banks haßte, diesen „Snob und Bücherwurm". Für seine zweite Weltumseglung hatte Kapitän Cook – ja, Brise, jetzt können wir schon „Kapitän" sagen, denn inzwischen war seine Rangerhöhung erfolgt – an Banks' Stelle einen deutschen Botaniker angeheuert, Johann Reinhold Forster. Auch mit ihm verfeindete sich Cook, als Forster seine Zeichnungen selbst veröffentlichen wollte, statt sie dem Kapitän zu überlassen.

Johann Reinhold Forster nahm seinerseits seinen vierzehnjährigen Sohn Georg auf die Fahrt mit, bei der die Neuen Hebriden, Neu-Kaledonien und die Norfolk-Inseln entdeckt wurden, und der kleine Georg sah und zeichnete und schrieb unterwegs für seinen Vater.

Auf dieser Weltreise war in Georg Forster der Trieb zum Schriftsteller erwacht, jedoch seine Kenntnis von fernen südlichen Sonnenwelten machte ihn nicht dünkelhaft gegenüber der alten Heimat. In seinem heißen Herzen schmiedete er Nähe und Weite, Wissenschaft und Literatur, Mensch und Natur zur Einheit, und durch seine „Ansichten vom Niederrhein" ist Forster neben Seume der gültigste deutsche Reiseschilderer. Er hat den Brüdern Humboldt den Weg gewiesen, aber er sitzt nicht, wie sie, marmorn vor der Berliner Universität, man kennt ihn in Deutschland ebensowenig wie in Ozeanien. Georg Forster ist ausgemerzt aus der Literatur, Naturwissenschaft und Geschichte, denn er hat sich zu den Menschen- und Bürgerrechten bekannt, die die Französische Revolution proklamierte; die Reichsacht gegen Revolutionäre gilt in allen Reichen, erlischt auch nach anderthalb Jahrhunderten nicht.

In der Mitchell-Library, Sydney, findet sich die Reisebeschreibung Johann Reinhold Forsters, an der sein Sohn Georg mitgearbeitet hat, nichts aber von Georg Forsters eigenen Schriften. Die Mitchell-Library ist als Herberge für all das gedacht, was vom unteren Teil der Erdkugel, vom Südpol bis zu den Philippinen, jemals in Büchern festgelegt oder auf Karten vermerkt ward, Originaldokumente von Entdeckungsreisen und photostatische Kopien, Wissenschaft, Literatur, Memoiren. Ihr Bücherbestand zählt 125 000 Nummern. Nur wenige behandeln das eigentliche Australien, im Grunde genommen ist wohl über jedes französische Departement mehr geschrieben worden als über den fünften Kontinent. Die Monographien über Einzelfragen und die Standardwerke über Australien haben fast immer die gleichen Themen zum Inhalt, völkerrechtliche und zollpolitische Auseinandersetzungen über die Stellung Australiens zum Mutterland, historische Forschungen über die Tatsache, daß die Eisenbahnen der australischen Staaten verschiedene Spurweiten haben, Ethnographie und Zoologie, jedoch nicht viel von den Grundproblemen, die diesen Kontinent von den anderen unterscheiden.

Laß das Zerren, Brise, ein so junger Erdteil mußte eben mehr Zeit zur Bewältigung der Praxis verwenden als für Theorie oder Poesie. Auch eine Dosis jungenhafter Verschämtheit mag mit im Spiel sein.

Dichter, dunkler und dicker steht der Qualm über Kurnell Park. Ein Waldbrand? Jeder innerhalb Australiens aufgegebene Brief trägt als Poststempel den Appell: „Avoid Bush-Fire", vermeidet Waldbrände, es muß sich demnach um ein im Wortsinne brennendes Problem handeln, allerorts stößt man auf Spuren von Feuersbrünsten, die die Forsten in Schutt und Asche legten.

Schafzüchter hassen den Wald, denn er nimmt ihnen Weideland weg, seine Baumwurzeln entziehen dem Boden Feuchtigkeit, so daß das Gras nicht dicht genug wächst, die Stämme verstellen die Übersicht über die Herde. Noch einfacher, als den lästigen Wald durch Schnitte in die Rinde (ringbarking) verbluten zu lassen, ist es, ihn anzuzünden; was schadet es, wenn der Wind die Flammen quer über den ganzen Kontinent treibt? War doch vor nicht allzulanger Zeit der Busch oft von Amts wegen angezündet worden, als es galt, flüchtige Sträflinge tot oder lebendig einzufangen.

Heute wird der Waldbrand täglich millionenmal per Post zur Nationalgefahr gestempelt, sicherlich werden auch Vorkehrungen gegen Legung und Ausbreitung der Brände getroffen, Aufforstungsversuche unternommen. Mit welchem Erfolg? Aus welchen Gründen? Kein Standardwerk über Australien streift die Frage der Waldbrände.

Eine andere Nationalgefahr spukt in der Politik, die Gefahr eines feindlichen Überfalls. Wer aber ist es, der Australien besetzen will oder besetzen kann? Welche Tatsachen liegen vor, die Verwandlung des Volksvermögens in Kriegsrüstungen zu rechtfertigen? Auch hier keine Antwort.

Aus chinesischen Kunstgegenständen im Sydneyer Museum ist ersichtlich, daß sich australische Soldaten sogar an der „Strafexpedition" gegen den Pekinger Winterpalast beteiligten, zu der Kaiser Wilhelm II. die Völker Europas aufrief, nicht aber die Australiens, ihre heiligsten Güter zu wahren, keine Gefangenen zu machen und Pardon nicht zu geben. Australier wurden gegen die Buren losgeschickt, 1915 opferte man sie dem Versuch, die Halbinsel Gallipoli zu erobern, deren Besitz dem Zaren versprochen worden war; von diesem Nebenzweck der Kampagne erfuhren ihre Teilnehmer selbstverständlich nichts, und die Akten darüber, die nach der russischen Revolution in den Archiven gefunden und von den Sowjets veröffentlicht wurden, sind in Australien nicht nachgedruckt worden.

330000 Australier, allesamt Freiwillige, kämpften im Weltkrieg tollkühn in Kleinasien und Flandern, aber sie galten als undiszipliniert, weil sie prinzipiell keinen Höheren salutierten, auch einen General nicht, falls sie ihn nicht persönlich kannten, und trotz aller an sie gerichteten Aufrufe gegen die Einführung der allgemeinen Wehrpflicht in ihrer Heimat stimmten. Aus diesen Gründen wurden sie von den Kommanden in die gefährlichsten Situationen vorgeschickt; 60000 fanden den Tod. Dafür kann man jetzt an jedem Anzac-Day begeistert das Urteil Ludendorffs zitieren, die Australier hätten den größten Anteil daran, daß der 8. August 1918 zum schwarzen Tag Deutschlands wurde.

Auf dem Boden Australiens wurde im Laufe seiner hundertfünfzigjährigen Geschichte das Militär nur zu Streifzügen gegen flüchtige Sträflinge, unbotmäßige Eingeborene und gegen streikende Schafscherer eingesetzt. Außerdem gab es zwei „Schlachten". Die eine war die Eroberung des Gasthauses von Glenrowan, darin sich die Bande des Räuberhauptmanns Ned Kelly, des Mannes mit der eisernen Maske, verschanzt hatte. Die andere war 1854 der Überfall auf das Goldgräberlager „Eureka Stockade". Dieser Ausgangspunkt von Australiens Wahlrecht und Verfassung wird in dem dickleibigen Werk „Australia, Humanic and Economic" von Arthur Jose in einem Satz einer kleingedruckten Fußnote abgetan: „Die berüchtigte Eureka Stockade war ein Versuch, die wirklichen Sorgen der Goldgräber zu politischen Zwecken zu mißbrauchen." Der sonst zuverlässige Historiker Australiens, Ernest Scott, setzt die Rebellen herab und spricht der Eureka Stockade jeden Einfluß auf die unmittelbar nach ihr erfolgten Reformen ab, die die Leiter des Aufstandes zu Führern im Staate machten. Ein dritter Historiker nennt die Eureka Stockade „das schmählichste und blutigste Ereignis in der Geschichte Australiens".

Blutig war es, wenn auch nicht 60000, sondern nur 22 Todesopfer auf dem Felde blieben, sechs Soldaten und sechzehn Rebellen. Aber ein Weltkrieg und eine Auflehnung Unterdrückter lassen sich nicht gut miteinander vergleichen, das hat schon Georg Forster geschrieben, lange nachdem er Kapitän Cooks jüngster Schiffsjunge gewesen war, und noch länger, bevor es zur Eureka Stockade kam:

„... du wirst also wissen, woran du dich zu halten hast, wenn die Zeitungen, wie gewöhnlich, von einem schrecklichen Blutbade schreiben und die politischen Kannegießer von Verwirrung und Anarchie sprudeln werden. Es ist der Mühe wert, die Armseligkeit zu widerlegen, womit einige verworfene Schriftsteller unter uns die wenigen unvermeidlichen Unglücksfälle, die die große Revolution notwendig mit sich bringen mußte, als Enormitäten der ersten Größe und als Schandflecken der Geschichte darzustellen bemühet sind, indes sie den systematischen Mord von Tausenden durch den Ehrgeiz kriegführender Despoten und die langsame Vergiftung der Freuden von Hunderttausenden durch die Erpressung unerschwinglicher Abgaben für nichts achten oder wohl gar als ruhmvolle Taten mit ihrem feilen Lobe vor dem Fluch der gegenwärtigen und kommenden Generationen zu sichern hoffen."

Bläulich schimmert Botany Bay, dunkelgrün ist der Hintergrund von Kurnell Park, schwarzgrau wie eine Sturmwolke der unaufgeklärte Qualm darüber. Die Sonnenkringel schaukeln auf den Wellen, kein Lebewesen schwimmt im Wasser außer dem verirrten Hai, der, ortsfremd, hier Menschenfleisch zu schnappen hofft. Überallhin, vor allem in die Strandbäder, kommen die Haie, auch sie eine Gefahr, über die zu sprechen verpönt ist.

Die beiden Arbeitslosen schnellen noch immer die Münze hoch, Two-up, wie man es in Vorstadtstraßen und abgelegenen Teilen der Parks spielen sieht. Alles spielt auf alle Art, des kleinen Mannes letzter Penny wandert zum Buchmacher, die größte Binnenindustrie bilden die Pferderennen. Aber Ziffern über die wirtschaftlichen Wirkungen von Spiel und Sport sind leider nicht zu erlangen.

Den Australiern bleibt ihr Kontinent ziemlich unbekannt, weit mehr von ihnen waren in Europa als zum Beispiel am Barrier Riff, dieser von Korallenzäunen und Palmen umränderten Zauberlandschaft von Queensland. Den Australiern ist ihre Heimat liebenswert und angenehm, scheint ihnen aber wenig interessant. Sie tun es dem ersten Vertreter der weißen Rasse gleich, der in Botany Bay landete und nicht um die Ecke schaute, wo es schön und interessant ist.

So, Brise, jetzt kannst du zupfen, soviel du willst, wir gehen.

DIE AHNEN

Der Januar, der heißeste Monat des Hochsommers, strahlt heute besonders freudehell den Glanz des Himmels wider, wir schreiben den 26. dieses Monats, Nationalfeiertag, Anniversary Day.

Die Kinder haben schulfrei, über den öffentlichen Gebäuden wehen Fahnen, im Hyde-Park konzertiert die Militärkapelle, die Brauereien veranstalten für ihre Angestellten Picknicks am Fluß Parramatta, die Buchten und Badeplätze sind noch menschenvoller und lauter als sonst. Verschweigen, daß heute noch mehr als üblich getrunken wird, hieße die Tatsache unterdrücken, welch frohes Verständnis für die Bedeutung des Nationalfestes besteht.

Höhepunkt ist die Regatta, sie beherrscht den Hafen den ganzen Nachmittag hindurch. Jedermann, der am Ufer wohnt, steht am Fenster. Jedermann, der ein Boot sein eigen nennt, und sei es auch nur ein Seelentränker, hat es flottgemacht, um recht nahe an die flüssige Rennbahn heranzukommen. Auf den Fähren, die nach Manly hinüberführen, bleiben die Deckstühle unbesetzt, alles drängt an die Reling.

Die Passagiere der Ozeandampfer, fünf Wochen Meer haben sie hinter sich, fahren endlich den letzten Hafen an, aber sie denken nicht an die Angehörigen, die sie in einer Viertelstunde mit Blumen und Papierschlangen und Küssen und Liebe und guten und schlechten Nachrichten empfangen werden, sie wollen wenigstens im Vorbeifahren einen aufregenden Moment des Wettsegelns miterleben.

In den Strandbädern trägt man heute zur Schwimmhose das Fernglas. Der Mann auf dem Turm des Badeplatzes, vom Lebensretterkorps zum Auslugen nach nahenden Haifischen bestellt, lugt statt dessen nach den windgejagten Kähnen. Zu einer Tribüne hat sich die Hafenbrücke gewandelt, in einer Länge von fast zwei Kilometern reiht sie die Zuschauer auf. Flugzeuge gucken von oben aufs Rennen.

Bewegter als sonst sind auch die Straßen der City, und draußen im Busch ist kein Lagerplatz frei, jung und alt feiert den Anniversary Day, die Wiederkehr des historisch wichtigsten Tages, gedenkt des glorreichen Ereignisses.

Wenn man nur wüßte, welcher Tag sich heute jährt, worin das historisch wichtigste Datum besteht, was das glorreiche Ereignis ist, dessen man gedenkt!

Um das herauszukriegen, haben wir, bevor wir uns zur Regatta aufmachten, die heutigen Zeitungen durchgesehen. Die Leitartikel, auf Festtagston gestimmt, tragen Titel wie „Der Tag unserer Gründung“ oder schlankweg „Wir gedenken“, und sie gedenken des Kapitäns Cook und rühmen mit Recht, was menschlicher Geist und menschliche Kraft auf dem Erdboden geschaffen, in den Cook seinerzeit die englische Fahne eingepflanzt hat.

Solchen Worten muß der Leser entnehmen, heute sei der Jahrestag dieser Cookschen Fahnenpflanzung. Das stimmt aber nicht, Cook stieg keineswegs im Januar, sondern im April 1770 in Australien ab, wie wir gelesen und uns deshalb gemerkt haben, weil der Tag seiner Landung zufällig mit unserem eigenen Geburtstag zusammenfällt.

Selbstverständlich nimmt die Presse nicht nur im Leitartikel auf das Jubiläum Bezug, sie bringt auch sachliche, dokumentarisch belegte Reminiszenzen. Aus diesen geht hervor, wessen Anniversary am heutigen Anniversary Day gefeiert wird: das der Segelregatta. Am 26. Januar des Jahres 1836 wurde sie zum erstenmal gefahren (oder sagt man „gelaufen“ oder „geschwommen“ oder „gesegelt“?), sie sei das rangälteste maritime Sportereignis südlich des Äquators. Nächstes Jahr, 1936, werde der Nationalfeiertag nicht nur „Jahrestag“, sondern „Hundertjahrestag“ heißen.

In der Tat besteht die Teilnahme der Regierung an dem Nationalfest darin, daß Premier und Prime-Minister mit den Kabinettsmitgliedern von einem Ozeandampfer aus dem Verlauf der Regatta folgen und die Preisverteilung vornehmen. (Für neu hinzukommende Leser: „Premier“ ist der Ministerpräsident eines Bundesstaates, „Prime-Minister“ der Ministerpräsident des Staatenbundes.)

So könnte jeder Globetrotter, heute mit einem weltumsegelnden Luxusdampfer in Sydney eingetroffen, seelenruhig notieren: „Australien ist so sportlich, daß es den Tag, an dem vor neunundneunzig Jahren ein paar Segelboote um die Wette fuhren, als Nationalfest begeht." Punktum, Streusand darauf, Abreise auf den nächsten Kontinent. Schriebe der Globetrotter statt „Australien" die Worte „australischer Raum", könnte er diese und andere Impressionen in einer geopolitischen Revue veröffentlichen.

Ist man aber kein Globetrotter, ist man im „australischen Raum" schon etwas länger festgehalten, dann wird man mit der Niederschrift der Notiz nicht so vorschnell vorgehen. Insbesondere jemand, der dank seines Geburtstags die an Kapitän Cook erinnernden Leitartikel als unzeitgemäß erkannte, fühlt sich zur Skepsis geneigt. Wenn das mit Cook falsch ist, warum sollte nicht auch das mit der Segelregatta falsch sein? Vielleicht hat sie deshalb heute Geburtstag, weil sie bereits das erstemal zu Ehren des Nationalfestes vonstatten ging. Will sagen: nicht wegen des Preissegelns ist der Anniversary Day da, sondern das Preissegeln wegen des Anniversary Day.

Das scheint klar und logisch, aber leider kann man mit Klarheit und Logik allein nicht leicht herausfinden, aus welchem Anlaß ein Jubiläum begangen wird.

„Aus welchem Anlaß wird der Anniversary Day begangen?" fragen wir Mister Barches (lies: Börtschiß). In Tel-Aviv, Palästina, war Barches (lies: Barches) Religionslehrer gewesen, vor drei Jahren wanderte er nach Sydney ab, um hier „Börtschiß" zu heißen, eine psychoanalytische Praxis zu eröffnen und alles besser zu verstehen als andere, vornehmlich über Australien.

„Sie wissen nicht, warum der Anniversary Day begangen wird?" Mister Barches lächelt. „Zusammenschluß der australischen Staaten zum Commonwealth, 1885. Es heißt ja nicht nur Anniversary Day, sondern auch Foundation Day."

Eine gute Auskunft, fraglos. Nur hat sie einen kleinen Haken. Das Commonwealth ist nicht 1885 gegründet worden, es wurde 1901 gegründet. Wenn der eine Teil der Auskunft nicht stimmt, ist auch die Glaubwürdigkeit des anderen Teils in Frage gestellt, das scheint klar und logisch.

Nun, rasch läßt sich Gewißheit schaffen. Mister Pletwichka, unser Nachbar und dem Namen nach unser Landsmann, veröffentlicht eben im „Bulletin" einen Essay „Geschichtspolitische Gedanken an unserem Gedenktag". Mag er darin auch philosophische Solidarität mit seinem Landsmann und Mitphilosophen

Hitler bekunden – was der Gedenktag ist, muß er schließlich wissen, wenn er sich darüber geschichtspolitische Gedanken gemacht hat. Er wird uns Auskunft geben können.

Kann er auch.

Vorerst aber erklärt er, unsere Behauptung sei lächerlich, daß niemand die Bedeutung des Anniversary Day kenne. „Es gibt überhaupt keinen Australier", sagt Mister Pletwichka, „keinen einzigen, der das nicht weiß."

Der was nicht weiß?

„Der nicht weiß, warum am 26. 1. der Nationalfeiertag gefeiert wird."

Ja, aber warum wird er denn gefeiert?

Mister Pletwichka schüttelt den Kopf, anscheinend indigniert über soviel Begriffsstutzigkeit. Dann greift er hinter sich in den Bücherschrank und holt die Australian Encyclopaedia hervor, zuerst den ersten Band und, nachdem er diesen zu Ende geblättert hat, den zweiten Band. Schon fürchten wir, zu spät zur Regatta zu kommen, aber Mister Pletwichka liest den zweiten Lexikonband nicht zu Ende. Ungefähr nach Seite 200 richtet er das Wort an uns: „Der 26. Januar ist der Tag der Entdeckung Australiens durch . . ."

. . . durch Cook? Die war doch im April.

Ein Blick rügt unsere Voreiligkeit. „. . . der Entdeckung Australiens durch den Holländer Frans Thyß. Er hat am 26. Januar 1627 die Westküste Australiens gesichtet und dem Kap Leeuwin als ersten Platz unseres Kontinents einen Namen gegeben."

Wir danken und gehen zur Regatta und denken unterwegs: Hm, hm. Die Entdeckung Australiens, erfolgt am 26. Januar 1627, könnte sicherlich ein feiernswertes Ereignis abgeben, das ist klar und logisch und jedes „hm, hm" fehl am Ort. Daß aber ein britisches Dominion seine Entdeckung durch einen Nichtbriten feiern sollte, das ist weder klar noch logisch. Deshalb unser hm, hm.

Versuchen wir einmal, mit kriminalistischen Methoden selbst die Tat herauszufinden, deren Angedenken heute begangen wird, weil sie einmal begangen wurde. Vergegenwärtigen wir uns zunächst den Tatbestand: man feiert eine für das Land grundlegend wichtige Begebenheit. Das könnte erstens die Entdeckung des Erdteils sein, aber die ist es nicht, wie wir festgestellt haben. Zweitens könnte es der Beginn der Besiedlung dieses schwarzen Erdteils durch weiße Männer sein, durch freie Untertanen des freien Britanniens.

Warum aber feiert man sie dann heute nicht, nennt sie nicht, verschweigt sie geradezu? Denken wir weiter nach: wahrscheinlich – das ist die Antwort, die wir uns geben – wahrscheinlich sind diese freien Untertanen des freien Britanniens gar nicht rühmenswert.

Nicht rühmenswert? Unrühmlich? So etwa, daß man sich ihrer gar schämt? Vielleicht nicht einmal freie Untertanen?

Jetzt fällt es uns wie Schuppen von den Haaren: Anniversary Day ist der Tag, an dem erstmalig eine Ladung von Kettensträflingen am australischen Ufer gelöscht wurde.

Ja, so muß es sein. Und so ist es auch. „The first fleet“ (Euphemismus für den ersten Sträflingstransport) warf am 26. Januar 1788 in Botany Bay Anker . . .

In den Vereinigten Staaten von Amerika ist es der größte Stolz eines echten Demokraten oder Republikaners, wenn er seine Ahnentafel bis zu den Passagieren der „Mayflower“ hinaufführen kann, zu denen, die durch Massenmord, Sklavenhandel, Ausbeutung, Betrug, Vaterlandsverrat und Denunziation zu Gründern der Milliardärsfamilien wurden. Aber von den australienstolzesten Australiern kennt wohl keiner die Schiffe der Ersten Flotte, die „Sirius“, „Alexander“, „Supply“ und „Scarborough“, geschweige denn die Namen der sieben kleineren Kutter, auf denen der englische Kapitän Arthur Phillip, ein Zeitgenosse von Goethe und Maier Amschel Rothschild und, wie sie, Sohn eines Frankfurter Bürgers, seine Fracht von Armesündern in den unbekannten Erdteil expedierte.

Diese „Verletzer der Gesetze“ konnten hier Gesetzesverletzungen à la Astor, Morgan und Vanderbilt nicht begehen, sie hatten sie nur zu erleiden. Lange ehe die „Convicts“, die Sträflinge, zu ihrer Martyrologie auf dem jungfräulichen Grund zugelassen wurden, nahm die Martyrologie ihren Anfang.

Sie nahm ihren Anfang auf der Überfahrt. Aneinandergefesselt hockten die künftigen Pioniere Australiens acht bis zehn Monate lang in der stickigen Tiefe des umhergeworfenen Schiffsrumpfes;

hungernd, durstend, schmutzig boten sie dem Skorbut und der Schwindsucht ein widerstandsloses Objekt dar. Wer eines Murrens, eines empörten Wortes verdächtig war, dem zog oder schlug das Schiffstau die Seele aus dem Leib, je nachdem, ob er an den Top oder an den Fuß des Mastes gebunden ward. Ihrer aller, die infolge Krankheit, Entkräftung, Peinigung, Hinrichtung oder Schiffbruch die Überfahrt nicht überstanden, gedenkt man ebensowenig wie derjenigen, die landen konnten und daher Anlaß zum heutigen Gedenktag gaben.

Die Regatta ist in vollem Gange, der menschenvolle Hafen fiebert ihr zu. Für Minuten windet sich ein amerikanischer Dampfer zwischen Ufer und Wasserrennbahn hindurch, wütende Entrüstung schallt aus zehntausend Kehlen gegen den Störer der Aussicht. Die Passagiere des Amerikaners achten nicht auf das Gebrüll, sie schauen auf das Rennen.

Kleine schmale Boote sausen um die Wette. So klein sie sind, nur sechs Meter lang, so enorm ist der Flächeninhalt ihrer Segel. Das Besansegel ist rund gebläht wie ein Ballon, die anderen stehen in winkligen Konstellationen zueinander, die Hälfte der leinenen Dreiecke steckt im Wasser, tief im Wasser steckt der ganze Rumpf des Boots. Nur das Bugspriet sieht man, es gleicht einem Schwertfisch, wie toll jagt es dahin und scheint den Kahn hinter sich herzuziehen.

Schräg liegen die Boote, schräg die Segel. Die Mannschaften, sechs Männer pro Boot, hängen fast außenbords, sie stemmen sich dem Wind entgegen. Dennoch kann jeden Augenblick ein Fahrzeug umkippen, und jeden Augenblick können zwei der Renner zusammenstoßen, man stelle sich das vor.

Man stelle sich aber auch die Segelschiffe vor, die die Sträflinge nach Australien brachten. Begreiflicherweise gab England für den Abtransport einer solch wertlosen Fracht nicht seine seetüchtigsten Fahrzeuge her und nicht seine erprobtesten Kapitäne, und so erlitten verhältnismäßig viele von den alten Kästen auf der langen, stürmischen Fahrt Schiffbruch.

Das jedoch war niemals ein Schiffbruch, wie es andere sind, denn die Gefängnisvorschriften wurden strenger gehandhabt als die Rettungsvorschriften. Die ersteren besagten zum Beispiel, ein Sträflingsschiff dürfe unter keinen Umständen auf seiner Fahrt einen fremden Hafen anlaufen – man befürchtete Aufstand und Flucht oder gar gewaltsame Befreiung. (Das Verbot war während der Französischen Revolution ergangen.)

Demgemäß handelte der Kapitän des Dreimasters „Amphitrite", der mit einer Ladung von 108 weiblichen Sträflingen von England nach Botany Bay unterwegs war. Hart an der französischen Küste, vor Boulogne, riß der Sturm die Masten fort, und ein Teil des Hecks barst, aber kein Hilfesignal wurde gegeben, und das Angebot von Küstenfischern, das Schiff in den Hafen von Boulogne zu lotsen, wurde abgelehnt. Nach sechs Stunden, das Wrack war voll Wasser, befahl der Kapitän, das große Ruderboot auszusetzen, um alle Frauen, nämlich die Gattin des Schiffsarztes und die 108 Sträflinge, an Land zu bringen. Aber Frau Doktor weigerte sich, in solcher Gesellschaft wegzufahren, und da der Kapitän einerseits Boot und zwölf Ruderer nicht wegen einer einzigen Frau ausschicken, andererseits aber nicht die „Verbrecherinnen" retten und die einzige „Nichtverbrecherin" untergehen lassen wollte, zog er den Befehl zurück. Das Boot blieb an Bord, mit der „Amphitrite" versanken der Kapitän und die Besatzung, die 108 Frauen und die sittenstrenge Gemahlin des Arztes, nur drei Mann wurden gerettet.

Als die „George III" im Kanal d'Entrecasteaux in Brüche ging und zu sinken begann, 21. April 1835, hatte sie 220 Sträflinge an Bord, in Käfige eingesperrt. Darin stieg das Wasser, stieg zu ihren Knien, zu ihren Hüften, es stieg zu ihrer Brust, zu ihren Schultern, es stieg bis zu ihrem Mund. Schmiedeeisern waren die Gitter der Käfige, verwehrten die Flucht aus der würgenden Flut. Die Tobsucht! Das Rütteln am Gestänge! Die Rachedrohungen gegen den Kapitän und die Mannschaft, die das Verlies nicht öffneten! Das Gebrüll überschrie den Sturm. Die an den Pumpen und an der Verdichtung des Lecks arbeitende Bemannung befiel panische Angst, nicht vor dem Tod in den Wellen, sondern vor der Rache der Gefangenen. Schon, so hieß es, biegen sich die Stäbe, gleich, so hieß es, werden sie brechen. Wirklich war bereits ein Bunker aufgesprengt. Da gab der Kapitän den Befehl, in die Zellen zu schießen, um die Tobenden von den Gittern zu vertreiben. Die Schüsse krachten, während „George III" in die Tiefe glitt. Eine Partie von sechs aneinandergefesselten Sträflingen wurde lebend von dem vorbeifahrenden Schoner „Luise“ aufgefischt.

Lang ist die Liste der gesunkenen Sträflingsschiffe, „Newa“ mit 315 weiblichen Gefangenen, „Waterloo“ mit 300 männlichen, und so fort. Jedes Schiff geriet mehr als einmal in Gefahr, das gleiche Schicksal zu erleiden, selbst die schwerste Schuld der Fahrgäste wider Willen mußte abgebüßt sein, bevor sie in den Hafen einfuhren, der heute von Farben und Fahnen und wetteifernden Segeln funkelt.

Eben hat ein Rennboot bei der Boje von Bradley's Head ein anderes gerammt, die Zuschauermassen schreien auf, Motorboote schwirren heran, die Mannschaften werden aus dem Wasser gezogen, pudelnaß sind sie und werden keinen Preis bekommen. „Arme Jungs“, seufzt die Menge, Mädchen und Frauen haben Tränen in den Augen über soviel Unglück.

Der Großdampfer „Sussex“ legt auf Circular Quay an, Blumen und Papierschlangen fliegen hinüber, herüber, Hüte werden geschwenkt, Mütter heben ihre Kinder hoch, damit sie den Papa sehen, damit der Papa sie sehe, er kommt aus Europa, alle kommen aus Europa, auch die Sträflinge kamen aus Europa, jedoch niemand begrüßte sie, als sie hier eintrafen.

Was hatte sie hierhergebracht in dieses damals wilde Land, war ihre Schuld so groß, daß man sie selbst am Gedenktag mit schamhaftem Stillschweigen übergeht?

Manche wurden wegen unbezahlter Schulden, wegen Bankrotts oder wegen eines Duells über die stürmischen Meere geschleppt. Viele waren überhaupt nicht gerichtlich verurteilt. Obdachlose, Beschäftigungslose, bei Razzien aufgegriffen oder auf Denunziation hin verhaftet, denen man zwar ihre Schuld nicht nachweisen, die aber auch ihre Unschuld nicht dartun konnten.

Mehr als einer wurde in die Verbannung geschickt, weil er im herrschaftlichen Wald gewildert, vielleicht ein paar Hasen getötet hatte. Heute fressen in Australien 120 Millionen Kaninchen das Weidegras ab, allen Zäunen, Giften, Fallen und Treibjagden zum Hohn – wer ein paar Millionen davon töten würde, wäre kein Verbrecher, sondern ein Wohltäter des Volkes.

Das Verbrechen anderer bestand in Religionsstörung, verübt durch gotteslästerliches Fluchen; wenn das auch vor australischen Gerichten als Verschickungsgrund gelten würde, säße ganz Australien auf einer anderen Insel, vielleicht auf der englischen. Wieder andere hatten das Delikt begangen, Gewerkschaften zu organisieren von der Art jener, die heute ganz Australien umfassen.

Gewiß, es gab unter den Convicts auch solche, die schwere Verbrechen hinter sich hatten, aber auch sie haben das Menschenmögliche getan, um dem Enkel ein warmes Bett zu bereiten. Convicts haben durch Expeditionen in den mörderischen Urwald und über die Felsenriegel neues Land erschlossen, Convicts haben die Wege geebnet, die Kohle entdeckt, die Wälder gerodet, die Felder urbar gemacht, die Städte gebaut, die Schulen gegründet, das erste Museum, die ersten Bücher und die erste Zeitung (die „Sydney Gazette" des Sträflings Georges Howe) geschaffen, sie waren „die menschliche Kraft und der menschliche Geist", die man heute mit so diskreten Worten feiert.

Einer von ihnen, Simeon Lord mit Namen, setzte sich für die Gründung von Spinnereien und Webereien ein, um den Kontinent der Wolle zum Kontinent des Textilwesens zu machen. Dadurch aber hätte das Mutterland mehr oder minder Australien als Rohstofflieferanten und als Abnehmer von Fertigware verloren, und so wurde dem industriellen Eifer des Ex-Sträflings Simeon Lord energisch Halt geboten. In einer Note des englischen Kolonialministeriums an Gouverneur Macquarie, dem einzigen voraussehenden und humanen unter den Vögten Australiens, werden weitere wirtschaftliche Experimente expressis verbis verboten: „Die Besiedlung von Neu-Holland ist in keiner Weise unternommen worden, um territoriale oder kommerzielle Vorteile zu erzielen, sondern das Gebiet muß als Strafstelle, als Aufnahmeplatz für Gesetzesverletzer angesehen werden." Merken Sie sich das, Gouverneur!

Die Regatta ist zu Ende. Während auf dem Regierungsschiff die Preisverteilung vorgenommen wird, streben die Boote der Zuschauer dem Ufer zu, von dort geht es mit Straßenbahn, in Lastautos, in Personenautos und zu Fuß nach Hause. Bei St. James Church müssen wir stoppen, von der Domain her, dem besten Zuschauerplatz für die Regatta, ist eine Kolonne von Zehntausenden auf dem Heimweg. St. James ist die älteste Kirche von

Ozeanien, die Wände in ihrem Innern sind mit Gedenktafeln tapeziert wie Westminster Cathedral in London. Aber hier, in der Westminster Cathedral der südlichen Hemisphäre, sind es Grabsteine für Tote, die kein Grab haben, für Männer, die im Meer, im Busch, in der Steinwüste umkamen, für Seefahrer, Entdecker, Offiziere der Besatzungstruppen. Hier ist das Buch der australischen Inseln und Meere aufgeschlagen, auf seinen marmornen Seiten steht, wenn auch beschönigend, geschrieben, wie sich das Vordringen der Weißen vollzog.

St. James ist ein schönes Bauwerk, der schlanke Turm hebt die Massivität auf, und kraft seiner Schlichtheit, nicht kraft des höheren Alters, verdunkelt der anglikanische St. James die katholische St. Mary, die ihm gegenüber als eine millionenteure Kopie europäischer Dome aufgerichtet ward.

Architekt und Baumeister von St. James Church war ein Sträfling namens Francis Greenway, von ihm stammen die besten Bauten Sydneys, und sogar die Hafenbrücke hat er ein Jahrhundert vor ihrer Inangriffnahme kühn projektiert, er wollte sie an der gleichen Stelle errichten, die hundert Jahre später als die geeignetste ermittelt wurde.

Braucht man erst zu sagen, daß unter den zahllosen Erinnerungstafeln im Dom keine dem Dombaumeister gilt? Er war ja Strafgefangener.

Nur langsam geht im Gedränge der heimströmenden, mit ihren Billy-Teekannen klappernden Ausflügler und Regattagäste unser Weg durch die Innenstadt Sydney vorwärts. Es ist nicht leicht, sich den Tag vorzustellen, dessen Jubiläum heute gefeiert wird, die Zeiten, da hier, wo Wolkenkratzer stehen, nur Buschwald stand, die Zeiten, da hier, wo Verkehrsampeln funkeln, das Auge von Wilden aus dem Dunkeln funkelte, die Zeiten, da hier, wo die Autobusse fahren, Känguruhs hüpften, ihre Jungen im Beutel.

So mag es am 26. Januar 1788 ausgesehen haben. Wie aber schuf man den Dschungel zur Großstadt um, wenn man bei dieser Tätigkeit Fußfesseln trug, Hunger im Bauch und Durst in der Kehle hatte, wie baute man steinerne Häuser, wenn man selbst kein Dach über dem Kopf hatte, sondern am Ufer des Tankstroms schlief, vom Kerkermeister und seinen Hunden umschnüffelt?

Wir haben nach Australien ein ins Französische übersetztes

Memoirenbuch mitgebracht, fast so alt wie Australien, die Ausgabe stammt aus dem Jahr VI der Französischen Revolution. Es sind die Erinnerungen des Meisterdiebs George Barrington, der 1790 zur Deportation nach Botany Bay verurteilt wurde. Auf der Überfahrt verrät er den Plan einer angeblichen Sträflingsrevolte, die von ihm angegebenen Schuldigen werden an dem Fockmast der „Scarborough" aufgehängt, und der Verräter wird belohnt, indem man ihn in Freiheit setzt.

Über diese Affäre gleitet er in seinen Memoiren schnell hinweg, mit um so mehr Phantasie verbreitet er sich über eine übernatürliche Erscheinung: beim Kap der Guten Hoffnung schießt eine Fregatte mit prallen Segeln und Gerippen als Bemannung hoch durch die Luft. Vom Bootsmann der „Scarborough" hört Barrington den Namen: „Der fliegende Holländer".

Dieses Schiff hat der englische Kolportageschriftsteller Kapitän Marryat, nachdem er die Barringtonschen Memoiren gelesen hatte, als gute Prise erklärt und als Roman aufgetakelt. Aus Marryats „Gespensterschiff" machten zuerst Foucher und Dietsch eine Oper und nach ihnen Richard Wagner, glücklich darüber, die ersehnte niederdeutsche Sage vom Meer gefunden zu haben, und nicht ahnend, daß er den Stoff zum „Fliegenden Holländer" einem australischen Sträfling verdanke.

Eigentlich wollten wir weder von Barringtons Überfahrt sprechen noch von seiner Phantasie und deren Wirkung auf Richard Wagners Schaffen, sondern von Barringtons Angaben über die Anfänge der Kolonie. Er hat die Vorfälle chronologisch aufgezeichnet, wirtschaftliche und administrative Fortschritte, Fluchtversuche und Menschenjagd im Dickicht, Spielwut und Trunksucht, romantische Abenteuer mit wilden Buschnegern und liebenden Buschnegerinnen.

Auch Thomas Muir tritt in den Memoiren auf, der schottische Menschenrechtler; Muir flüchtete auf einen Schoner, den George Washington eigens zu Muirs Befreiung nach der Sträflingskolonie gesandt hatte; dem amerikanischen Schiff gelang es, mit Thomas Muir die hohe See zu erreichen, aber auf der Weiterfahrt wurde es von Spaniern gekapert, und die spanische Krone bot der englischen an, ihr den Rebellen gegen Rückgabe dreier spanischer Kriegsschiffe auszuliefern.

Die Barringtonschen Memoiren als Baedeker zu verwenden, mit ihrer Hilfe die Genesis Sydneys erkennen zu wollen ist wochentags ein beschwerliches Beginnen. Am Abend des Gedenktages jedoch, da unser Weg auf Schritt und Tritt von heimkehrenden Gruppen blockiert wird, verschwimmt das Straßenbild von heute mit dem von damals. Hinter den flammenden Fassaden scheint sich dunkles Gestrüpp zu ranken, in dem aneinandergeschmiedete Männer aus dem Schlaf stöhnen. Wankt dort nicht eine Gruppe, eben aus der Haft auf sturmgepeitschter See entlassen, in die Haft auf dem Land? Macht sich nicht dort ein trunkener Matrose am Haus eines Siedlers zu schaffen, dessen Frau als Gefangene herüberkam und auf der Überfahrt als Seemannsliebchen dienen mußte? Weht dort nicht ein Gehängter auf dem Giebel des Gerüstes? Von fern her tönen schrille Schreie, ist das nicht Kriegslärm der Buschmänner?

Nein. Das alles ist vorbei. Sydney ist eine Weltstadt geworden, und Parramatta, der spätere Aufenthaltsort Barringtons, immerhin ein modernes Städtchen. Nach Parramatta, also tiefer ins Land hinein, hatte Gouverneur Phillip seinen Amtssitz während der englisch-französischen Kriege verlegt, weil er eine Überrumpelung durch feindliche Schiffe erwartete. Die kamen nicht, sie fürchteten den Widerstand der starken Männer, mit denen die Kolonie besiedelt war.

Diese starken Männer, die Australien vor dem Versuch einer französischen Okkupation bewahrten, waren die Sträflinge. 27 294 Bewohner zählte die Kolonie am Ende der Napoleonischen Kriege; davon waren vierzig Prozent Sträflinge, fünfundzwanzig Prozent Exsträflinge, dreißig Prozent Frauen und Kinder und nur fünf Prozent freie Siedler und Wächter. Von 1788 bis 1840 wurden jährlich dreitausend englische Strafgefangene an der Küste von Neusüdwales und Queensland ausgebootet, die Transporte nach Tasmanien dauerten bis 1853, nach Westaustralien bis 1868.

Aber die im Weltkrieg nach Europa gezogenen australischen Soldaten nannten sich „Diggers“, um darzutun, daß sie nicht von der ersten Art der Einwanderer, sondern von der zweiten abstammten, nämlich von den Männern, die im Goldrausch der fünfziger Jahre nach Australien trampten und, o Schrecken, größtenteils nicht einmal britischen Geblüts waren. Von denen herzurühren dünkte ihnen ehrenvoller als von den „Convicts".

Selbst heute, am 26. Januar, dem Tag, an dem sie landeten und den jahrelangen Kampf gegen alle Unbill aufnahmen, gedenkt der Enkel der Ahnen nicht, die – nicht sterilisiert und nicht kastriert – das Beste geschaffen haben, was Ahnen schaffen können: eine gute Nachkommenschaft.

SCHWARZ-AUSTRALIEN

Du bist begierig, mein Junge, etwas Wildes zu hören von den Wilden in Australien, ob sie's den Indianern in deinen Büchern gleichtun, ob sie fleißig auf den Kriegspfad gehen, kühn den Tomahawk schwingen, einen Winnetou haben oder einen Häuptling Falkenauge.

Du bist begierig, mein Junge, etwas darüber zu hören, ob es in Australien weiße Trapper gibt wie Old Surehand oder Old Shatterhand oder andere Olds, die gegen schurkische Skalpjäger abenteuerlustig zu Felde ziehen und bei den edlen Stämmen den Rang eines Weißen Bruders erwerben.

Du wirst enttäuscht sein, mein Junge, zu hören, wie es wirklich war und wie es wirklich ist.

Schon das erste Zusammentreffen zwischen Bleichgesicht und Schwarzhaut verlief gar nicht heroisch. Lies, was im Logbuch von Old Cook steht, eingetragen unter dem 28. April 1770:

„Nicht weit von uns sahen wir innerhalb der Bucht vier kleine Kanus; jedes enthielt einen nackten Eingeborenen mit einem Speer, den er zum Fischestechen verwendete. Sei es, daß sie zu beschäftigt waren, sei es wegen des Wellenlärms – die Schwarzen nahmen keine Notiz von der ‚Endeavour', die auf kaum eine Viertelmeile an ihnen vorbeikam."

Das europäische Schiff warf Anker in der Bucht, einem Eingeborenendorf gegenüber.

„Kurz nach ein Uhr dreißig trat eine alte, gleichfalls nackte Negerin mit drei Kindern, Brennholz tragend, aus dem Buschwald. Drei andere kleine Kinder liefen ihnen aus den Hütten entgegen. Während die Frau ein Feuer anmachte, schaute sie manchmal zur ‚Endeavour' herüber, ohne aber irgendeine Überraschung oder Befangenheit auszudrücken. Die vier Männer, die in der Bay gefischt hatten, landeten, zogen ihre Kanus auf das Ufer und nahmen gemeinsam mit der Alten und den Kindern die Mahlzeit ein, allem Anschein nach vollständig unbewegt von der Anwesenheit der ‚Endeavour', deren Segel so nahe knatterten."

Du siehst, mein Junge, die Wilden hielten die Begegnung nicht für wichtig. Aber der Schreiber des Schiffstagebuches ahnte die Dinge wohl, die sich später aus dieser Begegnung ergeben sollten. Hätte er sich sonst mit derartiger Ausführlichkeit über die Ruhe und Interesselosigkeit der Eingeborenen verbreitet? So wie er es tut, wird seit eh und je ein ahnungsloses Opfer vor der Tat geschildert; du hast, mein Junge, zum Beispiel von Ibykus gelernt: mit frommem Schauder tritt er in Poseidons Fichtenhain ein, und munter fördert er die Schritte, da . . .

Aus heiterem Himmel kommt das Verhängnis, dort Timotheus und sein Spießgeselle, hier das Schiff der Weißen. Auf hört das Idyll. Zum erstenmal springt Feuer aus einem Stock über die neue Welt, ein Schrotschuß, abgegeben, „um die Schwarzen zu vertreiben, bevor unsere Landungsboote in die Wurfweite ihrer Speere gelangen".

Im Logbuch ist nichts vermerkt, worauf sich der Verdacht gründete, daß die Schwarzen Speere schleudern wollten. Ja, nicht einmal *nach* dem Schuß hoben sie ihre Speere. Nur einen Stein sollen sie in die Richtung der Boote geworfen haben (wenn's wahr ist), weshalb Cook von neuem zielte und einen Eingeborenen ins Bein traf. Naiv, unerfahren in europäischen Errungenschaften, liefen die schwarzen Männer in ihre Hütten und kamen, lach nicht, mein Junge, jeder mit einem Schild aus Binsen zurück.

„Aus Befürchtung, die Speere könnten vergiftet sein" – verstehst du die Ausrede, mein Junge? –, wurde abermals gegen die Eingeborenen gefeuert, die rannten davon und ließen sich nicht mehr sehen. Europa betrat Australien. Den verlassenen Hütten entnahmen Cooks Leute etwa fünfzig Lanzen mit je vier Zacken aus zugespitztem Fischbein, nur zum Fischestechen geeignet, keinesfalls aber zum Angriff auf Menschen.

Mit der Besiedlung des Erdteils durch Weiße, die achtzehn Jahre später begann, hätte auch die Zivilisierung und Kultivierung der Buschneger beginnen können. Was jedoch wirklich geschah, würde ein Buch füllen, und dieses Buch wäre kein Buch nach deinem Geschmack, mein Junge, kein Buch von heroischen Kämpfen ebenbürtiger Gegner, es wäre nur ein Buch für Erwachsene, die ein Bericht über Massenmorde nicht mehr aufregt.

Nicht aus Blutrünstigkeit wurden die Massenmorde begangen, sondern vor allem deshalb, weil sich der schwarze Mann nicht zum Arbeitssklaven hergab. Du, alter Faulpelz, wirst beifällig darüber schmunzeln, daß er nicht begreifen konnte, warum die Weißhäute schwitzend und stöhnend Steine hackten, Straßen anlegten, den Boden durchpflügten, Schafe schoren oder in Bergwerken gruben, obwohl sich doch so wunderbar ohne all das leben ließ. Mit dem Bumerang kann man Vögel, mit dem Speer Wild und Fische erlegen; um aus der Rinde des Eukalyptusbaumes ein Kanu zu schneiden, genügt der Waggara, das steinerne Beil; eßbare Wurzeln wachsen überall. Wozu also sich abrackern?

Dem weißen Squatter, der mit seiner Herde von Weideplatz zu Weideplatz zog, galten die Urbewohner dieser Gebiete nicht nur als arbeitsscheu und daher wertlos, sie waren ihm lästig. In Unkenntnis des Unterschiedes zwischen wildem und zahmem Getier, ja in Unkenntnis des Eigentumsbegriffes überhaupt, schlachteten sie manchmal eins von den vielen hundert Lämmern für sich.

Um von der Erde, die der Herde ein paar Tage lang Gras geben sollte, die seßhaften Schwarzen zu vertreiben, hatte der weiße Nomade ein einfaches Mittel bei der Hand: das Gewehr. Er schoß nicht blind, er zielte gut und tötete. „Schießt den Schwarzen, wo ihr ihn trefft, trefft den Schwarzen, wenn ihr ihn schießt“, war des Squatters edler Wappenspruch.

Auch andere Gründe gab es für den Abschuß des Schwarzwilds. Höre, mein Junge, zum Beispiel den Vorfall, der in den australischen Geschichtsbüchern das „Frazer Massaker“ heißt.

Zwei auf der Frazer Farm in Hornet Station (Queensland) wohnende weiße Gentlemen ritten an einem Herbsttag 1857 in das nahe Kungarridorf ein, als dessen Männer auf die Jagd ausgezogen waren. Mit Reitpeitschen trieben die beiden Gentlemen die „Lubras“, die schwarzen Frauen, aus den Hütten, wählten zwei Mädchen aus und zwangen sie, vor den Pferden her zu einer Schäferhütte zu laufen, wo sie sie schändeten.

Bei ihrer Heimkehr erfuhren die Kungarrimänner, was sich begeben.

Die Gruppenehe der Australnegerstämme, die „aus der Nähe nicht ganz so grauenvoll aussieht, wie die an Bordellwirtschaft gewohnte Philisterphantasie sich das vorstellt" (Friedrich Engels, „Der Ursprung der Familie"), vertrug ebensowenig wie die Einehe solchen Frevel. Er mußte seine Sühne finden, das geboten Ehre und Gesetz.

In der Nacht drangen die Kungarrimänner in Hornet Station ein, töteten einen der Mädchenschänder, Frau Frazer, deren Kinder sowie den Erzieher. Ein Sohn fiel infolge eines Schlages hin und wurde für tot gehalten; nachdem die Schwarzen verschwunden waren, erwachte er aus seiner Ohnmacht, rannte zum Nachbargut und berichtete von dem Geschehnis.

Aus allen Richtungen eilten nun weiße Rächer herbei, Farmer und Squatter, bis an die Zähne bewaffnet. Sie metzelten die Bewohner des Kungarridorfes nieder, überfielen dann andere Negerlager und knallten ab, was sie an Schwarzen aufspürten, gleichgültig ob Mann oder Frau oder Säugling. „Schießt den Schwarzen, wo ihr ihn trefft." Mit dem Idealismus des Kriegers blieben sie mehr als einen Monat lang von ihren Herden und Farmen fort, um das Rachewerk zu vollenden, und brachten an zweitausend Eingeborene zur Strecke.

Das aber war noch nicht genug. William Frazer, der älteste Sohn der Familie, war bei dem Überfall nicht zu Hause gewesen. Nunmehr erhielt er die obrigkeitliche Erlaubnis, jeden Schwarzen zu töten. Jahrelang, jahrzehntelang durchpirschte er die Urwälder von Mittel-Queensland, lag auf dem Anstand, lugte von den Höhen und schoß Menschen. Später gesellte sich sein jüngerer Bruder zu ihm, der in jener Nacht mit dem Leben davongekommen war, und nun schlachteten sie gemeinsam Schwarze, bewundert von den Weißen ob solcher Pietät und Kindesliebe.

Dreißig Jahre nach dem Vorfall auf Hornet Station erlegten sie eine junge Eingeborene, die Lieblingsdienerin eines Farmers. Der ließ sich das nicht gefallen, er beklagte sich bei den Behörden von Brisbane, des grausamen Spiels endlich genug sein zu lassen.

Das ist das „Frazer Massaker". Es wird so genannt, mein Junge, weil sich schwarze Männer an den Schändern ihrer Frauen gerächt haben. Die daraufhin einsetzende meuchlerische Vernichtung eines Volkes nennt man natürlich nicht Massaker, mein Junge, und auf Seite 142 kannst du im Zitat von Georg Forster nachlesen, was als Massaker gilt und was nicht.

Niemandem wird es einfallen, von einem Massaker in Kilcoy Station zu sprechen, dort kam kein Weißer ums Leben. An der Grenze der meilenweiten Schaffarm Kilcoy Station am Brisbanefluß stand ein Negerdorf; fast täglich kamen dessen Bewohner in die Hütte der zwei weißen Grenzwächter und bettelten um Mehl. Die Weißen wollten einerseits nichts hergeben, andererseits aber fürchteten sie die Feindschaft der schwarzen Nachbarn.

Zur Lösung dieses Dilemmas bedienten sie sich des Arseniks, mit dem die Schaffelle zum Schutz gegen Räude bestreut werden. Sorgfältig mengten die beiden Grenzer das Gift mit Mehl und schenkten den Eingeborenen einen Sack voll. Am Abend des gleichen Tages gellte gräßliches Schreien aus dem Kraal, dann wurde es zum Stöhnen, dann zum Wimmern, und am nächsten Tag lag die ganze Bewohnerschaft in Gestalt von schwarzen verreckten Leichnamen vor den Hütten.

Wenn du begreifst, mein Junge, warum das kein Massaker war, wirst du auch begreifen, wieso bei den Eingeborenenstämmen panische Angst und Abscheu vor dem Europäer bis auf den heutigen Tag nicht ganz verschwunden sind. Um diese unfreundlichen Gefühle auszurotten, versuchte der Europäer, die Träger dieser Gefühle auszurotten.

Du darfst nicht glauben, mein Junge, daß das so leicht war. Der Gouverneur David Arthur ordnete einmal auf der australischen Insel Tasmanien eine Treibjagd gegen die Schwarzen an. Dreitausend Bewaffnete rückten auf sein Geheiß in Schützenketten quer durch das Inselland vor, schossen gegen jedes Geraschel im Gestrüpp, durchsuchten Erdlöcher, brannten Wälder nieder. Dauer der Expedition: volle sieben Wochen. Kostenpunkt der Expedition: 35 000 Pfund. Und willst du wissen, mein Junge, wieviel Eingeborene in diesen sieben Wochen von den dreitausend Bewaffneten für 35 000 Pfund zur Strecke gebracht wurden? Eine Frau und ein kleiner Junge. So geschickt wußten die Buschmänner sich zu verbergen.

Auf die Dauer half ihnen ihre Schlauheit nicht, nach und nach wurden sie doch erwischt und kaputtgemacht. Alle, hörst du, mein Junge, alle Eingeborenen Tasmaniens wurden vom Erdboden vertilgt. Die Letzten ihres Stammes kannst du, wenn du einmal nach Sydney kommst, sehen. Dort sind sie in einer Familiengruppe lebensgroß plastisch nachgebildet, Vater, Mutter und Kind, ähnlich wie man bei uns vorsintflutliche Ungeheuer rekonstruiert.

Andere Andenken an die Schwarzen oder, wenn du willst, an die Weißen gibt es in den Queensländer Museen, zum Beispiel Messinghalsbänder für gezähmte Wilde, jedes mit dem Namen des Trägers und der Farm versehen, deren Eigentum er war. Da hast du die Antwort, mein Junge, auf deine Frage, ob es unter den Wilden Freunde des weißen Mannes gab. Ja, es gab solche, und sie waren durch ein Hundehalsband kenntlich gemacht.

Das australische Festland ist zu groß (fast so groß wie Europa ohne Spanien), als daß es gelungen wäre, auch hier die Eingeborenen bis zum letzten Mann auszumerzen. Bei Beginn der Zivilisierung Australiens zählte die schwarze Bevölkerung mehr als 500000 Köpfe. Heute, nach anderthalb Jahrhunderten Kulturherrschaft, sind nur noch 60000 übrig, zu denen du 20000 Halbblütige addieren kannst. Sämtliche nach Australien importierten Lebewesen, seien es weiße Männer oder Schafe oder Kaninchen oder Kakteen, haben sich millionenfach vermehrt — das Volk jedoch, das sich von der Urzeit an bis zum achtzehnten Jahrhundert hier fruchtbar fortgepflanzt hatte, ist seit dem Ende des achtzehnten Jahrhunderts dezimiert. Und dieses Wort „dezimiert" bedeutet hier nicht: um ein Zehntel verringert, sondern: *auf* ein Zehntel verringert.

Soweit sie noch in Stammesgemeinschaft leben und der Urwaldbusch sie umschließt, stehen sie deinen Indianern, mein Junge, im Spurenlesen und Fährtenfinden nicht nach. Ihr Auge erzählt ihnen, daß vor drei Tagen jemand seinen Weg durch das Dickicht nahm, ihr Ohr unterscheidet Mensch von Tier am leisesten, fernsten Tritt, ihre Nase meldet ein längst verglommenes Lagerfeuer. Aber so schlank und edel und schön wie deine Indianer sehen die Australneger nicht aus. Ihre ausladenden Nasenflügel und die Nasenlöcher, die sich nach außen und vorne verbreitern, widersprechen dem europäischen Schönheitsbegriff. Und da ihre Augenbrauen auf hohe Wülste gebettet sind, wirken die tief graubraunen Männer wie Teufel im Bilderbuch.

Die in den Städten wohnen, haben in Konjunkturzeiten als Tagelöhner, Gärtner, Kutscher und auch in Fabriken gearbeitet, bei

Anbruch der Krise fielen ihr des Landes erste Bewohner als erste zum Opfer. Die städtischen Schwarzen tragen europäische Kleidung, wenn es auch zumeist mehr Lumpen als Kleider sind; sie sprechen Englisch, wenn es auch kein besonders gutes Englisch ist; sie haben den christlichen Glauben angenommen, wenn sie auch sehen, daß die Christenmenschen nicht als Christenmenschen handeln; sie üben keinen Ahnenkult mehr aus, wenn sie auch ihre Ahnen nicht schlankweg verleugnen, wie gewisse Weißaustralier es tun; sie sind eine reinblütige Urrasse, wenn sie auch davon nichts wissen, geschweige denn sich darauf etwas einbilden.

An den Ausflugsorten, nahe den großen Städten, hausieren Eingeborene mit Bumerangs, mit zugespitzten bunten Muscheln, mit Ansichtskarten, auf denen sie in einer zwecks Photographie angelegten Festbemalung photographiert sind. Auch Bull-roarer verkaufen sie, ein fischförmig geschnitztes, an einer Faser befestigtes Holzstück, das, über dem Kopf geschwungen, einen langen, unheimlich heulenden Ton von sich gibt. Der rief einst die toten Ahnen herbei, warnte die Stammesgenossen weithin vor Gefahr und diente auch dazu, den Vogel aus dem Gestrüpp aufzuscheuchen. Flog er schlaftrunken und entsetzt auf, dann traf ihn der Bumerang wie ein Blitz.

Junge, Junge, was ist doch der Bumerang für ein erstaunliches Instrument! Obwohl um tausend Jahre älter als Schiffsschraube und Flugzeugpropeller oder gar Hubschrauber, kann er ehrenvoll neben ihnen bestehen, wie sie bahnt er sich in unausgesetzter Drehung seinen Weg, trennt dem Vogel oder dem Opossum das Köpfchen vom Hals und kehrt, als wäre nichts geschehen, in des Schützen Hand zurück.

Als erster hat uns der Eingeborene Hughie Nobel auf den Dünen hinter dem Sydneyer Vorort Laperouse die Fertigkeit gezeigt, die er ererbt von seinen Vätern hat und erworben, um sie wieder zu besitzen. Wir bewunderten ihn, als er den Bumerang warf, und ahnten nicht, welche Künste wir später im Queensländer Busch dem gekrümmten Stück Holz entlockt sehen würden: Dort nimmt der Eingeborene, nachdem er seinen Bumerang geschleudert hat, eine Lanze in die Hand, das Wurfholz kehrt wieder und setzt auf des Speeres Spitze seine Drehung fort, wie ein Teller auf dem Stab eines Jongleurs.

Was aber Hughie Nobel anbelangt, so ist er dem Stamm der Murumbidgi entsprossen und trägt ein verblaßtes grünrot gestreiftes Dreßhemd, denn in seinen besseren Tagen war er Auswahlspieler der allaustralischen Rugby-Liga. Er war einer von den wenigen schwarzaustralischen Soldaten im Weltkrieg und hat sich dort Medaillen erworben. Seit Weißaustralien über die Schwarzaustralier hereingebrochen ist, brachten sie Leistungen von Bedeutung nur dort hervor, wo man sie zuließ.

Heutigentags schämt sich der Weißaustralier der Grausamkeit seiner Ahnen, sofern er davon weiß, und bringt den „Abos" (Abkürzung für „aboriginals", das heißt Eingeborene) Sympathie entgegen, eine zu nichts verpflichtende, sentimentale Sympathie. Nachsichtig lächeln weiße Gentlemen über die Gesten des schwarzen Bettlers oder Baumblatt-Straßenmusikanten, der mit ausgestreckter Hand zuerst auf den Anzubettelnden und dann auf sich zeigt, sie werfen ihrem schwarzen Trockenwohner einen Penny hin, etwa so, wie sie im Zoo den drolligen kleinen Koalabären, den letzten einer gleichfalls fast ausgerotteten Rasse, einige Nüsse hinwerfen.

Du verstehst ja noch nicht viel von Politik, mein Junge, aber immerhin wirst du wissen, daß die Geschicke der Staaten von Interessengruppen gelenkt werden, daß die wirtschaftlich mächtigsten Klassen regieren und daß man in der Staatspolitik auf Dinge wie Logik und Gerechtigkeit keine Rücksicht nimmt. Wenn du das weißt, mein Junge, wirst du es rührend naiv finden, daß die machtlosen Schwarzen eine Abordnung zum Innenminister geschickt haben mit der Bitte, ihnen eine Vertretung im Parlament zu gewähren.

In ähnlichen Illusionen befangen ist Frau Anna Morgan, trotz ihrer weißen Großmutter eine Eingeborene, die in ihrem sechzigjährigen Leben alle Schrecken des gehetzten Schwarzwilds einschließlich der erniedrigenden Behandlung im Mission-Camp erlebt hat. Frau Morgan tritt vor Angehörigen der großen weißen Mehrheit für die Rechte der kleinen schwarzen Minderheit ein, und überall erweckt sie Wohlwollen – ganz bestimmt würden der Innenminister und das Auditorium von Frau Morgan mit nicht minderer Sympathie zuhören, wenn ihnen die Koalabären ihre Forderungen vortrügen.

Als aber am zweiten Jahrestag des Berliner Reichstagsbrandes Eingeborene im Zuge der weißen Arbeiter Melbournes schritten, um für internationale Solidarität zu manifestieren, fand das keine allgemein freundliche Aufnahme. Im Gegenteil. Ein derart unwürdiger Mißbrauch der armen schwarzen Burschen, schrien die Konservativen aller Schattierungen, dürfe sich nie mehr wiederholen.

So war es denn nicht nur zum erstenmal, daß schwarze Arbeiter an einer politischen Kundgebung teilnahmen, sondern auch zum erstenmal, daß der weiße Bürger aufrief, die armen schwarzen Burschen künftighin vor solchem Mißbrauch zu schützen.

Vor wirklichem Mißbrauch kann nicht einmal das Eingeborenenschutzamt die Eingeborenen schützen. Wohl unterhält es im äußersten Norden Australiens Reservationsgebiete, wo die Stämme ungestört unter sich bleiben sollen. Aber Missionare kommen hin und wollen sie, um Christi willen, von den Urwaldfesten, Stammessitten und Kriegsbemalungen abbringen, und Filmgesellschaften kommen hin, um sie zur Vorführung von Urwaldfesten, Stammessitten und Kriegsbemalungen zu veranlassen. „Bora“, die geheime Zeremonie der Beschneidung, und „Korrobori“, das heilige Fest der Vollmondnacht, an dem kein Mitglied des Bruderstammes, ja nicht einmal die Frauen des eigenen Stammes teilnehmen dürfen, werden nun bei Tages- oder Jupiterlicht von Weißen gefilmt. Zwecklos und ohne Not erklingen vor dem Mikrophon die Alarmsignale der Jagd und der Gefahr, der dumpf-heulende Ton des Bull-roarer sowie der mit dem Mund ausgestoßene gellende Hilfeschrei „Kujiii“.

Keineswegs läßt man die Stämme in den Camps so ungestört, daß man sie nicht unter weißer Bewachung und unter weißer Gerichtsbarkeit hielte. Stell dir einmal vor, mein Junge, wie Winnetou sich vor einem mit Perücke geschmückten Bleichgesicht von Richter ausnähme – er würde sich immerhin weniger kläglich ausnehmen als die armen Buschneger Australiens. Zwar soll das Gericht ihre Stammesregeln berücksichtigen, aber für den weißen Richter bleibt jede Übertretung der weißen Gesetze ein Verbrechen, und für den schwarzen Angeklagten bedeutet jede Kerkerstrafe den Tod. Der freie Sohn des Buschs geht binnen Jahresfrist in der Haft unweigerlich zugrunde. Versucht er zu flüchten, dann wird seine Strafzeit verlängert, und von allen weißen Moralbegriffen begreift er am allerwenigsten, daß es strafbar sein kann, das Selbstverständliche zu tun und nach dem Schönsten zu streben: nach Freiheit.

Auch die Todesstrafe gegen die Schwarzen steht im Norden Australiens im Schwange, wenngleich Richter Wells in Darwin nach Verhängung eines Todesurteils erklärte: „Es macht uns kein Vergnügen, Eingeborene aufzuhängen, aber wir können ihnen doch auch keinen Freibrief ausstellen. Und Kerkerstrafen überstehen sie nicht ..."

Selbstverständlich kann man ihnen keinen solchen Freibrief ausstellen, wie man ihn dem William Frazer gegen sie ausgestellt hat. Aber wollen sie denn einen Freibrief? Sie wollen mit ihren Lubras und ihren Milla-Millas, mit ihren Frauen und Kindern in Frieden leben, doch man läßt sie nicht in Frieden leben.

Gerade als wir in Australien angekommen waren, erregte der Mordprozeß gegen den Abo Tuckiar Aufsehen und Diskussion. Tuckiar aus Woodah Island im Golf von Carpentaria hatte den Konstabler McGoll getötet, der ihm die Frau weggenommen. Solche Entführung oder Verführung berechtigte einst auch in Europa zum Totschlag am Entführer oder Verführer, in Paris pflegen die Geschworenen noch heutzutage die „Rächer ihrer Familienehre" freizusprechen. In Australien bleibt dem Schwarzen kaum ein anderer Weg als der des Selbstschutzes, weil er ja gar nicht weiß, wie und bei wem er Klage führen könnte.

Richter Wells in Darwin, der gleiche, der Todesurteile verhängt, ohne daß sie ihm Vergnügen machen, sah die Sache anders. Er sah nur einen Schwarzen, der einen Weißen, einen Vertreter der Obrigkeit, getötet hatte. Die Tatsache, daß Tuckiar vom Konstabler McGoll in seiner Ehre getroffen worden war, zog der Richter mildernd in Betracht, fällte aber dennoch das Urteil: Tod durch den Strang. Welches strengere Urteil er gefällt hätte, wenn der mildernde Umstand nicht gewesen wäre, sagte Richter Wells nicht.

Auf Betreiben verschiedener Organisationen, die die Auffassungen des Richters Wells nicht teilen und überhaupt gegen das Hängen von Eingeborenen sind, kam der Fall Tuckiar zur Berufungsverhandlung vor den Obersten Gerichtshof von Australien; dieser erklärte den Milderungsgrund als Grund für einen Freispruch und legte dem Gericht von Darwin auf, Tuckiar nach seiner Heimatinsel im Carpentaria-Golf zurückzubringen.

Der Freispruch erfloß unten im fernen Süden, der in der Negerfrage so tolerant denkt wie in den Vereinigten Staaten von Amerika der Norden. Im Norden aber schäumte die Polizei, das sei geradezu ein Freibrief für die Schwarzen, jeden Weißen umzubringen. (Verschluckter Nachsatz: „... sofern ihnen dieser das Familienleben zerstört.") Noch nach Hause begleiten sollen wir diesen Mörder unseres Kollegen? Uns vor seinem Stamm lächerlich machen? Sollen wir auf diesem gefährlichen Weg unser Leben riskieren?

Um Tuckiar zu verhaften und nach Darwin zu schleppen, war ihnen der Weg nicht so gefährlich erschienen. Hier, mein Junge, hast du eine Meldung des „Sydney Morning Herald", lies selbst, wie der Fall Tuckiar aus der Welt geschafft wurde:

„Aus Darwin wird telegrafiert, daß der wegen Mordes verurteilte und vom Obersten Gericht freigesprochene Eingeborene Tuckiar gestern verschwunden ist. Er hatte seine Freiheit erhalten (sic!), indem man ihn aus dem Fanny-Bay-Gefängnis in das Compound brachte, darin Eingeborene mit ihren Familien konzentriert sind. Er flüchtete während eines tropischen Gewitters, das jedermann in die Hütten trieb. Der Lageraufseher, Mister Samut, durchsuchte sofort die Hütten und fand die Hose, welche Tukkiar bei seiner Entlassung aus dem Gefängnis erhalten hatte; er ist also nackt entflohen. Wenn er in die Hände der Eingeborenen von Caledon Bay fällt, die mit seinem Stamm auf Kriegsfuß stehen, wird es ihm schlimm ergehen."

Und nun kommen die beiden letzten und wichtigsten Sätze des Berichtes:

„Durch diesen Ausgang ist für die Polizei ein schweres Problem gelöst, denn sie hätte die Aufgabe gehabt, Tuckiar zu seinem Stamm zurückzubringen. Ein Versuch, den Entflohenen zu finden, wird nicht unternommen werden."

Du siehst, mein Junge, die „schweren Probleme" lösen sich manchmal ganz leicht. Allerdings, das schwere Problem der australischen Urbevölkerung wird erst gelöst werden, wenn der Schwarze nicht mehr Entsetzen vor der Gesellschaft der Weißen empfinden muß.

STRÄFLINGSINSEL AUSSER DIENST

Andererseits muß zugegeben werden, daß das erste, was dem aus Europa Einfahrenden im Hafen von Sydney gezeigt wurde, die Felseninsel Pinchgut war.

Nun sollte freilich einmal, in grauer Vorzeit, die Insel Pinchgut jedem Neuankömmling vor allem anderen auffallen und ihn warnen, heutzutage aber würde es ein richtiger Sydneyer übelnehmen, daß man einem Fremden im Hafen zuerst Pinchgut zeigt. Nur Bill Sumner, der Kustos der Insel, würde in allen Vokalen darüber lachen. Bill Sumner jedoch lacht über alles in dieser komischen Welt, und sein Lachen ist also nicht maßgebend.

Um die Freunde des Einfahrenden nicht dem Vorwurf eines mangelnden Lokalpatriotismus auszusetzen, sei erläuternd hinzugefügt, wieso sie ihm die vermaledeite Insel Pinchgut wiesen statt der gebenedeiten Hafenbrücke.

Tief unten im Schiffsrumpf lag er unbeweglich zu Bett, als sein Schiff in Sydney landete, seine Besucher ankamen. Australia harrte seiner, wie eine Odaliske ihres verbotenen Geliebten harrt, und der, nicht achtend der körperlichen Leiden, die er sich auf dem unerlaubten Wege zu ihr zugezogen, zitterte ihr entgegen in ungeduldiger, sinnlicher Gegenliebe. Doch auch heute standen Haremswächter vor der Pforte und kreischten: „Eintritt verboten! Zurück, woher du gekommen!"

Von Sehnsucht verzehrt, seufzte der Abgewiesene: „Nur einen Blick laßt mich auf sie werfen, auf Australia, nur einen einzigen Blick, bevor ich scheiden muß."

Einen Blick – selbst das war nicht leicht. „Kann man die Hafenbrücke durchs Bullauge sehen, o Freunde?" fragte er.

„Leider nicht", wurde ihm erwidert, „leider läßt sich nur Pinchgut erkennen, eine kleine Insel, die . . ."

„Pinchgut Island?" unterbrach er, „das muß ich sehen." Freundeshände hoben ihn aus dem Bett. Die auf dem Kajütengang postierten Polizeimänner gerieten in Bewegung, sie argwöhnten, hier werde eine Entführung in den Serail versucht, und rollten ihr Auge, das Auge der Bullen, obwohl es sich nur um einen Blick aus dem Bullauge handelte.

Der Fremde schaut auf das Meer hinaus, wochenlang hatte er es geschaut und nichts als es, aber nach einigen aussichtslosen Tagen in der Koje ist es wieder eine Abwechslung, um so mehr, wenn es sich als ein Garten vor Häusern und Villen darbietet; Windhauch bewegt den blauen Rasen, die Sonnenstrahlen sind betaute Blumen, die Brandung sieht aus wie eine Fliederhecke.

„Die Insel da rechts, siehst du sie? Das ist Pinchgut."

Rechts, mitten im flüssigen Garten, steht ein steinerner Altan mit einem Turm. Getröstet läßt sich der Fremde ins Bett zurücktragen, etwas vom Sydneyer Hafen ist ihm also doch zu Gesicht gekommen, er hat die kriminal-historische Insel mit seinen Augen geknipst.

Später, als er sich auf dem Festland frei bewegen durfte, ruderte er nach Pinchgut hinüber und wurde an Ort und Stelle von Bill Sumner in Empfang genommen, der als Herr über die sonst unbewohnte Insel eingesetzt ist. Er ist froh, von ihr erzählen zu können, und lacht dabei, daß Felsen und Rundturm dröhnen, lacht in allen Vokalen, manchmal sogar in Umlauten.

„Wenn einer in der Sträflingskolonie ein Verbrechen beging, so wurde er hierhergebracht, was sollte denn ein Verbrecher sonst begehen als Verbrechen, hahaha", erklärt Bill Sumner. „Meist ging es um Rum, hehehe, um Rum rauften sie sich, bestahlen und ermordeten und verrieten sie einander, hihihi. Dann kamen sie nach Pinchgut, und hier gab's keinen Rum, hohoho."

Bill Sumners Angaben decken sich mit der Strafstatistik, Rum war das einzige Genußmittel in der beginnenden Kolonie, Rum war das hauptsächliche Motiv der dort verübten Delikte, und dem Rum galt das Lied der Convicts:

„Cut yer name across my backbone
Stretch me skin across yer drum
Iron me up on Pinchgut Island
From now to Kingdom Come

I'll eat yer Norfolk Dumpling
Like a juicy Spanish plum
Even dance the Newgate Hornpipe
If ye'll only gimme rum!"

In freier deutscher Nachdichtung:

„Peitsch deinen Namen auf mein Steißbein,
Nütz mein Fell zum Trommelschlag,
Mach in Pinchgut aus mir Eisbein,
Laß mich dort zum Jüngsten Tag;
Will mich deines Mehlpapps freuen,
Als ob's Pfirsichkuchen wär,
Will des Seilers Tochter freien,
Gibst du Rum nur, Rum mir her."

Rum war die Valuta; Arbeit, Ehefrauen, Wettgewinne wurden in Rum gerechnet. Für Mitteilungen über unaufgeklärte Verbrechen schrieb die Polizei Prämien in Rum aus, und den Kopflohn auf entflohene Sträflinge ebenso. Um die versprochenen fünf Gallonen Rum zu verdienen, die auf die Einbringung des entsprungenen amerikanischen Negersträflings Cesar ausgesetzt waren, hetzten ihn seine besten Freunde aus dem Sträflingsstand wochenlang (zu diesem Behufe waren sie ihrer Ketten entledigt und mit Gewehren versehen worden) und brachten ihn zur Strecke. Als sie den Ehrensold exzedierend versoffen, wurden sie mit Kerker und Peitsche gestraft.

Die Justiz verstand keinen Spaß mit Alkoholikern, am allerwenigsten Seine Ehren, Oberster Richter Atkins, obwohl er für sich selbst kein Antialkoholiker war. Gouverneur Bligh charakterisierte ihn in seinem Bericht so: „Atkins kann ebensowenig als Richter wie als nüchtern angesprochen werden, er fällt Todesurteile im Zustand von Volltrunkenheit."

Todesstrafe oder Freiheitsstrafe wurden auf Pinchgut Island vollstreckt. Am 11. Februar 1788, also vierzehn Tage nach Ankunft des ersten Gefangenenschubs in Botany Bay, wurden die beiden ersten Gerichtsurteile gefällt: ein Sträfling erhielt wegen Gewalttätigkeit 150 Peitschenhiebe und der zweite – er stand im Verdacht, Schiffszwieback gestohlen zu haben – eine Woche

Haft, „auf der kleinen Felseninsel gegenüber dem Lagerplatz, bei Wasser und Brot abzubüßen“. Daher der Name „Pinchgut“, „Magenknurren“.

„Hier oben wurde die Fahne gehißt“, Bill Sumner deutet auf irgendeine Ecke des Felsenrands, „die Menschenfahne, huhuhu.“

Er ist prägnant, der Ausdruck Bill Sumners, „die Menschenfahne, huhuhu“. Ein Mensch, geknüpft an einen Pflock, wehte als Hoheitszeichen über der Kolonie. Die Hand- und Fußschellen und die sie verbindende Kette wurden dem Delinquenten bei seiner Hinrichtung nicht abgenommen, auch dann nicht, als er schon blau und tot war, keine Fluchtgefahr mehr bestand. Und wenn das Fleisch verweste und Wogen und Gestade verstänkerte, wurden die Ketten mit Stricken an dem Gerippe festgebunden, auf daß es, bewegt vom Wind, seine Warnung weiterklirre. So lange hing der Armesünder, sich selbst sein Armesünderglöckchen läutend, bis man einen anderen an seine Stelle zog.

Auf die Dauer büßte der permanente Galgenbehang an Wirksamkeit ein. Nur das erste der abschreckenden Beispiele, ein Küfer namens Jeffries Morgan, hier gehißt, weil er wegen einer Pinte Rum jemanden erschlagen hatte, konnte seinen hohen Platz elf Monate lang behaupten; seine Nachfolger wechselten eine Zeitlang so rasch, daß zum Anbinden der Fußschellen an das trockene Gebein keine Notwendigkeit vorlag. Fast jede Woche wurde auf Pinchguts Flaggenstock eine neue Fahne hochgezogen, einmal sogar sechs irische Gefangene gleichzeitig. Dafür wurde einer, ein gewisser Joseph B. Samuels, an drei verschiedenen Septembertagen des Jahres 1803 gehängt, denn jedesmal riß der Strick, und man mußte vom Festland einen neuen holen.

Die vom Galgen Delogierten wurden in das blaue, flüssige Rasenbeet geworfen, darauf die Sonnenstrahlen heute und damals wie betaute Blumen funkelten. In diesem Garten warteten Haifische auf die Fütterung. Gab es kein Menschenfleisch, so fütterte man sie mit Pferdefleisch, um ihnen beizubringen, daß es für sie rings um das Magenknurr-Eiland niemals Magenknurren gäbe; sie sollten immer hier sein.

„Die Haifische waren gute Wächter“, erklärt Bill Sumner, „die haben jeden Flüchtling erwischt, und zwar ziemlich unsanft, hohoho.“

Das war einmal. Pinchgut Island heißt offiziell Fort Denison und hat Form und Inhalt verändert. In den sechziger Jahren wurde es dazu ausersehen, eine von den fünf Hafenschutzbatterien aufzunehmen, und man machte es um einen Kopf kürzer, damit es den Schiffsgeschützen des Feindes nicht so leicht als Zielscheibe dienen könne. Kaum aber waren die Felsen bis zum Hafenniveau abgesprengt, offenbarte sich, daß man Auslug und Ausschuß und einen die Bucht dominierenden Platz für die Kanonen brauche. Deshalb baute man einen Rundturm, siebzehn Meter hoch, höher, als die Riffe gewesen waren, und womöglich ebenso massiv wie sie.

Geschütze lauern mit aufgesperrtem Rachen in diesem Turm auf ihr Opfer. Die Pinchguter Haie hatten mehr Glück als die Pinchguter Kanonen, denen hat noch niemals ein Opfer gewinkt, kein Feind geriet je nach Sydney.

Das stört die dreizehn Zweiunddreißigpfünder und zwei Vierzigpfünder vom Woolwich Arsenal, England, nicht in ihrer Wachsamkeit. Haarscharf richten sie sich gegen das Felsentor der Hafenbucht, ladebereit hält sich das Geschoßmaterial an ihrer Seite, geduldig warten Waffenfett, Maschinenöl und Ladestöcke auf ihre Stunde. Nur die Festungsartilleristen fehlen, die Zitadelle ist – um Gottes willen, wir verraten doch damit kein Kriegsgeheimnis? – ohne Besatzung.

Der einzige Mann auf der Insel, der in allen Vokalen lachende Bill Sumner, hält das Fort mitsamt der Bestückung instand, und er ist es, der schießt. „Jawohl, ich schieße jeden Tag, hühühü."

Zwar schießt er nicht aus den großen Feuerschlünden, aber immerhin aus einem Mörser. Er schießt die Mittagsstunde, wozu ihm das Observatorium von Millers Point durch Abwerfen eines Balles das optische Signal gibt.

„Das Mikrophon da hat noch weniger Sinn als die Vierzigpfünder und Zweiunddreißigpfünder im Turm, höhöhö", sagt Bill Sumner, „das ist hier vergessen worden."

Vor ein paar Jahren versuchte der Sydneyer Sender seinen Hörern den Mittagsschuß von Pinchgut zu übertragen – mußte der nicht eindringlich, donnernd, schlagkräftig wirken? Fehlgeschossen. Er hörte sich wie ein wackliger Prall an; manche witzelten, er klinge wie Magenknurren, manche wiederum bezweifelten, daß es der Schuß von Pinchgut sei, und behaupteten, es sei ein einfacher Trommelschlag aus dem Senderaum. Seit diesem Mißerfolg bedient sich der Rundfunk eines im Senderaum abgegebenen einfachen Trommelschlags, und der dröhnt viel kanonenschußhafter als der Kanonenschuß von Pinchgut.

Für Bill Sumner ist das sehr angenehm, denn anstatt die Mittagsstundensekunde per Radio zu senden, kann er sie jetzt per Radio empfangen. Wenn es neblig ist und er befürchten muß, den Ball vom Observatorium nicht fallen zu sehen, schnallt sich seine Frau in der Wohnung den Kopfhörer um; beim Trommelschlag des Radios haut sie mit dem Schöpflöffel auf eine zinnerne Teekanne, und der Gatte an der Festungsmauer feuert. „Das ist zwar um eine Sekunde zu spät, dafür aber kam ich neulich um zwei ganze Minuten zu früh. Meine Frau ist mit dem Teekessel hingefallen, hahaha, ich schoß ab, und ganz Sydney stellte die Uhr danach, hehehe."

Ob es bemerkt wurde, weiß Bill Sumner nicht, aber er lacht sich tot bei dem Gedanken, es könnte sich jemand beschwert haben, daß die Rundfunkstation ihren „Schuß" um zwei Minuten zu spät lieferte, nämlich zwei Minuten nach dem von Pinchgut.

Bill Sumner möchte uns noch seine Seismographen und seine Gezeitenmesser zeigen, sicherlich weiß er auch darüber Heiteres zu erzählen, vielleicht wie er wegen seiner Frau ein Erdbeben in Chile gemeldet habe, wir wollen aber lieber die Andenken an die kriminalistische Vergangenheit seines Inselreiches sehen.

Gewiß, auch damit kann er dienen. „Hier die Zisterne haben die Convicts in den Felsen gehackt, hier an den Wänden der Munitionslager sehen Sie Monogramme der Convicts, dort oben stand der Galgen, hahaha, hier ist die Stelle, wohin man die Convicts aus der ganzen Kolonie schleppte, um sie mit der neunschwänzigen Katze auf den nackten Leib zu schlagen, bis die Haut platzte, hehehe, von dieser Klippe da warf man den Gehenkten ins Meer, wenn man die Schlinge für einen neuen Hals brauchte, hihihi, und deshalb gibt's hier noch heute mehr Haifische als sonstwo im Hafen, hohoho, aber sie kriegen kein Futter mehr, jetzt knurrt *ihnen* der Magen, huhuhu."

Damit sei's genug. Abschied von der Insel und ihrem Hüter. Bill Sumner steht schmunzelnd am Ufer. „Kommen Sie bald wieder her aus Europa, Pinchgut ist doch ein komisches Plätzchen, nicht wahr, hahaha?"

Ein komisches Plätzchen, wahrhaftig, Bill Sumner, hahaha.

Die Ruder setzen ein, das Boot ist schon im freien Wasser, ein „Auf Wiedersehen" ist noch hörbar, das darauffolgende Lachen verklingt.

Kaum, denkt der Davonfahrende, kaum sehen wir uns wieder. Es ist nichts mehr los auf Pinchgut Island, die Erinnerung an die grausame Zeit ist nicht einmal imstande, dem Kustos die gute Laune zu trüben, die Andenken, die er zeigt, sind keine echten. Als das Eiland militarisiert und kanonisiert wurde, gab es keine Verschickungen aus England mehr, und wenn Sträflinge den Keller in den Basaltgrund und ihre Initialen in die Steinwände hackten, so waren es einheimische, normale Sträflinge und nicht verschleppte Objekte der Willkür und Ausbeutung. Der Felsen, von dessen Gipfel der Galgen den einfahrenden Schiffen winkte, ist längst gesprengt, und die Haie haben im Laufe der letzten achtzig Jahre wohl schon gemerkt, daß bei Pinchgut Island kein Abendbrot mehr serviert wird.

Auch was das Auspeitschen betrifft, ist Bill Sumners Erzählung vom genius loci getrübt, die Prügelstrafe wurde nicht bloß auf Pinchgut praktiziert, sondern auf dem ganzen Festland ringsumher.

Bei der Urbarmachung des Terrains von Toongabble und am Verfassungshügel wurden die Convicts mit Peitschenhieben so angetrieben, daß binnen drei Monaten ihrer dreihundert (nach einer anderen Angabe achthundert) starben. Allabendlich sammelte man die Toten, Schwerverwundete schmiß man lebend mit in die Grube. Auf jeden, der schlapp machte, sauste erbarmungslos die Knute nieder, Schläge gegen Wehrlose, und wieder Schläge, Exzesse der Roheit und des Sadismus – achtzehntes und neunzehntes Jahrhundert kennen keine schlimmeren Greuel, erst im zwanzigsten Jahrhundert brachen die Nazis diesen Rekord.

In der Zeit des Frühkapitalismus sprach man den Sinn dieser Zwangsarbeit und Marterungen offen aus. Als die australischen

Demokraten, Arbeiter und Emancipists, das heißt freigewordene Sträflinge, den Verschickungen nach Australien ein Ende machen wollten und die Anti-Transportation-League ins Leben riefen, protestierten die Unternehmer ohne jede nationale oder soziale Phrase gegen solche Versuche, den Import unentgeltlicher und willenloser Arbeitskräfte einzustellen: „Wir verwahren uns entschieden dagegen, daß man aus Gründen der Humanität unser Einkommen beschränken will."

Zutodeprügeln, Hängen, Hungernlassen waren die substantivisch gebrauchten Zeitwörter, mit denen die Sklavenhalter die Rationalisierung der Arbeit durchführten. Kein Wunder, daß der Sträfling nur an ein einziges substantivisch gebrauchtes Verbum dachte: Flüchten. Für die in Pinchgut Inhaftierten war der sie umzingelnde Haifischschwarm nicht das Schlimmste, mit einem Messer in der Hand hofften sie, sich der Raubfische zu erwehren, bis zu Millers Point schwimmen und von dort den Busch erreichen zu können.

Der Busch, in dem man sich verirren, in dem man verhungern und verdursten oder von wilden Hunden zerfleischt werden konnte – von Pinchgut aus gesehen erschien er als Garten Eden. Wiederholt brachen Gruppen von Sträflingen gemeinsam aus und irrten so lange nahrungslos durch den Urwald, bis sie einen der Ihren töteten, um ihn aufzufressen. Dann kam der nächste dran und wieder der nächste. Jeder belauerte angstbebend die Gefährten, ob nicht er es sei, der heute nacht geschlachtet werden solle, keiner wagte zu schlafen. Ein Sträfling aus Tasmanien, sein Name Gabbet ist überliefert, fand bei einer solchen Massenflucht Geschmack an Menschenfleisch; freiwillig kehrte er in die Haft zurück und bewog weitere Mitgefangene zu einem Ausbruch, um auch sie unterwegs zu verzehren.

Nur wenn ein Flüchtling zu den Eingeborenen stieß, konnte er den Toden des Dschungels entgehen. Die ersten weißen Siedler von Port Phillip, dem heutigen Melbourne, trafen bei ihrer Landung im Jahre 1834 einen weißen Mann, den Ex-Sträfling Buckley, der seit dem Ende des vorhergegangenen Jahrhunderts zufrieden unter den Buschnegern lebte. Auch im Nordosten Australiens fanden die neuankommenden Sträflinge schon einen alten vor. Der, Thomas Pamphlet mit Namen, hatte Queensland allerdings nicht auf der Flucht entdeckt, sondern war als Freigewordener bei einem Zedernholztransport hier gestrandet, und die Schwarzen hatten ihn als Gleichen unter Gleichen aufgenommen, eine Naivität, die Bill Sumner sicherlich ein lautes Hehehe entlocken würde.

DER KONTINENT DER GEWERKSCHAFTEN

1934

Die Melbourner Gewerkschaften besitzen einen Palast mit Atrium und Giebel und Säulen und Freitreppe und Rampe, vergleichbar den Parlamenten in europäischen Hauptstädten. Zu den heraldischen Tieren gehören in Australien auch Känguruh und Emu, und sie fehlen nicht in den Basreliefs des Gebäudes.

So wie dieses Gewerkschaftshaus dasteht, entspricht es durchaus der Vorstellung derjenigen, die Australien das Arbeiterparadies nennen hörten; noch mehr ähnlicher Beinamen führte Australien, es war der „verwirklichte Zukunftsstaat", der „Kontinent der höchsten Arbeitslöhne", das „Land der sozialen Wunder". Generationen von Reformisten wiesen mit erhobenem Zeigefinger auf diesen Erdteil hin: blickt nach Australien, Arbeiter, es geht auch ohne Revolution . . .

Empfinden die Kumpels, die da die Freitreppe des Melbourner Palazzos emporsteigen, Besitzerfreude, Besitzerstolz? Sie kommen, um nach Arbeit zu fragen, und kriegen keine.

1888

Weit weniger imposant ist die Trades Hall von Sydney. In Goulburn Street gelegen, ziemlich nah von den Docks und Industriebezirken, stammt sie noch aus alten Zeiten. Aber schon als sie gebaut wurde, standen die Gewerkschaftsführer bei Behörden und Gesellschaft in Ansehen und waren auch stolz darauf.

Wieso wir das wissen? Bevor wir das erstemal das Sydneyer Gewerkschaftshaus betraten, mußten wir, da unsere Achselhöhlen vom Druck der Krücken schmerzten, vor dem Tor ein wenig verschnaufen und lasen bei dieser Gelegenheit auf einer Marmorplatte, daß der Grundstein gelegt wurde im Beisein Seiner Exzellenz des Recht Ehrenfesten Barons Carrington, Lord-Gouverneur und K. C. M. G. (?) im Januar 1888.

Auch die Gedenktafeln des Stiegenhauses sind nicht von Pappe; sie rühmen nicht nur jene Gewerkschaftsmitglieder, die im Weltkrieg fielen, sondern alle, die gekämpft hatten, heldenhaft gekämpft, wie wir erfahren.

So rasch wir konnten, strebten wir von diesen Meilensteinen auf dem Weg gewerkschaftlicher Entwicklung hinweg, die Treppe empor.

1934

130 000 Arbeiter von Sydney und Umkreis haben in dieser Trades Hall ihr gewerkschaftliches Zentrum. Oberste Instanz ist der hundertköpfige Gewerkschaftsrat, der Labor Council; die achtundzwanzig Mitglieder seiner Exekutive amtieren im Haus, ferner das Arbitration Department, dessen Funktionäre als Rechtsvertreter der Arbeiter vor dem Schlichtungsgericht erscheinen, die Unfallentschädigungsabteilung und das Untersuchungsbüro, das sich mit Fragen der Hygiene und Unfallverhütung, mit vergleichenden Informationen und mit dem Ablegen eingelangter Zeitungen befaßt.

Außerdem waltet hier die Leitung der Radiostation 2 KY, die täglich von dreiviertel sieben Uhr abends bis elf Uhr nachts fünfmalhunderttausend Arbeiterhörern das sendet, was zu senden sie für ihre Sendung hält: Berichte über Kricket, Pferderennen, Fußball (Tennis weniger) und Schwimmen, Musikstücke, Tagesnachrichten, ernste und heitere Vorträge, Inserate. Gelegentlich auch etwas politische Übersicht.

In der Trades Hall haben die einzelnen Fachverbände ihre Büros, Bauarbeiter, Drucker, Nahrungsmittelarbeiter, Bekleidungsarbeiter, Metallarbeiter, Holzarbeiter, Stadt- und Gemeindearbeiter, Transportarbeiter des Wassers, Transportarbeiter des Festlands, Angestellte, Zuckerbäcker (die seltsamerweise Konfektionäre heißen), „Miscellaneous", meist ungelernte Arbeiter, sowie die Pastoral Workers. Was die Pastoral Workers, die bei der Schafzucht Beschäftigten, anbelangt, so genießt neben ihrem Büro auch die Redaktion ihrer Zeitschrift „The Bushworker" im Sydneyer Gewerkschaftshaus Gastfreundschaft, obwohl sie, ebenso wie der mächtige Bergarbeiterverband, kommunistisch orientiert sind; „Pastoral Workers' Union" erfaßt nur eine kleine

Minderheit aus der Masse der Landarbeiterschaft, das Gros der Säer und Mäher, der Hirten und Scherer ist in der A. W. U. organisiert.

A. W. U. bedeutet „Australian Workers' Union", aber fast jedermann, A. W. U.-Mitglieder nicht ausgeschlossen, beeilt sich zu versichern, die drei Buchstaben bedeuten Australia's Worst Union – Australiens ärgste Gewerkschaft. Sie gehört nicht dem Labor Council an, weil sie sich selbst für einen Bund von Gewerkschaften, eine Gewerkschaftszentrale hält.

Die A. W. U. besitzt eigene Gebäude in allen Städten, sie steht weiter rechts als die anderen Gewerkschaften, ist die älteste Arbeitervereinigung, ihr entstammten die ersten Garnituren der Labor-Regierungen, sie übt heute noch den entscheidenden Einfluß auf die Labor Party aus.

1934/35

Mit Dankbarkeit gedenken wir der australischen Trade Unions. Sie unterstützten die Massenbewegung gegen die behördliche Verfolgung der Antikriegsdelegierten und erlegten wiederholt die gerichtliche Kaution. Wir haben in den Trades Halls, es gibt in jeder Industriestadt eine, vor den Funktionären über den Plan des Generals Schleicher (Gewerkschaften plus Reichswehr) und über die bis in die Hitlerherrschaft hinein, bis zum 1. Mai 1933 gehegten Illusionen der deutschen Gewerkschaftsführer Vorträge gehalten; die Fragen und Diskussionen bewiesen eine antifaschistische Einstellung aller. Dennoch zeigten sie sich immer so „friedfertig und liberal", wie Lenin schon 1913 die australischen Gewerkschaftsbeamten bezeichnet hatte; teils privat, teils aus „Who's who in Labor", darin sie alljährlich ihre Lebensläufe veröffentlichen, lernten wir ihre „Hobbies", ihre Steckenpferde, kennen: Fußballzuschauen, Briefmarkensammeln, Pferderennenwetten, Radiohören, Fischen oder Gartenbau.

„Wäre eine Labor-Regierung im Commonwealth am Ruder", sagten sie immer wieder, „dann hätte Ihnen das alles nicht geschehen können."

Und wenn es doch geschehen wäre?

„Dann hätte eben die Regierung ihre Gründe gehabt."

Als der Termin der Abgeordnetenwahlen heranrückte und die Labor Party von der Bewegung gegen Krieg und Faschismus einen Stimmenzuwachs für die Kommunisten befürchtete, gründete sie eilig ein eigenes antifaschistisches Komitee.

1935

Eines Tages trafen wir in der Sydneyer Trades Hall eine Anzahl von Funktionären lachend beisammen; sie gaben einem Reporter des konservativen „Sydney Morning Herald" Details zu einer satirischen Notiz.

J. B. King, ein Australier, war in Moskau Stoßbrigadler geworden. „Dieser J. B. King", erklärten sie uns, „hat während des Krieges mit einer Gruppe der I. W. W. hier die passive Resistenz propagiert, das Langsamarbeiten, Wenigerarbeiten in den Betrieben empfohlen. Und jetzt ist er Stoßbrigadler! Man muß der Sache möglichst viel Publizität geben. Unsere Leute sollen sehen, wie man in Rußland die Arbeitszeit verlängert. Sogar dem Apostel des Langsamarbeitens haben sie das Schnellarbeiten beigebracht. Gibt's etwas Komischeres?"

Es gab etwas Komischeres, nämlich uns, die wir die Sache überhaupt nicht komisch fanden. Unseren Argumenten wurde mit dem Gegenargument begegnet: „Auch jeder Privatunternehmer arbeitet für die Gemeinschaft, für Australien, für die Arbeiter. Je mehr Waren erzeugt werden, desto billiger sind sie doch."

Im Verlauf der Debatte trat allerdings zutage, daß australischer Zucker in London um die Hälfte billiger ist als in Australien, daß ein Pfund australischer Butter in London nur zehn Pence, in Australien aber achtzehn Pence kostet, daß Brot aus australischem Weizen, Anzüge aus australischer Wolle in Australien teurer sind als in England.

Aber daran sei nur die verdammte Zollpolitik dieser verdammten Regierung schuld. Und an der Arbeitslosigkeit und daran, daß der Arbeiter, auch wenn er noch Arbeit hat, auf keinen grünen Zweig komme, sei auch nur die verdammte Regierung schuld. „Sie dürfen nicht europäische Verhältnisse mit australischen vergleichen", sagten die, die die russischen Verhältnisse den australischen gleichgesetzt hatten.

Unsere Antworten schienen bloß bei einem einzigen auf Verständnis zu stoßen, bei dem Reporter der konservativen Zeitung. Wenigstens brachte er am nächsten Tag eine ziemlich objektive Notiz über J. B. Kings „Wandlung".

Mit solchen Eindrücken über Gewerkschaftsbeamte ist aber noch keineswegs erklärt, wieso Australien seinen Ruf als Arbeiterparadies erwarb, wieso es wirklich jahrelang einen Lohnrekord hielt, und wieso es schließlich auf dem Kontinent der Gewerkschaften zum gleichen Lohnsturz und zur gleichen Arbeitslosigkeit kam wie in Europa.

1835

Unter den Männern, die England in der ersten Hälfte des 19. Jahrhunderts dem Bagno Australiens preisgab, befanden sich die sechs Tolpuddle-Märtyrer. Sie hatten 1833 in Dorset (England) nach den Prinzipien Robert Owens die erste Gewerkschaft gegründet und eine Erhöhung der Landarbeiterlöhne von sieben auf zehn Schilling per Woche gefordert und wurden deshalb deportiert.

In Australien hielt man sie getrennt voneinander und von den anderen Gefangenen. Einer der Tolpuddler, Hammet, wurde an einen Farmer im Busch, 400 Meilen von Sydney entfernt, als Sklave verkauft, ein anderer, George Lovelles, an ein Gestüt. Der lungenkranke James Lovelles arbeitete in Ketten auf einem Bau. Vater und Sohn Standfield lagen wegen eines Verstoßes gegen die Sträflingsvorschriften monatelang in einem feuchten Verlies bei Brot und Wasser, in Finsternis und ohne Decke; krank, frierend und halbverhungert wurden sie schließlich, gefesselt an eine Gruppe anderer schwindsüchtiger Gefangener, nach dem australischen Kohlenbecken Newcastle transportiert. Dem sechsten, James Brine, waren Kleider und Geld gestohlen worden, und ein halbes Jahr lang mußte er halbnackt und barfuß Pfosten in harten Grund einrammen; um bei der Arbeit besser stehen zu können, band er sich zwei rostige Hufeisen an die nackten Fersen.

Aufklärungs- und Propagandaarbeit konnten die sechs Tolpuddle-Märtyrer unter diesen Umständen nicht leisten, aber als sie bereits nach drei Jahren freigelassen wurden und sich zur

Rückkehr einschifften, begriff jedermann in der Kolonie, daß sich etwas noch nicht Dagewesenes begeben hatte: die Machthaber Englands waren zurückgewichen vor der englischen Arbeiterschaft, die Londoner Demonstrationen von 50 000, die Protesterklärungen von 500 000 hatten ihren Klassengenossen die Freiheit erfochten.

In der jungen isolierten Kolonie wirkte sich dieser Sieg der Arbeitersolidarität noch stärker aus als im Mutterland, wo den sozialen Bewegungen eine in der Unterwerfung von „Meutereien" erfahrene Regierung und ein mächtiges Unternehmertum gegenüberstanden. Der Organisationsgedanke ward geboren.

Der australische Arbeiter, ob freigewordener Sträfling oder freiwillig Eingewanderter, kannte nur einen Konkurrenten: den noch nicht freigewordenen Sträfling. Um diese unfreiwillig lohndrückerische Konkurrenz zu beseitigen, schlossen sich die australischen Arbeiter der Liga gegen die Sträflingsverschickung an, und nach jahrzehntelangen Kämpfen hörte das barbarische Zuchthaus Australien auf, ein Zuchthaus zu sein – ein Beweis mehr für die Tatsache, daß die Interessen der arbeitenden Klasse mit denen der Menschheit identisch sind.

Noch war der Sträflingsinvasion nicht Halt geboten, als von England aus ein neuer Anschlag gegen die australische Arbeiterschaft versucht wurde, ein System der Kolonisierung nach dem Plan von Edward Gibbon Wakefield; die Bodenpreise in Australien und Neuseeland sollten von Staats wegen willkürlich und bedeutend hinaufgeschraubt werden, damit der Arbeiter seine Lohnstelle nicht verlassen, sich nicht allzuschnell auf freiem Grund ansiedeln könne, wie es bisher viele getan. Vom Erlös der verteuerten Grundstücke sollten „Habenichtse aus Europa" in die Kolonien geschickt und dadurch ein stetiges Reservoir von „hinreichender relativer Arbeiterübervölkerung" unterhalten werden.

Mit zynischer Offenheit sprach Wakefield aus, was die bürgerlichen Nationalökonomen bisher verbissen geleugnet hatten: daß ein an seinen Arbeitsplatz gefesseltes, ausbeutungsfähiges Proletariat für den Kapitalismus notwendig ist und daß dort, wo es nicht vorhanden, durch Gesetzesmaßnahmen ein im Wortsinn bodenloses Elend künstlich geschaffen werden müsse im Interesse des Nationalreichtums.

„Sein (des Kapitals) apologetischer Panzer zerbröckelt hier Stück für Stück, wie mürber Zunder", schreibt Karl Marx im „Kapital", wo er mit dieser Theorie der systematischen Kolonisation und mit Wakefield, ihrem Schöpfer, abrechnet.

Die Ideen Wakefields zur Expropriation von Volksmassen erlangten Gesetzeskraft, unbeschadet der Tatsache, daß ihr Autor seinen kriminellen Charakter auch im privaten Leben dargetan hatte und deshalb ins Zuchthaus gekommen war. Aber keineswegs zählte Wakefield zu den Unglücklichen, die man nach Australien verschickte, er war überhaupt nicht in Australien gewesen und war auch nicht von bemitleidenswerter Art. Er hatte im Londoner Kerker Newgate gesessen, weil er nächtliche Überfälle und Entführungen reicher Erbinnen zu seinem Beruf zu machen versucht hatte – schade, daß Marx diese Vorstufe der Wakefieldschen Bereicherungstheorie nicht kannte, dieses Detail über den Retter des Kapitalismus, über den Gesetzgeber und Staatengründer.

Die Festredner, die in Adelaide bei der Jahrhundertfeier des Staates Südaustralien E. G. Wakefield als Pater Patriae verherrlichen werden, würden gut tun, sich vorher eine vergilbte Broschüre zu verschaffen des Titels: „The Trial of Edward Gibbon Wakefield, William Wakefield and Frances Wakefield, London 1827". Oder eigentlich würden sie nicht gut daran tun, sich diese Broschüre zu verschaffen.

Wakefield, ein Meisterschelm der Propaganda, hat sogar den Herzog von Wellington, den Bezwinger Napoleons, bezwungen. Wakefield versprach dem alt und tattrig gewordenen Waterloo-Sieger, die Hauptstadt einer neuen Kolonie nach ihm zu nennen, falls er die Projekte der Wakefieldschen Schiebergesellschaft „South Australian Company" vor dem britischen Oberhaus unterstützen werde. Der Eiserne Herzog unterstützte eisern, Wakefield bekam die Konzession, und Neuseelands Hauptstadt wurde Wellington getauft.

In den bereits besiedelten Teilen Australiens wirkte sich die Wakefieldsche Theorie so aus, daß London die australischen Gouverneure anwies, die Grundstückspreise hochzuschrauben, an Kapitalisten aber den Grund billiger oder unentgeltlich abzugeben. Nur des Arbeiters Freizügigkeit sollte aufgehoben sein und sein Lohn überdies durch Menschenzuschub aus England gedrückt werden.

Kein Protest der damals noch unorganisierten Arbeiterschaft hätte etwas genützt, wenn ihr nicht zwei Momente zu Hilfe gekommen wären. Erstens fiel es den Squattern, den nomadisierenden Schafherdenbesitzern, gar nicht ein, irgendwelchen Käufern von Grundstücken den Platz zu räumen. Das zweite Moment war die um die Jahrhundertmitte erfolgte Entdeckung der Goldfelder. Wollte der Arbeiter die Fabrik oder die Farm seines Herrn verlassen, brauchte er kein Grundstück mehr sein eigen zu nennen. Er hatte es näher zum Gold von Bendigo und Ballarat als die Scharen der Goldsucher aus Übersee.

Niemand kaufte jetzt Ackergrund, geschweige denn den verteuerten. Sang- und klanglos wurde die Wakefieldsche Kolonisationstheorie begraben. In kürzerer Zeit, als die Periode der Sträflingsarbeit, die Periode der Sklaverei beendet war, war die Periode der Leibeigenschaft beendet.

1850

Fahren wir hinauf nach Ballarat! Dieses Wegs kamen in den fünfziger Jahren zweimalhunderttausend Menschen, aus allen Heimaten ausgestoßen durch graue Not, hierhergezogen durch goldene Hoffnung.

Wohl keiner dachte unterwegs daran, dort oben auf dem Bakery Hill von Ballarat eine Rebellenfahne zu hissen, sich mit Arbeitskameraden dem Militär zu einer Schlacht zu stellen. Dennoch geschah es. Die Rebellenfahne wurde hernach zur Fahne Allaustraliens; aus dem Schlachtfeld erhob sich Allaustraliens Demokratie, und nur der Anlaß ist verwischt, verlästert, verkleinert, totgeschwiegen, vergessen. Fahren wir hinauf nach Ballarat, zu suchen, ob sich nicht ein Andenken an die Kämpfe findet.

Eine australische Provinzstadt wie viele, hügelig ansteigend. Häuser mit Veranden. Parks und Gärten sind eingesäumt von Quarzstücken, die Gartenwege auch; im Quarz schimmern goldene Strähnen. „New Chum's Gold", ein Pyrit, den die neuankommenden Goldgräber für Gold hielten. Dem größten im Bezirk gefundenen Goldklumpen ist ein Denkmal aufgerichtet zur

Nacheiferung für andere Goldklumpen: wachset wie dieser und lasset euch finden.

In der breiten Sturt Street, mehr Platz als Straße, gilt ein Monument einem Mann in Kniehosen, Perücke und Talar; auf dem Sockel steht zu lesen, daß er „Sprecher des Gesetzgebenden Rats" war und Peter Lalor hieß. Peter Lalor wurde in der Tat Sprecher des Gesetzgebenden Rats; in der Tat, das heißt, während der Tat hatte er anders ausgesehen, er trug Schaftstiefel, ein rotes Hemd und eine Flinte, mit der er seine Genossen und sich gegen den uniformierten Feind verteidigte.

Unmittelbar nach der Tat lag er mit zerschossenem Arm im Heuschober, an jeder Mauerwand klebte der Steckbrief gegen ihn, zweihundert Pfund Belohnung für tot oder lebendig, jedoch niemand wollte sich den Kopflohn verdienen. Als bald darauf die Forderungen der Werktätigen erkämpft waren, wurde Peter Lalor ihr Repräsentant, auch in Kniehosen, Perücke und Talar ein ganzer Mann.

Wir fahren durch Main Street, eine weiße staubige Straße mit Zahnlücken, armselig und still. Lang, lang ist's her, seit sie die Main Street des Geldausgebens war, Singspielhallen, konzessionierte Spielklubs, konzessionierte Bordelle, Pfandleihen und Wirtshäuser Platz gefunden hatten in der Main Street von Ballarat, lang, lang ist's her.

Fahren wir hinauf auf den Bakery-Hügel. Der Goldgräber, dem hier das erste Digging gehörte, hatte wohl gehofft, eines Tages den Jubelruf des Archimedes auszustoßen: „Heureka – ich hab's gefunden!", und hatte es „Eureka" genannt. Jetzt ist es ein Kinderspielplatz mit einem Obelisk: „Zum ehrenvollen Gedenken an die heldenhaften Pioniere, die auf dieser heiligen Stelle für die Sache der Freiheit gefallen sind, und an die Soldaten, die starben, weil sie dem Ruf der Pflicht gehorchten ..."

Helden und Schergen, Kämpfer und Henker sind auf die gleiche Stufe gestellt.

Ebendieselbe Gerechtigkeit für beide Parteien der Eureka Stockade waltet in der Kunstgalerie von Ballarat. Neben der St.-Andreas-Fahne der Rebellen ist der Säbel des Kapitäns Wise placiert, der den Angriff auf die Aufständischen befehligt hat. Ein Bild der Schlacht ist solchermaßen in das Dunkel unter der

Treppe gehängt, daß sich von der Malerei auch dann nichts erkennen ließe, wenn ihre Farben weniger verblaßt wären.

„Gibt es sonst keine Andenken an die Eureka Stockade?"

Der Museumsdiener hat läuten gehört, ein Lehrer Spailfodschl habe einiges darüber gesammelt. Wo aber der Lehrer Spailfodschl wohnt, weiß der Diener nicht, wir müssen an anderen Stellen forschen, bevor wir herauskriegen, daß er sich Spielvogel schreibt und in North Ballarat wohnt, 10 Exeter Street, und als wir endlich in Exeter Street anlangen, ist der Spielvogel ausgeflogen. Wir warten, er kommt schließlich, läßt das Abendbrot stehen und seine Frau schimpfen, fährt mit uns nach East Ballarat zurück und sperrt im verlassenen Gemeindehaus ein Zimmer auf, darin eine Sammlung ist, ein noch nicht eröffnetes Museum.

Da haben wir alles. Die Goldgräberlizenzen. Die Aufrufe. Die Steckbriefe. Berichte und Bilder aus der Zeit. Statistiken. 23 334 263 Unzen Gold im Wert von 82 Millionen Pfund Sterling waren von 1851 bis 1860 gefunden worden. Der größte Teil am Anfang, als bloß eine Handvoll Diggers da war. Das war das fette Jahr. Dann kamen die lärmenden Jahre, Main Streets große Zeit. Und dann ging's bergab. Immer weniger Gold und immer mehr Menschen.

Die Obrigkeit heischte ihren Anteil von jedem, von dem Steinreichen genausoviel wie von dem, dessen Aug aus hungerhohler Wange vergeblich nach einem Stäubchen Gold Ausschau hielt. 800 000 Pfund Sterling wurden auf diese Weise jährlich an direkter Steuer aus den Diggers herausgepreßt, während die übrige Bevölkerung des neuen Staates Victoria, einschließlich der Merino- und Weizenfürsten, der Grundstücksspekulanten und Bankiers, nur 20 000 Pfund zahlte. Wer von den Goldgräbern mit der Lizenzgebühr im Rückstand war, wurde eingekerkert und ausgepeitscht; wer vor solcher Strafe flüchtete, dem brannten Gendarmen die Hütte nieder, sofern er eine besaß.

1854

Rundum im Bezirk schlossen sich Goldgräber zur Abwehr zusammen. Gewerkschaftliche und politische Forderungen wurden besprochen, die Ballarat Reform League gegründet.

Im Gesetzgebenden Rat der Kolonie Victoria thronten zehn vom Gouverneur ernannte Mitglieder und zehn Latifundienbesitzer, gewählt von ihresgleichen, deren Stimmenzahl sich nach der Steuerklasse richtete. Die Ballarat Reform League forderte allgemeines Wahlrecht, „ein Mann, eine Stimme" – „one bloody man, one bloody vote", wie es bald auf gut australisch in ganz Australien hieß. Statt der starren Monatsabgabe von je dreißig Schilling verlangten die Goldgräber eine Besteuerung nach der Menge des geförderten Goldes, sie verbrannten korporativ ihre Lizenzen, schworen in großen Meetings einen Eid des kämpferischen Zusammenhalts und hißten eine republikanische Fahne, fünf Silbersterne auf firmamentblauem Grund, das Kreuz des Südens.

Mit allen Mitteln versuchte der Gouverneur diese Bewegung einzudämmen, und seine Helfer waren die Kneipenbesitzer, meist tasmanische Exsträflinge. (Nach Tasmanien waren Sträflinge verschickt worden, wenn sie auf dem australischen Festland neue Verbrechen begangen hatten.) In Ballarat betätigten sie sich als Spitzel und Provokateure. 1854, im Oktober, schoß einer von ihnen, der Wirt Bently, den Goldgräber Scobie meuchlings nieder; prompt sprach das Gericht den Mörder frei. Die Erregung der Goldgräber entlud sich in einem Exzeß, bei dem das Haus Bentlys in Flammen aufging.

Gegrüßter Anlaß zum Einschreiten der Obrigkeit. Sie verbot alle Versammlungen, ordnete eine Sperrstunde an, kein Licht durfte abends brennen, wahre Treibjagden und Massenverhaftungen wurden unternommen. Half alles nichts. Am 1. Dezember, dem Monatsersten, an dem jeder seine Lizenzgebühr abführen sollte, führte sie fast keiner ab.

Gouverneur Sir Charles Hotham in Melbourne beschloß, mit dem Aufruhr in den Diggings Schluß zu machen, und zwar so, daß den Australiern ein für allemal die Lust vergehen sollte, von Wahlrecht und Demokratie und sozialen Forderungen zu schwätzen. 1200 Soldaten vom 12. und 40. Regiment, vier Feldgeschütze, zehn Munitionswagen wurden nach Ballarat abgefertigt.

Die Diggers organisierten gemeinsame Gegenwehr. Auf dem Claim „Eureka" traten sie zusammen. Waffen wurden ausgegeben, Kugeln gegossen; Peter Lalor, ein Ire, Fritz Vern, ein Deutscher aus Hannover, Black, ein Engländer, und Carboni Raffaelo, ein Italiener, unterwiesen im Gebrauch von Pulver und Blei. Um nicht von einer Kavallerieattacke niedergeritten zu werden, umzäunten die Diggers ihren Lagerplatz mit einer Hürde aus Latten, einer „Stockade".

In der Nacht auf Sonntag, den 3. Dezember 1854, stürmte das Militär die Eureka Stockade, aus der verzweifelter Widerstand geleistet wurde. Bis zum Morgen währte die Schlacht. Sterbende und Tote auf beiden Seiten der Hürde, Sieg auf der Seite der militärischen Übermacht. Gefangene wurden abgeführt, Steckbriefe gegen die Flüchtigen erlassen, offizielle Berichte über „Greuel" und Brandstiftungspläne der Goldgräber veröffentlicht, und ein Prozeß mit exemplarischen Strafen sollte folgen.

Der Prozeß folgte, aber mit den exemplarischen Strafen wurde es nichts, es kam zu Freisprüchen. Denn wie ein Mann standen die Werktätigen zu den Angeklagten, die Reform League hörte auf, ein Lokalverband vom Ballarater Goldfeld zu sein, sie wurde eine allaustralische Organisation. Das allgemeine Wahlrecht wurde erkämpft, die Steckbriefe dienten als Wahlplakate, und die Führer der Eureka Stockade zogen als Abgeordnete ins neue Parlament ein.

Bis 1860

Ein Jahrzehnt lang war Goldstaub die Währung. Die Nachfrage nach Gewerbeprodukten konnte durch die englische Einfuhr allein nicht befriedigt werden, überall erstanden Werkstätten, Transportwege, Magazine. Die Unternehmer mußten anständige Löhne zahlen, sonst wäre die Belegschaft in den Golddistrikt abgewandert, aber gleichzeitig zogen sie Bataillone von Arbeitern und Angestellten aus Übersee heran, um einen Lohnabbau durchführen zu können.

Zur Abwehr gegen Verdrängung und Lohndrückerei gründeten die Arbeiter die ersten Gewerkschaften: 1850 Zusammenschluß der Steinmetzen, 1852 Gründung eines Mechanikerfachvereins, 1854 Zimmerleute, 1861 Kohlenarbeiter. In Sydney setzten die Bauarbeiter mehrerer Betriebe schon 1855 den Achtstundentag durch.

Plötzlich versiegte der Goldstrom, die Kaufkraft fiel, und nur die industrielle Reservearmee vermehrte sich. Sie vermehrte sich um die Diggers, die mit leeren Händen in die Städte strömten, um die Neuankömmlinge, die Klumpen puren Goldes vom Wege aufklauben wollten und nun erfuhren, daß schon alles aufgeklaubt sei, und um die Chinesen, die von Agenten ins neue Gelobte Land geschleppt und von Schafzüchtern und Werkstättenbesitzern, hauptsächlich Großtischlereien, partienweise gekauft wurden. Ein erbitterter Ansturm auf jeden Arbeitsplatz setzte ein, die Löhne sausten zur Tiefstgrenze hinab, und die Arbeitszeit schnellte zur Höchstgrenze empor, auch für Frauen und Kinder.

Anstatt für eine allgemein gültige Festsetzung von Löhnen und Arbeitsbedingungen zu kämpfen, griffen die ersten australischen Gewerkschaftsführer am Punkt des geringsten Widerstandes an. Punkt des geringsten Widerstandes waren die Chinesen. Das Vorspiel zur Weißaustralienpolitik begann. Sie besteht in der Fernhaltung gelber Arbeiter, aber beileibe nicht etwa derjenigen, die man im politischen Sinn Gelbe nennt, sondern der physisch Gelben. Infolge der Weißaustralienpolitik zählt Australien zu sechsundneunzig Prozent weißhäutige, britisch geborene Einwohner, und darauf sind die Labor-Leader ebenso stolz wie die bürgerlichen Nationalisten. Als wäre nicht zum Beispiel Nordamerika unbestrittenes Herrschaftsgebiet der Weißen, obwohl sich die vor zweihundert Jahren massenhaft importierten Neger weit stärker vermehrt haben als die Weißen.

Die Chinesen, die schon im Lande waren, eröffneten Wäschereien und wandten sich der Gemüsezucht zu, viele zogen über den Wendekreis des Steinbocks nordwärts, in heiße Landesteile, in die sich der Europäer aus Angst vor Einöde, vor Muskelerschlaffung, Kindersterblichkeit und Tropenkoller nicht gern vorwagte. Hätte man die Einwanderung der Chinesen nicht abgebunden, dann wären in Australiens Tropen Baumwolle, mehr Zuckerrohr und Reis angebaut und der unterbevölkerte Erdteil bevölkert worden mit Menschen, die nicht den anderen die Nahrung wegessen, sondern Nahrung und Waren schaffen.

Die ausgesperrten Chinesen wurden von den Besitzern der

Queensländer Zuckerrohrplantagen durch Kanaken von den Südseeinseln ersetzt. Auch das wurde ihnen verboten, aber zur Entschädigung bekamen sie eine staatliche Subvention von sechs Schilling je Tonne Zuckerrohr. Zu zahlen hatte sie der Konsument, der weiße Arbeiter, der mit dieser Politik geschützt werden sollte, geschützt werden sollte durch nationale statt durch soziale Maßnahmen, durch Rassenpolitik statt durch Klassenpolitik.

Australien kann füglich als „Raum ohne Volk" bezeichnet werden. Es ist fast ebenso groß wie Europa (8 Millionen Quadratkilometer, Europa 9 ½ Millionen Quadratkilometer), aber während Europa 462 Millionen Einwohner zählt, zählt Australien nur 6 ½ Millionen, die Bevölkerungsziffer von Bayern. Ohne grundlegende Änderung der heutigen Verhältnisse könnte Australien nach Berechnung bürgerlicher Gelehrter die vierfache Menschenzahl beherbergen. Für wie viele Lebensraum und Lebensmöglichkeit geschaffen werden könnte, wenn man die Ordnung grundlegend ändern, Kollektivwirtschaft und Planwirtschaft ohne privaten Profit, Irrigation, Kanalbau, Mechanisierung des Ackerbaus, Zentralisierung der Schafzucht und Industrialisierung des Erdteils durchführen würde, läßt sich kaum abschätzen. Alle Arbeitslosen der Welt fänden in Australien Platz einschließlich sämtlicher abzubauenden Armeen.

1870 bis 1890

Trotz Fernhaltung und Abschiebung der Chinesen besserten sich die Arbeitsverhältnisse für die Weißen nicht. 1874 durfte die Arbeitsdauer für Kinder und Frauen achtundvierzig Stunden pro Woche nicht überschreiten, das war Gesetz. Für die Arbeitszeit der Männer gab es kein Gesetz. Nur in den größeren Betrieben, deren Belegschaften gewerkschaftlich zusammengeschlossen waren, wurde der Achtstundentag eingehalten. Unorganisierte arbeiteten bis zu achtzehn Stunden am Tag, zu Hungerlöhnen, in unhygienischen Werkstätten und an lebensgefährdenden Maschinen; häufig genug bestand die Belegschaft aus unbezahlten oder gar zahlenden Lehrlingen, Kaufläden waren Tag und Nacht geöffnet, Pauperismus und Prostitution schossen empor.

Auf dem flachen Land ging es nicht anders zu. Die Scherer,

oft aus einer Entfernung von mehreren hundert Meilen auf der Schafstation ankommend, mußten bekleidet auf Brettern schlafen, die schmal und für den großgewachsenen australischen Menschenschlag viel zu kurz waren; kein Stroh, keine Matratze. Tagsüber diente der Schlafraum als „shed", das heißt, es wurde darin geschoren. Bei der Arbeit atmeten die Männer unter dem Blechdach den Gestank der vor Angst schwitzenden, urinierenden und exkrementierenden Lämmer und den Staub der Vliese ein. Die Mahlzeiten mußten die Scherer vom Eigentümer der Station beziehen, der dabei nicht schlecht profitierte.

Und immer mehr englische Arbeiter wurden ins Land zu locken versucht von australischen Unternehmern, die in den Londoner Zeitungen Lobpreisungen über die Verhältnisse in Australien veröffentlichten. Als Antwort darauf erschienen Schilderungen der Wahrheit, und es war keine schöne Wahrheit, die da geschildert wurde.

Unserem Sydneyer Freund Lloyd Ross, der in den Gewerkschaftsarchiven gestöbert und Auszüge aus den Protokollen gemacht hat, verdanken wir die Kenntnis, daß die „Acht-Stunden-Ausbau-Liga" jene Mitteilungen über die Überfüllung auf dem australischen Arbeitsmarkt und das dort herrschende Elend an die englische Presse geschickt hat – die Mitteilungen, mit denen der erste Band des Marxschen „Kapital" abschließt.

1890

Hauptgrundsatz der australischen Gewerkschaftsbewegung war und ist in vielen Belangen noch heute: Zuzug fernzuhalten. Auf dem ersten allaustralischen Gewerkschaftskongreß, Sydney 1879, lautete Punkt 1 der Tagesordnung: „Immigration". Erst Punkt 2 war der Achtstundentag.

Einen richtigen Sinn trug die Losung „Zuzug fernzuhalten", wenn es sich um Streikbrechertransporte handelte, mit denen um 1890 die Arbeiterbewegung gebrochen werden sollte.

Die Gewerkschaften waren gewachsen, gewachsen der Begriff der Solidarität; eine Sammlung für die streikenden Londoner Docker ergab 30000 Pfund Sterling, mit denen ihnen zum Sieg verholfen wurde; immer stärker wurde der Einfluß der Organisierten in den Betrieben. Da holten die Unternehmer zum Schlage aus, als erste die großen Schafzüchter. Sie lehnten die Einstellung von Scherern ab, die der Amalgamated Shearers' Union angehörten, und versandten schwarze Listen mit den Namen von Gewerkschaftsmitgliedern an die Besitzer der Schafstationen.

Anfang der neunziger Jahre kam es zu Streiks, die organisierten Hafenarbeiter und Seeleute solidarisierten sich mit den Scherern, indem sie erklärten, „Non-Union-Wool", das heißt Wolle von solchen Schafstationen nicht zu laden, die prinzipiell keine Gewerkschaftler beschäftigen.

Die beiden historischen Lohnkämpfe brachen aus: der Ausstand der Seeleute, der sich über alle Häfen und Küstengewässer Australiens erstreckte, wohl die größte je dagewesene Streikbasis, und der allgemeine Ausstand der Scherer.

50000 Pfund Sterling beschlossen die Besitzer der Schafzüchtereien zur Niederwerfung des Streiks auszuwerfen. Kaum ein Zehntel dieses Betrages besaßen die Scherer im Streikfonds.

Die Lohnbewegungen breiteten sich über Stadt und Land aus, in den Industriebezirken sangen die Arbeiter:

„Eight hours work, eight hours play,
Eight hours for rest and eight bob a day."

Auf deutsch: „Acht Stunden Spiel, acht Stunden Plag, acht Stunden Ruh und acht Mark pro Tag", wobei der Übersetzer statt „Arbeit" das Wort „Plag" verwendet hat, das raffinierte Tier tat's um des Reimes willen.

Fürwahr, die Arbeitnehmer waren öde Materialisten. Die Arbeitgeber hingegen, die kämpften für ideelle Güter. „Für Freiheit und Würde" prangte als Motto auf allen ihren Aufrufen. „Wir haben", erklärte ihr Sprecher, „nicht deshalb das Risiko einer Reise aus Europa auf uns genommen, um uns von unseren Knechten vorschreiben zu lassen, wie wir sie behandeln und enlohnen sollen. Wem's nicht paßt, kann ja gehn." Die Knechte bestätigten dem Sprecher, daß er wirklich nicht deshalb das Risiko einer Reise aus Europa auf sich genommen hatte, denn er war als Kettensträfling hierhergebracht worden.

Nichtsdestoweniger schickten der Sprecher und seine Kollegen Werbekolonnen über das ganze Land und nach Neuseeland, die mit Waggonladungen und Schiffsladungen von Streikbrechern zurückkehrten. Truppenaufgebote begleiteten sie zum Arbeitsplatz. Überall kam es zu Zusammenstößen. Hunderte der Streiker und die Gewerkschaftsführer wurden verhaftet, viele verurteilt, einige nach St. Helena verbannt. In Queensland, wo die Bewegung den Charakter offenen Bürgerkriegs angenommen hatte, konnte sie erst durch Militär niedergeworfen werden.

1900

Wie vierzig Jahre vorher aus der Asche der Eureka Stockade der Parlamentarismus emporstieg, so erhob sich aus den verlorenen Streiks der Entschluß der Gewerkschaften zur direkten Teilnahme am politischen Leben; die Labor Party war gegründet worden, und ihre Abgeordneten besaßen Einfluß im Parlament.

Die Regierung war gezwungen, sich mit der kommissionellen Untersuchung der Arbeitsbedingungen zu befassen, die insbesondere im Bekleidungsgewerbe, in den Tischlereien, Bäckereien und Fleischereien unerträglich waren. Zwei Einrichtungen entstanden: die Special Wages Boards, besondere Lohnämter, und die Arbitration Courts, die Schlichtungsgerichtshöfe.

Gegen die Zwangsschlichtung machte sich unter den Arbeitern Widerstand geltend, sie sahen in ihr ein Mittel, dem Standpunkt der Unternehmer durch Gerichtsurteil Gewicht zu geben und die Abwehrwaffe des Streiks als ungesetzlich zu erklären.

Dem Neusüdwaliser Gewerkschaftskongreß lag folgende Entschließung vor:

„Allen Gewerkschaften im Staate wird angeraten, das Gewerbestreitgesetz zu ignorieren und sich an der Bildung von Lohnämtern nicht zu beteiligen. Das Mittel des Streiks soll aufrechterhalten werden als einziges Mittel zur Herbeiführung jener korrekten und vernünftigen Verhältnisse, die das Parlament den Arbeitern verweigert hat.“

Aber einige der Kongreßteilnehmer waren der Ansicht, die Gewerkschaften könnten sich ihren Widerstand gegen das Schlichtungsgesetz zu gutem Preise abkaufen lassen, und sie brachten einen Zusatzantrag ein:

„Der Kongreß betont die Notwendigkeit, das Gewerbestreitgesetz in der Richtung zu ergänzen, daß eine vollere Anerkennung der Prinzipien und Rechte des Gewerkschaftswesens ausgesprochen wird."

Dieses Angebot wurde von der Regierung angenommen, indem sie die Gewerkschaften als einzige Arbeitnehmervertretung vor dem Schlichtungsgerichtshof anerkannte.

Der Gewerkschaftsrat wahrte sein Gesicht. Er erklärte, prinzipieller Gegner des Arbitrationssystems zu bleiben und es zu betrachten „als gegen die Arbeiterklasse gerichtet, um diese davon auszuschließen, bei steigenden Markttendenzen Verbesserungen ihrer Lohnsätze und Werkbedingungen zu erzielen, und ebenso dazu bestimmt, die allgemeine Herabsetzung der Löhne zu erleichtern, wenn der Markt eine fallende Tendenz zeigt".

So der Labor Council. Wogegen die einzelnen Gewerkschaften, deren Dachorganisation er war, in der Praxis das Schlichtungswesen unterstützten. Sie taten das, obwohl der Arbitration Court immer wieder betonte, nur zur Aufrechterhaltung des Gewerbefriedens, zur Verhinderung von Streiks und Unruhen dazusein, nicht aber um Recht zu finden. Ganz offen wurde von der Richterbank ausgesprochen, diese oder jene Entscheidung (Lohnerhöhung für gefährliche Arbeit, Unfallprämie usw.) könne nicht gefällt werden, weil andere Arbeitergruppen eine gleiche Entscheidung für sich beanspruchen würden.

Der Grundlohn müsse „den normalen Bedürfnissen eines durchschnittlichen Arbeitnehmers entsprechen, der als menschliches Wesen in einer zivilisierten Gemeinschaft lebt". Mit diesen Worten hatte der Erste Bundesschlichter, Richter Hoggins, den Grundlohn definiert, jedoch die Arbeiter bestritten, daß das vom Gericht festgesetzte Existenzminimum wirklich eine Existenz gewährleiste, und verlangten – vergeblich – die Spezifikation der einzelnen Posten, die als Grundlage für die Berechnung angenommen worden waren. In den meisten Fällen wurde dieser umstrittene Grundlohn als Normallohn festzusetzen versucht.

Nach gefällter Entscheidung durch das Gericht ist ein Streik ungesetzlich. Jede Gewerkschaft, die sich an einem solchen Streik beteiligt, kann die „Deregistration" erleiden, von der Liste der zum Gericht zugelassenen Vertretungskörper gestrichen werden.

Da sich die Belegschaften und selbst einzelne Arbeiter oder Angestellte vor Gericht durch die registrierten Gewerkschaften vertreten lassen mußten, wuchs die Zahl der Gewerkschaftsmitglieder enorm. 124 Trade Unions gab es nach den großen Streiks der neunziger Jahre, nach dem Inkrafttreten des Schlichtungsgesetzes wurden 362 Fachverbände mit 860 000 Mitgliedern, das ist ein Siebentel der gesamten australischen Bevölkerung, bei den Schlichtungsgerichten registriert.

In den großen Industrien sind bis zu hundert Prozent der Angestellten und Arbeiter, Monatslohn- und Wochenlohnempfänger gewerkschaftlich zusammengeschlossen. Solche Weltrekorde wurden durch die Urbanisierung Australiens erleichtert: mehr als die Hälfte der Gesamtbevölkerung ist in sechs Städten zusammengepreßt.

Der in europäischen und amerikanischen Ländern für die Mehrheit der Bevölkerung, insbesondere für die Arbeiterschaft des flachen Landes, verhängnisvolle Zustand der Abgelegenheit und des Abgetrenntseins von den Kulturzentren, die Beinahe-Unmöglichkeit für sie, etwas anderes aus der Welt zu erfahren als Kanzelreden und reaktionäre Propaganda, und die Schwierigkeit, sich zu organisieren, besteht in Australien infolge der Verstädterung nicht.

Nicht nur die Belegschaften der Großbetriebe ließen sich erfassen, sondern auch die der kleineren Werkstätten, Geschäftsläden und Privatbüros. Die riesigen Gewerkschaftshäuser à la Melbourne entstanden. Wählermassen und bedeutende Geldsummen für die Wahlkassen flossen der Labor Party zu, sie wurde Parlamentsmehrheit und übernahm die Regierung.

Hier aber geriet sie in ein Dilemma: einerseits hatte sie ihren Aufschwung der Bevölkerungskonzentration in den Städten zu danken, andererseits kam die Deckung des Staatshaushalts von den Weizenfarmen und den Schafzüchtereien. Wenn sie die Städte bevorzugte, war die Gründung einer Konkurrenzpartei zu fürchten. Deshalb betrieben die Labor-Regierungen eine agrarische, gegen die Städter gerichtete Preis- und Zollpolitik, jener entgegengesetzt, die die Gewerkschaften machten.

Dennoch stiegen im Jahrzehnt vor dem Weltkrieg die Lohnsätze, und die Arbeiter Australiens konnten sich in ihren „Cottages" als die bestsituierten des Erdballs betrachten.

Widerlegt schienen die Einwände gegen das Schlichtungswesen, durchgeführt schien der ewige Wirtschaftsfrieden, genau auf die Weise, die Lujo Brentano und andere Nationalökonomen in Europa verfochten hatten: durch die heilige Dreifaltigkeit von gesetzlich festgelegtem Minimallohn, Schlichtungswesen und Tarifverträgen. Damals erscholl das begeisterte „Seht hin nach Australien!" der Vorkriegsreformisten.

1914

Nur eine kleine Tatsache wurde nicht in Betracht gezogen, die nämlich, daß sich Australien in einer Konjunkturperiode befand, der Wollbedarf am Weltmarkt, die Preise für Weizen, die Exporte von Gefrierfleisch und Schafhäuten Höhen erreicht hatten wie nie vorher und daß diese Prosperity nicht ewig dauern könne.

Als sie während des Krieges abzubröckeln begann und nach dem Krieg nicht wiederkehrte, half es bei Lohnkonflikten nichts mehr, daß sich die Gewerkschaftsbeamten zu glänzenden Schlichtungsjuristen entwickelt hatten, die mehr vom Arbeiterrecht verstanden als die Richter.

An allen Ecken und Enden brachen Lohnstreiks aus, 1917 sogar ein Generalstreik, und die Gewerkschaftsführer vermochten sich vor der Unzufriedenheit der Mitglieder nur durch den Hinweis auf die Gefahr der Deregistration zu schützen: „Wenn unsere Gewerkschaft vom Schlichtungsgericht ausgeschlossen wird, werden gelbe Gewerkschaften entstehen, und es kommt noch schlimmer."

Die Antwort der Arbeiter war und ist der fast einstimmige Wunsch nach Abschaffung des Schlichtungswesens überhaupt.

1918

Gewerkschaftler durch und durch, konnten sich die australischen Arbeiter einen Ausweg aus ihrer verschlimmerten Lage nur durch Gewerkschaften vorstellen. So fand in den ersten fünf Jahren nach dem Krieg das anarcho-syndikalistische Projekt starken Widerhall, Australien in einen Gewerkschaftsstaat zu verwandeln. Will sagen: keinen Staat, denn die Befürworter lehnten jede Staatsform, selbst eine proletarische, ab. Es waren die I. W. W., die Industrial Workers of the World, verwegene Burschen; sie hatten während des Krieges Kriegssabotage getrieben und schwere Verfolgungen erlitten. Und 1918, da alle ihre Voraussagen über die Wirkungen eines Sieges sich bewahrheiteten, stieg ihr Einfluß.

„Alle Macht den Gewerkschaften", schwebte ihnen als politisches Endziel vor, „One Big Union", die Schaffung einer allumfassenden Gewerkschaft, war ihr Weg dazu. Diese Gewerkschaftseinheit sollte die Löhne zentral festsetzen, alle Behörden und Gesetze ausschalten und schließlich die Betriebe selbst übernehmen.

Die Doktrin gewann Anhang, um so mehr, als die Branchenverbände wiederholt in Lohnkämpfen geschlagen worden waren und Unzufriedenheit gegen die bisherigen Trade-Union-Bürokraten herrschte. Diese trugen der Massenstimmung Rechnung, um sich ihre Posten auch für den Fall einer Organisationsänderung zu sichern, sie vereinigten die Vorarbeiten für „One Big Union" in ihren Händen, vertraten in öffentlichen Reden die Idee der „Einen Großen Gewerkschaft" und arbeiteten deren Programm aus. Sogar die A. W. U., „Australiens ärgste Gewerkschaft", unterstützte in der Hoffnung, selbst die One Big Union zu werden, den Plan; als ihr aber bedeutet wurde, an ihre Führung sei nicht zu denken, zog sie mit ihren Abgeordneten gegen die Bewegung zu Felde, die „unaustralisch" und ein „Anschlag gegen das Gewerkschaftswesen" sei.

Das Projekt fiel. Es hatte, utopisch wie es war, den Keim zu diesem Schicksal von Anbeginn an in sich getragen.

1930

Der Zuzug der Krise war nicht fernzuhalten, sie zog ins Arbeiterparadies, auf den Kontinent der Gewerkschaften genauso ungehindert und mit der gleichen Wirkung ein wie in weniger glückliche Länder. Schnell fanden die Kapitalisten heraus, was schuld sei: zu hohe Löhne, zu hohe Löhne! Und die europäischen

Kathedersozialisten, die ihre chiliastischen Hoffnungen in Australien zusammenbrechen sahen, bestätigten diese Diagnose: zu hohe Löhne, zu hohe Löhne!

Ein deutscher Sklave, Schmidt geheißen, schrieb ein Buch, um den deutschen Arbeitern vor Augen zu führen, wie ungesund hohe Löhne seien. („Die Wirtschaftskrise in Australien", von Dr. Hans Schmidt, Frankfurt.)

Wahr hingegen ist, daß die allgemeinen Ursachen der australischen Krise sich von denen der Erdteile mit niedrigeren Löhnen nicht unterschieden. 1929 stellte die Londoner City ihre Kredite in Australien ein, weil sie selbst kein abwanderungsbereites Kapital besaß; die Wollpreise fielen, weil die Kaufkraft des Weltmarktes fiel; infolge der rückgängigen Exportwerte verringerten sich die Einnahmen; die Goldreserven mußten verschifft werden, die australische Währung sank (100 Pfund Sterling = 125 australische Pfund), und Bankrotte machten Hunderttausende brotlos.

Zur Rettung Australiens schlägt jener Dr. Schmidt, ein kapitalistischer Maschinenstürmer, den Abbau der Industrie vor. „Ein hoher Lebensstandard mit hohen Löhnen, Arbeiterschutzgesetzen und sozialen Einrichtungen aller Art ist sehr wünschenswert und erfreulich, aber auf die Dauer nur aufrechtzuerhalten, wenn er der Produktivität des Landes entspricht."

Also noch mehr Elend, noch mehr Arbeitslose im Interesse der „Produktivität des Landes". Bei Wakefield hatte das, wofür Menschen hingeopfert werden sollten, noch „Nationalreichtum" geheißen.

Fiat oeconomia, pereat mundus.

1934

Im ganzen Commonwealth wurden die Löhne um zehn Prozent gekürzt, in manchen Betrieben um fünfzehn bis zu fünfunddreißig Prozent, bei gleichzeitiger Erhöhung der Arbeitszeit um vier Wochenstunden. Nun wurde auch jener Teil der Arbeiterschaft, der nicht arbeitslos war, von Erregung ergriffen. Unter dem Druck der Massen drohte Jack Garden, der Führer des Labor Council, mit Generalstreik, und Charlie Crofts, der Generalsekretär des Allaustralischen Gewerkschaftsrats, drohte sogar mit der Revolution. In der Praxis gingen die Gewerkschaftsbeamten ihren alten Weg, den zum Schlichtungsgericht. Wie entschied das Schlichtungsgericht? Es verwarf den Einspruch gegen die allgemeine zehnprozentige Lohnreduktion.

Schon die One-Big-Union-Bewegung hatte die Radikalisierung der Gewerkschaftsmitglieder angezeigt. Die Idee, politische und radikale „Rote Gewerkschaften" zu gründen, war angesichts der machtvollen Trade Unions ein aussichtsloses Beginnen. Man mußte versuchen, sie von innen heraus umzugestalten. „Rank and File Committees" entstanden, aus den Massen der Belegschaften gewählte Ausschüsse, die auf Erfüllung ihrer Forderungen dringen, ohne daß die bestellten Gewerkschaftsführer dagegen wirksam aufzutreten vermögen.

Als die dreißigtausend Mann starke Kohlenarbeiter-Föderation kommunistische Funktionäre wählte, erschien Jack Lang, Ex-Ministerpräsident, Führer der „linken" Staats-Labor Party von Neusüdwales, persönlich im Kohlenland, um, zum erstenmal in der Geschichte des Gewerkschaftswesens, gegen die von einer Fachgruppe vorgenommenen Wahlen Sturm zu laufen. Ohne Erfolg.

1935

Es ist ein seltsames Wesen, das Gewerkschaftswesen von Australien. Wenn es sich auf die Hinterbeine stellt, vermag es Furcht einzuflößen. Bei näherer Betrachtung erweist sich, daß diese Hinterbeine, Verstädterung und Schlichtungssystem, zwar sehr groß sind und das Hüpfen ermöglichen, aber dennoch keine allzu feste Basis bilden. Was die Vorderbeine anlangt, so sind sie kurz und nicht sehr muskulös. Mit dem linken Vorderbein, dem Gewerkschaftsrat, boxt es gegen die Schlichtungsgerichte, mit dem rechten, der Labor Party, gegen die Verstädterung.

Ein Känguruh!

Das Känguruh trägt Junge in seinem Beutel, und bei diesen hört der Vergleich auf; sie sind keine Känguruhs und wollen keine werden. Sie nennen sich M. M., was sowohl „Marxistische Minderheit" bedeuten kann wie „Militante Mitgliedschaft" oder „Minority Movement", und sie sind entschlossen, sich zu einer höheren Art zu entwickeln, gewerkschaftlich und politisch.

VON PFERDERENNEN UND RENNPFERDEN

Es gibt in Melbourne ein Grundstück, für das die Eigentümer jährlich einen Pachtzins von drei Pfefferkörnern zu zahlen haben, „falls diese Bezahlung eingefordert werden sollte". Diese Parzelle ist die Rennbahn.

Sie war es schon zu Beginn des Altertums – ja, auch die Geschichte des Staates Victoria ist zwecks besserer Übersicht in Altertum, Mittelalter und Neuzeit eingeteilt, wenngleich natürlich in einem just hundertjährigen Lande jedes dieser drei Zeitalter nur mit dreiunddreißig Jahren bemessen sein kann.

Von 1840 an ritten regelmäßig hier auf dem Grundstück, das damals wirklich nicht viel mehr als drei Pfefferkörner wert war, die ersten Siedler eine Strecke von drei Meilen um die Wette, und die Boundary-Rider, die australischen Brüder der amerikanischen Cowboys, sonst damit befaßt, die endlosen Grenzen der Schaffarmen abzureiten, machten mit, angefeuert von Berufskollegen, einem sachverständigen Publikum.

Ein Sportberichterstatter von 1848 behauptet, fünfhundert Zuschauer auf dem Turf gezählt zu haben. Das war eine enorme Menge für Zeitläufte, in denen es keine anderen Verkehrsmittel als Ochsenkarren gab und Giftschlangengezücht jeden ansprang, der die Unverletzlichkeit des Dschungels zu verletzen wagte.

Doch diese Zuschauerzahl wuchs, sie schoß empor in den brüllenden fünfziger Jahren. Wer auf den neu entdeckten Goldfeldern Glück gehabt hatte, kam nach Melbourne zum Rennen, um das Glück von neuem auf die Probe zu stellen. Zum Unterschied von den anderen Australiern verstanden die Diggers nichts vom Pferd, sie verstanden nichts vom Reiten, sie interessierten sich weder für Pferd noch für Jockei, sie setzten nur, um zu gewinnen, und sie setzten hoch. In jener Zeit hörten die Pferderennen auf, Bravour und Sport zu sein, und wurden, was sie noch heute sind: eine Lotterie mit vierbeinigen Losen.

In Ballarat, unter vergilbten Porträts und Akten aus der Goldgräberzeit, fanden wir die Papiere von William Cross Yuille, dem ersten Farmer und lange Zeit dem einzigen von Ballarat. Friedlich hatten seine Herden geweidet und seine Felder gereift, ehe der Goldstrom das Volk der Goldsucher und Glücksucher heranschwemmte, die ihn vertrieben. Erging es nicht ebenso dem General Sutter, vor dessen gebrandschatztem Schloß wir vor einigen Jahren im Lande Kalifornien, in der Stadt Sacramento standen? General Sutter war wie William Cross Yuille Alleinherrscher über unermeßliche Ländereien gewesen, dann fand sich Gold, Menschen kamen, schlachteten die Herden, zerwühlten die Felder, verbrannten die Forsten und verjagten den General Sutter aus Sacramento, wie sie Yuille aus Ballarat verjagten.

Von hier an hört die Analogie auf. Sutter starb in Elend und Wahnsinn. Yuille hingegen gründete nach seiner Vertreibung ein Wettbüro in Melbourne und später einen Rennstall und nahm den Diggers alles Gold ab, das sie auf seinem ehemaligen Gebiet gefunden hatten.

Lola Montez, die Geliebte des Königs Ludwig I. von Bayern, die schönste Frau der Welt, kam nach Victoria, weil dort die reichsten Männer der Welt waren, und war fest entschlossen, sich für das größte Nugget der Welt zu verkaufen. Keiner der Goldgräber durfte sich ihrer rühmen. Rühmen durfte sich ihrer nur der eine, der im Goldsucherbezirk nicht nach Gold suchte und es im Rennbetrieb fand. William Cross Yuille.

Wie viele Besucher das Derby damals hatte, ist unbekannt. Die achtzigtausend von heute können es auch nicht annähernd gewesen sein, aber die Zahl fünfhundert vom Beginn des australischen Altertums war längst überschritten; vorbei die Zeiten, da man um Sechser wettete, vorbei der Siegeslohn von 25 Pfund, die Stakes gingen in die Tausende.

Ohne Zweifel besaß der Staat das Eigentumsrecht an dem einträglichen Grundstück, aber die Rennveranstalter weigerten sich, einen Kaufpreis oder eine Pacht zu zahlen. Konnte man gegen ein so populäres Unternehmen mit einer eviction vorgehen, einer Zwangsausmietung, wie sie gegen Kleinbauern und Arbeiter und Kriegsinvaliden im Schwange ist? Das ging nicht an. Deshalb bestand die Regierung nur auf einem Anerkennungspreis. Sie erließ den „Victoria Racing Club Act“, laut welchem dem jeweiligen

Vorsitzenden dieses Rennklubs die Parzelle im Stadtteil Flemington für einen Betrag von sage und schreibe drei Pfefferkörnern jährlich vermietet wird.

Mehr als tausend Menschen stehen heute im ständigen Dienst des Victoria Racing Club, auf dem Dreipfefferkörnerplatz, den einst fünfhundert Sportbeflissene an den spärlichen Renntagen umstanden. In ganz Australien sind etwa zwanzigtausend im Pferderennbetrieb tätig: Jockeis, Trainer, Züchter, Stallpersonal, Tierärzte, Hufschmiede, Rennbahnarbeiter, Platzanweiser und vor allem konzessionierte Buchmacher. Wenn man aber die Zahl der unkonzessionierten Buchmacher angeben wollte, einschließlich jener, die diesen Beruf vor dem Melbourne Cup in ihrem Freundeskreis ausüben, müßte man beinahe die halbe Bevölkerungszahl Australiens hinschreiben.

Gastwirte, Kellner, Friseure, Gemüseladenbesitzer, Sportberichterstatter, Tabakhändler und Frauen „machen ein kleines Buch" und werden von der Polizei dafür mit drakonischer Strenge verfolgt, erstens, weil diese ungesetzliche Beschäftigung den gesetzlich zugelassenen Buchmachern vorbehalten bleiben muß, und zweitens, weil bei solchen unmoralischen Wetten die moralische Wettsteuer verlorengeht. Viele der Unbefugten betreiben S. P., und S. P. bedeutet Starting Price Betting, und dieses wiederum bedeutet Wetten, die mündlich oder telefonisch abgeschlossen werden, auch wenn der Start bereits vollzogen, ein Teil der Rennbahn durchlaufen ist.

Wieso aber erfahren die Wettlustigen fern vom Turfplatz, daß der Start bereits vollzogen ist, und wie er vollzogen ist? Antwort: das Radio gibt vom Verlauf jeder Sekunde in jedem Rennen und auf jeder Rennbahn nach jeder Wohnung und jeder Hütte Australiens genaue Kunde.

Funktion des Funks scheint vor allem: dem Rennsport zu dienen. Wir bitten den Leser, sich einen Mann in einem australischen Hospital vorzustellen, der noch keinen Schritt auf australischem Boden gemacht hat, nichts vom australischen Leben gesehen hat, etwa jemanden, der von einem einlaufenden Schiff zur Polizei gefahren und aus einer Einzelzelle direkt ins Krankenhaus gebracht wurde. Neben ihm liegen Arbeiter, denen ein Kranhaken auf die Beine fiel oder die in einen Schacht stürzten, Motorrad-

fahrer, die sich überschlugen, Lastträger, die sich eine Wirb-
säulenverletzung zugezogen haben. Über allen Betten hä
Schnüre, Scharniere und Schlingen, die Besuchsstunde ist
die Kranken sind unbeweglich und still, zuweilen wimmer
leise.

Plötzlich fangen alle an zu sprechen, zu rufen, aber keiner spricht zu einem Mitpatienten, und keiner ruft einem Mitpatienten etwas zu, und keiner auch spricht mit sich selbst, sondern sie sprechen, rufen, schreien, feuern an, irgendwohin in ein fernes Weltall der Fieberphantasie. Ist es möglich, daß Menschen mit gebrochenen Armen gleichzeitig genau die gleiche Fieberphantasie vor sich gegaukelt sehen wie Menschen mit gebrochenen Hüften oder mit gebrochenen Rippen? Doch muß es das gleiche Traumland sein, bevölkert von den gleichen Märchengestalten und dem gleichen Spiel, denn alle Betten stoßen gleichzeitig die gleichen Rufe aus und nennen die gleichen Namen. – Nach und nach beginnt der australienfremde Patient das seltsame Gebaren seiner Mit-Knochenbrüche zu begreifen: sie machen, den Kopfhörer umgeschnallt, ein Pferderennen mit.

Als er aus dem Krankenhaus entlassen wurde, war er weit weniger darüber im klaren, welcher Art die Unfälle waren, denen die Knochen seiner Nachbarn zum Opfer fielen, oder wie die Chancen der Heilung stehen, als darüber, wieviel jeder beim Melbourne Cup verlor und wer die unfehlbaren favorites der nächsten Renntage sein werden.

Um übrigens die Wahrheit zu sagen: ganz unvorbereitet war der Krankenhausinsasse nicht gewesen; schon ehe er Australien betrat, bekam er einen Vorgeschmack vom Rennfanatismus der Australier. Das war auf dem Schiff.

Eines Nachts trat in der Schiffsbar einer der australischen Pferdemänner, die der indischen Militärverwaltung Ponys für Polospiel und Geschützbespannung abgeliefert hatten, etwas angeheitert und mit zwei Gläsern Stout in der Hand auf uns zu. „Wollen Sie nicht ein verdammtes Glas mit mir trinken? Ich höre nämlich, daß Sie ein verdammter Schriftsteller sind . . . da müssen Sie also verdammt etwas über die verdammte Sache mit Phar Lap schreiben."

Wir fragten, verdammt, wer denn das sei, dieser verdammte

Phar Lap, und erfuhren es allmählich und seine ganze verdammte Geschichte.

Und jetzt, in Melbourne, sehen wir ihn sogar persönlich. Schön, edel und schlank ist er wie bald kein zweiter, wir werden nicht müde, ihn zu betrachten. Aufrecht steht er da, sein Auge glänzt, es ist, als wollte er, als könnte er aufbrechen zu neuen Ruhmestaten.

„. . . als wollte er . . .", „. . . als könnte er . . .", nur Konjunktive . . . Er will nicht und er kann nicht, denn er ist tot. Ein gläsernes Mausoleum umgibt ihn, und das Auge, das glänzt, ach, auch dieses Auge ist nur ein Glas. Sein Körper aber, der schöne, edle und schlanke Körper, ist der echte Körper Phar Laps.

Keinem anderen Pferd – oder haben wir zu sagen vergessen, daß Phar Lap ein Pferd war? –, keinem anderen Pferd ist es vergönnt, nach seinem Umstehen aufzuerstehen und sich in öffentlicher Halle, im Melbourner Museum, emporzurecken, Monument seiner selbst, ein Reiterstandbild ohne Reiter sozusagen.

Zwar hat in einem gläsernen Schrein gegenüber das Pferd Carbine Aufstellung genommen, das hat jedoch keine glänzenden Augen, sondern überhaupt keine Augen, es hat keine goldstrahlende Haut, sondern überhaupt keine Haut, es hat keine samtgleiche Mähne, sondern überhaupt keine Mähne, es ist nicht gebügelt und gestriegelt und gibt nicht die Illusion, als sei es bereit, auf neue Ruhmestaten auszureiten: das Pferd Carbine ist nur als Skelett aufbewahrt.

Vielleicht tat man dem Pferd Carbine unrecht, es nicht in ebensolcher Weise einzubalsamieren wie Phar Lap. Denn das Pferd Carbine, Gott hab es selig, war gleichfalls groß, als es lebte, sonst hätte es nicht einmal als Skelett in der Melbourner Walhalla Aufnahme gefunden, und Carbines Porträt hinge nicht in allen Kunstgalerien von Australien.

Auch Carbine hat Großes geleistet in langer Laufbahn – nein, das Wort „Laufbahn" ist zu schwach für einen Champion seines Tempos, man muß da wohl schon „Rennbahn" sagen. Siebenundzwanzigmal Sieg und fünfmal Platz, allen ihm auferlegten Handikaps zum Hohn.

Beim Melbourne Cup von 1890 wurde ihm ein Ballast von 10 Stone 5 Pfund angehängt, ist gleich: 65 Kilogramm, größtes Handikapgewicht, das je ein Rennpferd südlich des Äquators zu schleppen hatte. Neununddreißig andere Vollblüter erschienen am Start, tänzelnd und wiehernd vor Ungeduld, dem gefesselten Titanen um eine Nasenlänge den Sieg vor der Nase wegzuschnappen. Carbine legte vor, Carbine machte die drei Meilen in drei Minuten achtundzwanzigeinviertel Sekunden, Carbine siegte mit zweieinhalb Pferdelängen vor Highborn, der nur mit der Hälfte der Gewichte belastet war, und Carbine trug die 10 000 Pfund in Geld ebenso leicht heim wie die 10 Stone 5 Pfund in Gewichten.

So siegte Carbine Jahr um Jahr und starb hochbetagt in den Sielen, soweit man von solch proletarischer Todesart bei einem Pferd des königlichen Sports sprechen darf.

Phar Lap dagegen starb nicht in den Sielen, er starb nicht, weil seine Zeit um war, er starb, kaum sechs Jahre alt, als Märtyrer.

Bewegt und bewundernd stehen wir vor ihm, schauen ihm ins gläserne Auge und streicheln ihm im Geiste das goldgelbe Fell. Er war in Timaru, Neuseeland, geboren, am 4. Oktober 1926, sein Vater hieß Night Raid und seine Mutter Entreaty, und er wurde auf den Namen Phar Lap getauft, was auf singhalesisch „Blitz" bedeutet.

Ein goldenes Grabtäfelchen nennt das Ergebnis seines Lebens: „Total Stakes: 66 783 Pound Sterling". Phar Lap hat diese sechsundsechzigtausend Pfund Sterling seinen Herren eingebracht, die ihn als Jährling von Mister F. Frankville, Seadown Studio, Timaru, für 160 Guineas gekauft haben. Mister F. Frankville, der Züchter, war ein reicher Mann, und durch den bald einsetzenden Ruhm seines Züchtlings hat sich auch der Ruhm seines Gestüts bedeutend vermehrt.

Hat also Mister F. Frankville stolz und zufrieden die australischen Rennberichte verfolgt? Nein. Was ein rechter Kapitalist ist, freut sich nicht nur über das, was er verdient hat, sondern kränkt sich noch mehr über das, was er hätte mehr verdienen können. Mister F. Frankville wurde immer trübsinniger, je siegreicher sein zu billig verkauftes Füllen Phar Lap wurde, und just an dem Sonnabend des November 1930, als in Timaru das Resultat des Melbourne Cup eintraf, hat sich Mister F. Frankville entleibt.

Er schien nicht der einzige zu sein, der damals den Lauf des hippischen Blitzes feindselig verfolgte. Am Mittwoch vor dem

Melbourne Cup von 1930 wurde Phar Lap nach seiner Morgenarbeit nächst dem Rennplatz Caulfield aus einem Wagen mit Schrotgewehren beschossen. Phar Lap sprang erschreckt hinter einen Zaun, und dadurch, sowie durch die Tatsache, daß ein Pony in die Schußrichtung rannte, wurde er gerettet.

Die Attentäter verschwanden. Ebenso Phar Lap. Dieser wurde in ein Versteck gebracht, „in smoke", in Rauch, wie man in Australien sagt, obwohl man das Wort im allgemeinen nicht auf Pferde anwendet, die selten, ja vielleicht nur dieses eine Mal in smoke waren, sondern auf Menschen, die sich vor der Polizei unsichtbar machen. Die Besucher Phar Laps bekamen Phar Lap nicht zu sehen, bloß das arme Pony, das tatsächlich Schußwunden aufwies, wurde photographiert und interviewt. Über Phar Lap, den aus Mörderhand Geretteten, wurden ganze Spalten von Vermutungen geschrieben. Ist er wirklich ohne Wunde? Ist er verstört von dem Mordversuch? Hat nicht, selbst wenn er unverletzt geblieben ist, sein Nervensystem durch Schüsse und Schrekken so gelitten, daß ihm am Sonnabend der Sieg versagt bleiben muß?

Ist die Zeit wieder angebrochen, fragte man besorgt, da die Rennstallbesitzer zu siegen fürchteten, weil die Buschklepper die Siegerpferde raubten? Ned Kelly, der sagenumwobene Räuberhauptmann, stahl den Cup-Sieger Charlie, und dieses Tieres große Schnelligkeit schützte den Reiter vor Gefangennahme durch Verfolger, wie ihn ein Eisenpanzer und eine Eisenmaske vor ihren Schüssen sicherten. Ein anderer Wegelagerer, Ben Hall, raubte den Troubadour, der ihm wieder abgejagt und bald darauf in seiner friedlichen Box von sieben Kugeln gemeuchelt wurde. Steve Hart, ein dritter der großen „Bushranger", ritt die auf der Rennbahn preisgekrönte Sappho.

Soll Phar Lap, der heilige Phar Lap, unwürdigen Nachtretern des heiligen Ned Kelly zur Beute fallen? Fragen und Gerüchte durchschwirrten die Kreise, die sich in unendlicher Zahl um die Rennbahn legen, Kreis um Kreis bis zu den Küsten des Kontinents.

Am Sonnabend erlebte der Turfplatz von Flemington seinen Rekord an Rennbesuch. 92000 zahlende Gäste harrten atemlos, ob und wie Phar Lap erscheinen werde. Sie wurden nicht enttäuscht. Niemals zuvor hatte ein Sterblicher aus dem Pferdereich einen ähnlichen Einzug gehalten. Berittene Polizei geleitete ihn zur Waage, umringt von dieser Gardekavallerie begab er sich zum Start. Nur Führer zeigen sich solchermaßen geschützt dem geliebten Volk.

Vier Tage vorher war Phar Lap der Favorit der Favoriten gewesen, alle anderen Pferde klägliche Outsider. Inzwischen hatte sich das geändert, jeder glaubte, der Falbe habe mehr oder weniger gelitten, und seine Odds lagen vier zu eins.

Um eine lange Strecke kurz zu machen, sei einfach gesagt, daß Phar Lap siegte, wie er wollte. Jene, die bis vor vier Tagen all ihr Vertrauen auf ihn gesetzt hatten und auch all ihr Geld auf ihn setzen wollten, jedoch letztere Absicht wegen des Überfalls aufgegeben hatten, gerieten in Zorn. Sie vertraten wohl als erste die Auffassung, das Attentat sei fingiert gewesen.

Cui bono – zu wessen Gunsten? Viele hatten Vorteil daraus gezogen. Da war die Rennleitung, die die wirksamste und billigste Reklame und infolgedessen das Monsterentree geerntet hatte. Da waren Leute, die den sicheren Glauben an den sicheren Sieg Phar Laps beim Publikum erschüttern wollten, um eine höhere Quote einzuheimsen. Da waren die Besitzer Phar Laps, die ihren bevorstehenden Gewinn von zehntausend Pfund keinem Risiko aussetzen und die Polizei zwingen wollten, das Pferd zu bewachen. Da war ... Wozu alle Gründe aufzählen, die bemüht wurden, um ein wirkliches Attentat gegen ein Pferd als unlogisch und sinnlos zu erweisen, die Nachricht von einem Attentat jedoch als logisch und sinnvoll. Nein, niemand auf der Welt wird ein Pferd morden wollen. Diese Ansicht war allgemein. Sie sollte nicht lange dauern.

Im Jahre 1932 ging Phar Lap nach Amerika. Der Mann, der Phar Lap hinberief, war Baron Wintrigham. „Baron“ ist hier keine Standesbezeichnung, sondern ein Vorname, ähnlich wie „King“ Taufname vieler Bürger in der amerikanischen Republik ist. Baron Wintrigham, also kein richtiger Baron, war ein richtiger King, er herrschte über Agua Caliente, eine Bootlegger-, Kidnapper-, Racketeer-, Gangster- und Gamblerstadt an der mexikanischen Grenze, die während der alkoholverbotenen Ära Amerikas in ihrer Maienblüte stand.

König Wintrigham hatte in seiner Residenzstadt eine Rennbahn nach eigenen sportlichen Prinzipien eingerichtet, zum Beispiel standen fünf Bars von je dreißig Meter Länge dem drinklustigen Publikum zur Verfügung, und an einer sollte nur Whisky ausgeschenkt werden, allerdings zwölf verschiedene Sorten. Fünfundsiebzig Schankmädchen waren engagiert worden, je eines per zwei Meter Bar.

Eigentlich hätte sich ein so großzügiges Unternehmen an der Grenze der trockenen Vereinigten Staaten glänzend rentieren müssen, aber weiß der Teufel, warum, es rentierte sich nicht. Wenn an den Renntagen Baron Wintrigham von seines Daches Zinnen über die glatte Rennbahn, die nickelglänzenden Bars, die öffnungsbereiten schlanken Whiskyflaschen, die ebensolchen Barmädchen und die majestätischen Tribünen schaute, war er von ähnlichen Gefühlen beseelt wie ein indischer Elefantenzüchter, dem in seiner grauen Herde ein weißes Exemplar geboren wird. Ein weißer Elefant ist wunderschön und genießt göttliche Ehren, aber man darf das heilige Tier nicht verkaufen, darf seine Elfenbeinhauer nicht absägen, darf es nicht arbeiten lassen.

„Da hab ich einen weißen Elefanten“, seufzte Baron Wintrigham, „was mache ich nur, um Publikum heranzubringen?“

Frucht dieses Grübelns war eine ausgefallene Idee: den Sportplatz mit besserem Sport zu retten, mit Pferdekräften zu vollbringen, was Menschenkräfte nicht vollbracht. Das schnellste und berühmteste Pferd der Welt sollte hier gastieren, der Star des Südens.

So kam es, daß Phar Lap kam und das Mexiko-Handikap gewann, dem andere Rennen in Agua Caliente folgen sollten, dazwischen ein Gastspiel in Menlo Park (Kalifornien). Dorthin begleitete den Heros eine Reihe von Enthusiasten, von denen einige sich Zutritt in das Gestüt von Edward Perry verschafften, dem Absteigequartier Phar Laps.

In Menlo Park geschah's. Am Morgen des 5. April 1932 wachte der Trainer Tommy Woodcock, der weder auf der Überfahrt noch seit der Ankunft in Amerika seinen Pflegebefohlenen Phar Lap aus dem Augapfel verloren hatte, von seinem Lager auf und merkte, daß das Tier fröstelnd in der Box lag.

Tommy Woodcock rief den aus Australien mitgekommenen

Leibarzt von Phar Lap, Doktor W. Neilsen, der diagnostizierte, Patient sei von der Grippe mit Kolik befallen. Einige andere Pferdespezialisten wurden mit den schnellsten Autos herbeigeholt, vereint flößten sie Medikamente ein und gaben Injektionen. Nichts half.

Zwanzig Minuten nach zwei Uhr nachmittags wieherte Phar Lap ein ganz dünnes Wiehern und streckte die Beine von sich.

Der Tierleibarzt legte sein Ohr auf Phar Laps Leib, die Umstehenden schauten gespannt-angstvoll-hoffnungsvoll auf Doktor Neilsens Gesicht, auf seinen Mund. Doktor Neilsen hörte keine Herztöne, keine Atemzüge, und statt etwas zu sagen, beugte er das Haupt. Alle anderen taten desgleichen.

Diese Manifestation der Trauer, ein Nichts war sie gegen diejenige Tommy Woodcocks. Der schlang seine Arme um den Hals des Toten und schluchzte gottserbärmlich und war nicht wegzubringen und verweigerte Speise und trank. (Kleiner Anfangsbuchstabe.) Uns ist von alten Mähren Wunders viel geseit, von Leibrossen, die nach dem Tode ihres Herrn ihr Leben durch Hungerstreik beendeten; Tommy Woodcock wäre der erste Held gewesen, der das Umgekehrte getan. Zum Unglück für die zukünftigen alten Epen nahm er nach einigen Tagen Vernunft und Speise an. Und trank, natürlich.

Australien war ein einziger Tommy Woodcock, man wehklagte und klagte an: „Die Yankees haben Phar Lap umgebracht!" Australien schnaubte Rache gegen die Mörder, so sicher schien es allen, daß ein Mord vorliege.

Die Obduktion Phar Laps ergab eine Entzündung der Magenwände, und die übereinstimmende Ansicht der Ärzte lautete, der Tod sei durch Nahrung verursacht. Durch welche Nahrung? Um das teure Tier nicht der Fatalität eines Nahrungswechsels im Ausland auszusetzen, hatten es zwanzig Säcke mit australischen Haferflocken begleitet, daraus es seine Rationen erhielt, und Trinkwasser kredenzte man ihm niemals unfiltriert.

Hatte Phar Lap sonst etwas gegessen? Tommy Woodcock, kaum vernehmungsfähig, schluchzte hervor, bei der Morgenarbeit habe Phar Lap vom Rasen geknabbert, Klee, auf dem möglicherweise ein paar Tautropfen hafteten. Das aber kann doch keinen Menschen umbringen, geschweige denn eine Roßnatur.

In den Stall konnte kein Unberufener eindringen, am allerwenigsten in das dem Hohen Pferd eingeräumte Fürstenzimmer. Das Fenster war hoch und abseitig, nur durch den Ventilatorschacht hätte Gift in die Futterkrippe geschnellt werden können. Tatsächlich soll an der Außenwand des Stalles, unterhalb der Ventilatormündung, eine Spur am Boden darauf hingedeutet haben, daß eine Leiter angelegt worden war.

Für ein Attentat lagen noch mehr Gründe vor als seinerzeit für die Fingierung eines solchen: Konkurrenzneid der amerikanischen und mexikanischen Rennstallbesitzer und Jockeis, Feindschaften der Unterwelt von Agua Caliente gegen Baron Wintrigham. Auch die puritanischen Kirchengemeinden, die „Wowsers", die Duckmäuser, wurden von Australien verdächtigt. Schon vor der Ankunft Phar Laps war in den Kirchen und Betstuben Westamerikas gegen die Sünde des Rennbahnbesuchs und des Wettens gepredigt worden und verkündet: Phar Lap sei niemand anderer als der Antichrist, der diesmal Pferdegestalt angenommen habe.

Die Presse sprach nur von einem natürlichen Tod Phar Laps, nicht davon, wovon die Leser sprachen, nicht von dem, was die Leser lesen wollten: von Meuchelmord. Bis eines Tages die größte Melbourner Abendzeitung mit der Schlagzeile erschien: „Who killed Phar Lap?"

Vor einigen Jahren war in einem Kreis von Journalisten zu Berlin die Frage aufgeworfen worden, welches wohl der aufsehenerregendste Nachrichtentitel wäre. Der Preis wurde diesem zuerkannt: „Thronfolger Franz Ferdinand lebt! Der Weltkrieg war überflüssig." Aber dieser Titel ist geradezu unwirksam gegen: „Wer tötete Phar Lap?" Drei Worte nur (Phar Lap als ein Wort gerechnet) und jedes ein Schlager. Phar Lap ist getötet worden, da stand es im zweiten Wort endlich ausgesprochen, getötet, getötet, und das erste Wort verlangte und versprach Antwort auf die Frage, wer die grause Untat verübte. Wer tötete Phar Lap? Man riß sich das Blatt aus den zitternden Händen und erfuhr . . .

— und erfuhr nichts weiter, als daß am Morgen bei Ankunft des amerikanischen Luxusdampfers „Monterrey" die auf Port Melbourne Pier stehenden Werftarbeiter den Schiffspassagieren zugerufen hatten: „Who killed Phar Lap?"

Immerhin, niemals war die Zeitung soviel gekauft worden. Daher gab der Chefredakteur dem Reporter eine Gehaltszulage von einem Pfund wöchentlich. Ein mißgünstiger Kollege denunzierte, der Reporter habe einigen Werftarbeitern eine Runde Bier versprochen, wenn sie die drei Worte rufen würden, die er als „scoop", das heißt eine Nachricht im Alleinbesitz, brauche. Daraufhin erhöhte der Chef die Gehaltszulage auf zwei Pfund wöchentlich.

Wer aber Phar Lap gekillt hat, weiß man noch immer nicht. Der Film „Das Leben Phar Laps" gibt keine Auskunft. Wir haben ihn uns vorführen lassen, Aufnahmen im Stall, auf der Waage, beim Start, auf der Strecke und am Ziel, die Einschiffung zur Eroberung eines neuen Kontinents und schließlich die Heimkehr als Toter. Charlie Lawrence, Australiens Radioconférencier, hat den Tonfilmstreifen mit begleitenden Worten besprochen, noch drei Jahre nach Phar Laps Tod zittert Charlie Lawrences gefilmte Stimme vor Rührung, und wir glauben gern, daß das Publikum bei den Aufführungen laut schluchzte.

Am meisten haben wohl Phar Laps Besitzer geweint, und unter ihnen wiederum am meisten Mister D. J. Davies, der die Majorität der Anteile an Phar Lap besaß. Mister Davies schätzte den Verlust auf volle 100 000 Pfund. Auf 8000 Pfund war Phar Lap versichert gewesen, aber selbst diesen Betrag erhielten seine Leibeserben nicht ausbezahlt, denn die Police galt nur für das Leben Phar Laps innerhalb Australiens, und der von Mister Davies vor Antritt der Amerikafahrt gestellte Antrag, sie auf diese Reise auszudehnen, war von der Versicherungsgesellschaft abgelehnt worden. Kurzum: allgemein und uneingeschränkt war die Trauer, und bis zum heutigen Tag sind Schmerz und Verdacht nicht verstummt.

Jenem Australier, der uns schon auf der Überfahrt in der Schiffsbar beschwor, die Wahrheit über den Tod Phar Laps ans Tageslicht zu bringen, sind auf dem Festland viele andere gefolgt.

Wir möchten gerne. Wir stehen hier vor Phar Lap und schauen ihm forschend ins Auge, weil sich in der Pupille eines Ermordeten das Spiegelbild des Mörders erkennen lassen soll. Aber für gläserne Augen trifft das offenbar nicht zu, denn nur unser eigenes Spiegelbild erwidert unseren Blick.

Und wir, wir haben ihn nicht ermordet, Ehrenwort!

KOHLE UNTER DEM MEER

Im Süden von Wales, England, und in Neusüdwales, Australien, liegen die Fördertürme der Bergwerke hart am Meeresrand, die Stollen tief unter dem Meeresgrund. Nicht deshalb aber hat Cook Neusüdwales nach Südwales benannt, weder er noch seine Naturforscher hatten eine Ahnung vom Vorhandensein der Kohle. Erst die Männer, die, wohl oder übel, hinterherkamen, entdeckten die Kohle; bevor auch das Gold entdeckt wurde, verging noch ein halbes Jahrhundert.

Von denen, die das goldgelbe Gold zutage förderten, wurden manche in wenigen Stunden reich, von denen, die den schwarzen Diamanten zutage förderten, keiner, und möchte er sein Leben lang graben. Der Goldrausch verpuffte, die Goldgräber zogen von dannen. Der Kohlenbau erhielt sich, die Kohlenkumpels blieben, sie leben am Meer und hacken unter dem Meer.

Wenn sie nach getaner Schicht aus den dumpfen, schwarzen, engen und starren Maulwurfsgängen emporgewunden werden und der Förderschale entsteigen, könnten sie ihr Auge schweifen lassen über die freie, blitzendhelle, unendlich weite und bewegte Fläche des Ozeans, diesen Kontrast zu ihrem Arbeitsplatz. Sie lassen ihr Auge nicht schweifen; ihr Auge ist müde wie sie selbst.

Wonthaggi. – Ein Ort an der Küste von Victoria. Wäre hier nicht Kohle gefunden worden – kein Zweifel, daß sich Wonthaggi zu einem Strandbad entwickelt hätte mit Kabinenhallen, Sonnendächern, schwimmenden Trampolinen, Booten, sandburgenbauenden und muschelsammelnden Kindern, Tanzdielen, Flirt und vielem anderen mehr unter freiem Himmel. Du lieber Himmel, Wonthaggi ist ein Bergmannsdorf, etwas weniger verrußt als die Dörfer im Borinage oder im Ruhrgebiet, sonst aber von ihnen kaum unterschieden. Hier, wo das Weltmeer persönlich Planschwiesen, Spielsandplätze und Strampelbäder eingerichtet hat, wo frischgebadete Salzluft durch die Gassen weht, sind die Kinder genauso blaß und mager und haben genauso rachitische Beinchen wie ihre Altersgenossen in den Kohlendistrikten irgendeines Binnenlands. Es scheint, daß es nicht nur die Landschaft ist, die ein Land schafft.

Wonthaggi hat eben einen Streik hinter sich, zwanzig Wochen lang standen die fünf dem Staat gehörenden Gruben still, zwanzig Wochen lang mußten die Arbeiter feiern an dieser sonnigen Küste, die ein Seebad sein könnte. Aber sie sehen hungrig und so müde aus, als hätten sie zwanzig Wochen lang doppelte Schicht gemacht.

Es ist fünf Uhr nachmittags, Schichtwechsel, eine Kolonne bewegt sich aus der Kohle ins Pub, ins Wirtshaus. Um sechs Uhr, so verlangt's das Gesetz, müssen die Kneipen schließen. Für den Kumpel, der mit verstaubter Lunge und bestaubter Zunge de profundis auftaucht, bedeutet die zeitige Sperrstunde, daß er eilen muß, wenn er Kohlenstaub und Durst mit Bier wegspülen will.

Einer fragt uns, ob wir für seine beiden Kinder etwas nach Melbourne mitnehmen möchten, sie seien dort in einer Lungenheilstätte. Hat man je gehört, daß lungenkranke Kinder von der See zur Erholung in die Großstadt gebracht werden? „Es geht ihnen gut", sagt ihr Vater, „sie haben dort Pflege und genug zu essen. Aber seit vier Monaten habe ich sie nicht gesehen, die Rangen ... Wozu lebt man hier in diesem Scheißnest Wonthaggi? Eine Stunde Gasthaus und alle vierzehn Tage einmal Kino, das ist alles, was wir hier haben. In einer großen Stadt zu arbeiten wäre mein Traum. Mitten in Sydney ist ein Kohlenpütt, dort können die Kumpels nach Feierabend die Großstadt genießen, die Welt."

Sydney ob der *Kohle.* – Unter den Hunderten von Schiffen, die sich im Sydneyer Hafen stauen, wohnt die Kohle, 915 Meter tief. Die Kohlenlager von Neusüdwales hängen in der Form einer Saucenschüssel zusammen, deren Boden unter dem Pazifik liegt.

In Birchgrove, einer in den Hafen vorspringenden Halbinsel des Stadtteils Balmain, sitzen von frühmorgens bis spätabends Angler in langer Reihe und schauen sehnsüchtig ins Wasser; sie sehnen sich nach den Gefilden unterhalb der Nixenwelt, wo man Kohle hacken könnte.

Diese Angler sind nämlich abgebaute Kumpels aus den nicht abgebauten und dennoch geschlossenen Kohlenflözen und keineswegs mit Leib und Seele dem Angelsport hingegeben. Wir fragen einen nach dem Bergwerk, er rollt die Angelschnur ein und steht auf, um uns zu erzählen, die anderen treten hinzu.

Ja, der Pütt da unten, das ist ein sehr großer Pütt. Sieben Meilen lang verläuft er unter dem Hafen, von hier nach Nordosten unter der Hafenbrücke weg bis nach Mosman. Mosman war ein Walfischfänger, der hat dort sein Bootshaus gehabt, aber das ist schon lange her. Jetzt wohnen dort reiche Leute in Villen mit großen Gärten. Auch der Taronga Zoo Park gehört zu Mosman und die Golf Links und Clifton Gardens mit dem Mast der „Sydney", das ist das Schiff, das die deutsche „Emden" versenkt hat. Verdammt feine Gegend, dieses Mosman, und gerade dorthin führen unsere Flöze.

Hier rechts ist der Zugang zur Zeche. Vom Schacht bis vor Ort mußten wir mehr als zwei Stunden laufen – sogar oben, mit dem Autobus, fährt man ja fast eine halbe Stunde von hier nach Mosman. Gibt's das sonst noch irgendwo, daß man vom Fabriktor zum Arbeitsplatz zwei Stunden laufen muß, täglich vier Arbeitsstunden für Hin- und Rückweg verliert? Deshalb sollte in Mosman ein neuer Förderschacht gegraben werden. Gegen ein so proletarisches Bauwerk protestierten aber die Villenbesitzer, der Schacht wurde nicht gebaut und unser Betrieb „mangels Rentabilität" geschlossen.

Jetzt protestierten wir, und die Gewerkschaften und die Labor Party stellten sich hinter uns. Wir verhandelten mit der Grubenverwaltung, und die erklärte: „Ihr könnt die Grube selbst bewirtschaften. Was ihr fördern werdet, übernimmt und bezahlt unsere Kohleneinkaufsgesellschaft ab Schacht. Einverstanden?"

Einverstanden. Wir übernahmen den Pütt, das war vor drei Jahren. Die Fördereinrichtungen waren am Rande ihrer Kraft und klappten bald zusammen. Natürlich hatten die Zechenbesitzer das gewußt. Das war mit ein Grund für sie gewesen, die Grube zu schließen, sie wollten kein Geld für neue Maschinen ausgeben. Wir hatten also das Kapital für die Fördermaschine selbst aufzubringen. Auch die Transportverhältnisse waren schlecht, die Käufer mußten die Kohle viermal umladen. Eigentlich ging uns das nichts an, aber die Abnehmer verlangten eine entsprechende Herabsetzung der Preise.

Wochenlang konnten nur halbe Löhne ausgezahlt werden,

Streit und Streik entstanden. Kaum waren die Schwierigkeiten behoben, kaum ging's etwas vorwärts, da brachte die B. H. P., das ist die Broken Hill Proprietary Ltd., ihre Kohle billiger auf den Sydneyer Markt, als wir sie in Sydney fördern konnten. Trotz aller unserer Opfer konnten wir nicht weitermachen, wir gaben den Pütt auf. In der gleichen Stunde schraubte die B. H. P. die Kohlenpreise wieder in die Höhe.

So erzählt der arbeitslose Arbeiter, wie's unten ist, so wohlig auf dem Grund, er stieg' hinunter wie er ist, wenn man ihn bloß ließe. Aber er hofft nicht mehr, Arbeit zu finden, er hofft nur darauf, daß der „linke Flügelmann" der Labor Party, Jack Lang, früher oder später wieder an die Regierung kommen und den „dole", die Arbeitslosenunterstützung, um einen Schilling pro Woche erhöhen werde.

Zum Unterschied von den Belegschaften der arbeitenden Gruben wollen die Arbeitslosen von Balmain nichts von den Kommunisten wissen. „Die sind gegen die Kirche, wie in Rußland, unsere Religion geht aber doch die Organisation nichts an."

Glaubt ihr, daß in der Sowjetunion eine Grube geschlossen wird, bevor die Kohle abgebaut ist?

Vielleicht nicht. Aber bei uns arbeiten ja auch noch Gruben, dazu ist der Kommunismus nicht nötig. Hier bei unserem Pütt war eben zuviel Konkurrenz im Spiel und auch Korruption. In Newcastle zum Beispiel, da wird noch sehr viel Kohle unter dem Meer gehackt.

Newcastle. – Bei Newcastle, 75 Meilen nördlich von Sydney, an der Mündung des Hunter River, setzt der Henkel der mit Kohle gefüllten Saucenschüssel an.

1796 fanden die Sträflinge hier Kohle, dafür durften sie sie auch fördern, achtzehn Stunden pro Tag, und ein vom dankbaren Land aufgerichtetes Monument erinnert an sie: „. . . an sie" heißt natürlich nicht an die Sträflinge, sondern an die Kohle. Auf hohem Sockel erhebt sich mitten auf Parnell Place, aus Basalt gemeißelt, in Lebensgröße und zum Sprechen ähnlich ein Block Anthrazit.

Ein Jahrhundert lang war Newcastle der einzige Kohlenhafen auf dieser Seite des Globus, in der Zeit von Dampfmaschine und Dampfschiffahrt. Umwege bis zu fünfhundert Meilen machten

Schiffe, englische, niederländische, südamerikanische, um in Newcastle Kohle zu nehmen, teils für den eigenen Magen, teils für die neuentstehenden Industrien auf den pazifischen Inseln. Mit Flaggen und Lichtern grüßten einander die Schiffe auf hoher See und fuhren aneinander vorbei. Die Bemannung eines Schiffes kannte die der anderen meist von Begegnungen in Newcastle, der Freund traf den Freund nur dann, wenn ihre Schiffe zu gleicher Zeit Nobbys rundeten, um Port Hunter anzulaufen.

Nobbys ist der Leuchtturm, Port Hunter der Hafen von Newcastle. Hinter Nobbys warteten Segler auf günstige Winde zur Abfahrt, in Port Hunter bunkerten Dampfer, und in Scott Street saßen die Seeleute weiter Fahrt, tranken steifen Grog und spannen mächtige Seemannsgarne von Winds- und anderen Bräuten. Und wenn vom Leuchtturm aus die Ankunft eines Bootes avisiert wurde, „sighted off Nobbys", so bedeutete das neue Trinkkumpane, neue Gesichter und neue Hörer. Freilich, auch Konkurrenten konnten es sein, Kauffahrteischiffe mit der gleichen Ware an Bord und dem gleichen Markt als Ziel. Das war für den Kapitän im Hafen, der oft zugleich der Handelsherr, zumindest aber am Gewinn beteiligt war, ein Signal, das Laden der Kohle zu beschleunigen und flugs die Anker zu lichten. „Sighted off Nobbys" wurde eine internationale Redensart der Seeleute und besagt: „Es steht bevor."

In der letzten Märznacht von 1874 sichtete Nobbys einen Schoner, einen kleinen englischen Schoner, der zu diplomatischen Interventionen Anlaß geben sollte. Henri Rochefort und sechs andere Teilnehmer an der Pariser Kommune waren an Bord, auf der Flucht aus ihrer lebenslänglich gedachten Haft in Neukaledonien. Von Paris aus forderte das Ministerium de Broglie drohend die Herausgabe seiner ihm entlaufenen Opfer, aber die Behörden in der Stadt der Kohlenkumpels und Hafenarbeiter scherten sich nicht darum, ja, sie unterzogen die entschieden unbefugt Eingereisten nicht einmal einer Prüfung in Gälisch.

Sonst kamen wohl wenig Schiffe nach Newcastle, deren Passagiere die Freiheit suchten, die meisten Schiffe suchten Kohle und bekamen sie. Kohle war und ist im Überfluß da, genug, um den Schiffspark der Welt zu füttern; Australien schätzt den Inhalt seiner Saucenschüssel auf 180 Milliarden Tonnen.

Newcastle trug alle Voraussetzungen in sich, eine Millionenstadt zu werden, die Metropole der südlichen Hemisphäre, Schiffsbauzentrum und Welthafen. Warum es nicht diesen Aufstieg nahm, hat mehrere Gründe, der eine war die australische Einwanderungspolitik: die Arbeitskräfte reichten nicht aus.

Vor allem aber wollte Mutter England ihre Kunden selbst behalten, und die ältere Tochter, Sydney, wollte ihre bewundernden Besucher behalten, und deshalb sollte die jüngere Tochter schön abseits auf ihrer Kohlenkiste sitzenbleiben. In Salander Bay, etwas nördlich von Newcastle, war eine Flottenbasis errichtet worden; obwohl die Konstruktion ihrer Anlagen schon kolossale Summen verschlungen hatte, wurde sie eines Tages ohne Angabe von Gründen aufgelassen.

Nichtsdestoweniger fand Aschenbrödel einen Freier. Er wurde nicht ab Nobbys gesichtet, denn er kam vom Lande her und war ein australischer Prinz, der dickste im ganzen Lande, und er nannte zwei Schatzkammern sein eigen, die eine voll mit Kupfer und die andere voll mit Silber, für die ihm ein ganzes Gebirge, Broken Hill, immer neues Silber lieferte. Von diesem Gebirge stieg der dicke Prinz herab, nahm Aschenbrödel in seine Arme und legte zwei neue Schatzkammern an, eine mit Kohle und eine mit Eisen.

Noch ein zweiter Freier nahte, der war in seiner fernen Heimat und in der Welt noch mächtiger als der Prinz von Broken Hill, daheim hieß er Vickers-Armstrong, aber im fremden Lande trat er inkognito auf unter dem Namen „Vickers Commonwealth Steel Products Ltd.“. Als er eintraf, war Kohlenbrödel schon mit Broken Hill vermählt. Vickers baute seine Burg dennoch hierher. Keine Angst, die Zeiten, in denen die Raubritter sich bekriegten, sind längst vorbei, sie schließen sich lieber zu einem Trust zusammen.

Gemeinsam regieren die beiden den Hafen, und ihre Kronen haben Schlote an Stelle der Zacken, und die Wachtürme ihrer Burgen sind flammende Hochöfen, und auf den Burghöfen erheben sich Walzwerke, Martinsöfen, Kokereien und Elektrokrane, und im Verlies unter dem Meer liegt die Kohle, geschützt durch Kanonen. Nahe dem Kohlendenkmal auf Parnell Place steht eine

Festung, Fort Scratchley, und eine Artilleriekaserne. Ihre Bestükkung ist gegen den Hafeneingang gerichtet.

Im Kriegsfall wird der ganze Meeresrayon für den ausländischen Verkehr geschlossen, keineswegs bloß für Kriegsschiffe, denn auch ein kanonenloses und scheinbar unmilitärisches Boot kann eine Bombe ins Meer fallen lassen, wie eine Henne ein Ei legt, und diese Bombe könnte den Unterseepütt zerstören, gerade dann, wenn man ihn besonders braucht, wenn Eisenwerk und Bergwerk Hochkonjunktur haben.

Die 5500 Arbeiter, die Broken Hill Proprietary Ltd. heute obertags und untertags beschäftigt, sind bei weitem nicht die größtmögliche Belegschaft, und die 18000 Tonnen Kohle, die jetzt wöchentlich aus dem Kohlenkeller heraufgeholt werden, genügen nicht, um eine Waffenschmiede in Kriegszeiten warm zu halten. In solchen Zeitläuften werden die Kargos mit Eisenerz, die von Whyalla via Iron Knob zur B. H. P. rollen, und die Kargos mit Stahlwaren, die die B. H. P. verlassen, Nobbys nicht mehr einzeln runden, sondern in ganzen Flottillen mit gepanzertem Konvoi.

Jetzt aber haben wir sonnigsten Frieden, und so sind von den 12000 Bergarbeitern in Newcastle 2000 partiell arbeitslos und 5000 voll arbeitslos und sehnen sich genauso nach der Arbeit unter der Meerestiefe wie ihre Kollegen von der anderen Seite der Saucenschüssel, die von den Kumpels in Wonthaggi beneideten Kumpels in Sydney-Balmain.

Im abendlichen Gespräch mit den Newcastler Freunden gestanden wir, noch nie eine Unterwassergrube gesehen zu haben, schade. Nicht gern hören es Gastfreunde, daß ihr Gast etwas entbehrt. Wie aber soll man es anstellen, die Grube jemandem zu zeigen, der im Gipsverband steckt und auf Krücken geht, sie also unmöglich durchwandern kann?

Nein, das ging nicht, schade, und wir mußten uns begnügen, das nächtliche Newcastle zu durchfahren. Keine andere Kohlen- und Industriestadt kann sich mit ihr vergleichen. Fünf Küsten, viele Meilen lang, mit Strand und Felsen und Grotten laden zum Bade. Die Wellen tragen weiße Phosphorlichter, und wenn sie branden, so fällt ihr Schein auf das Küstengestein, und man sieht auch nachts, daß die Felsen blau sind.

Längs der Küste stehen in Frühlingsblüte Shortland Park, Fletcher Park, King Edward Park. Auf dem Macquarie-See, der nur durch einen dünnen Küstenstreif vom Meer getrennt ist, lassen sich einige Segelboote von der Brise umherkutschieren.

Hinter dem See liegen die Kohlenzechen des Festlands, Cessnock, Kurri-Kurri und Maitland, der weitgeschwungene Henkel der Sauciere. In Maitland wurde die Kohle hundert Jahre später gefunden als in Newcastle; der Mann, der sie entdeckte, Edgeworth David, entdeckte 1909 auf der Shackleton-Südpol-Expedition in der Antarktis den magnetischen Nordpol.

Entlang des Großen Ozeans kehren wir nach Newcastle zurück, das Signallicht von Nobbys weist uns den Weg, und die Lohe der Hochöfen schwingt sich zum Sternenhimmel. Rechts rollen die phosphoreszierenden Wellen dem blauen Ufer zu, nichts verrät, daß tief unter ihnen ein vielstöckiges, verzweigtes Labyrinth denen ein hartes Schicksal bereitet, die darin arbeiten, und ein noch härteres denen, die nicht darin arbeiten dürfen.

Newcastles Häuser haben dunkel gemacht, auch Scott Street, wo einst die Seebären zechten, ist still, die 120000 Newcastler scheinen zu schlafen.

Am Nachmittag des nächsten Tages besucht uns eine Gruppe Jungarbeiter. „Es hat uns nicht schlafen lassen, daß Sie noch nie einen Pütt unter See gesehen haben. Wir wollen Ihnen einen zeigen.“ – „Mit den Krücken?“ – „Unten tragen wir Sie, wir haben alles vorbereitet.“ So fuhren wir gegen Dudley, an aufgelassenen Zechen vorbei und an einem Hunderennplatz. „Hier war das Hamilton Disaster.“ Wir erfahren, daß die Katastrophe sich vor 47 Jahren ereignet hat. Zehn Tage nach dem Einsturz wand man sechs Grubenpferde ans Tageslicht, ein Impresario bemächtigte sich dieser Attraktion und zeigte sie gegen Eintrittsgeld; die Pferde wurden vom sentimentalen Publikum mit Leckerbissen so verwöhnt, daß alle sechs binnen kurzem umstanden. Nun zog der Impresario mit anderen Pferden, die er für die alten ausgab, von Stadt zu Stadt, aber die Unterschiebung kam heraus, und er wurde verhaftet, nur mit echten Arbeitsgäulen darf man Geschäfte machen.

Von den verschütteten Menschen wurden wenige geborgen, viele Tote liegen unter dem Oval, auf dem lebende Greyhounds hinter einem elektrischen Hasen herlaufen zu dem Ende, daß Kohlen- und Metallkumpels ihre Lohntüte verspielen.

Dudley. – Auf dem Zechenhof von Dudley sind Ochsenkarren aufgefahren, jeder mit Riesenbaumstämmen beladen. Zersägt, werden sie unten senkrecht stehen und die Decke tragen als Verstrebungen und Verspreizungen, hierzulande „props“ genannt. Ohne Kesselhaus, frei und unbedeckt stehen die Kessel, frei und unbedeckt laufen die Röhren ins Maschinenhaus.

Wir fahren ein, 672 Fuß tief, dreigeteilt ist diese Distanz. Ihr erster Teil erstreckt sich von der Höhe des Förderturms bis zur Oberfläche des Stillen Ozeans, ihr zweiter Teil von der Oberfläche bis zur Bodenfläche des Meeres und ihr dritter Teil vom Meeresgrund hinab in das Land der Verkohlung. Der Schacht führt nicht durchs Wasser, von der Küste aus dringt er durch Felsen in die Tiefe. Neben uns im Förderkorb lehnt eine Bahre, sie soll wohl zum erstenmal jemanden nach innen statt nach außen befördern. Die Jungarbeiter, die sie tragen werden, klopfen uns fröhlich auf den Bauch, stellen fest, wir seien keine leichte Last, und spucken in die Hände.

Im waagerechten Stollen verläuft der Weg anfangs zwischen Kohlenwänden. Nach kaum dreihundert Schritten ist die Wand wieder aus Basalt, wie die Stöße waren, die Wände des Förderschachts. Über uns, mitten im Meer, ragt ein Fels, sinnbildlich wie ein Fels im Meer, aber tief unten, wo's keiner sieht, ist sein Fuß gebrochen.

Ein grauhaariger Hauer erzählt, welche Verwirrung es gab, damals vor dreißig Jahren, als plötzlich diese Steinwand den Weg versperrte. „Wir hackten fünf Tage lang und stießen noch immer auf Stein. Dann wechselten wir die Richtung und haben sie wieder erwischt, die Kohle.“

Wir fragen, ob Wassereinbrüche vorkommen.

„Früher muß es wohl häufig geschehen sein, denn es gibt alte Vorschriften, an die wir uns noch heute halten sollen. Wenn der Stollen zwanzig Fuß vorwärts getrieben ist, sollen wir uns vergewissern, ob der nächste Schritt nicht schon ins Meer hineinführt. Wir sollen ein Loch von zwei Zoll ins Hangende bohren und ein ebenso langes nach vorne.“

„Warum sagen Sie immer ‚sollen‘?“

„Na ja . . . man verliert seine Zeit und kriegt das nicht bezahlt. Außerdem wissen wir ja immer, wie tief wir sind und wie weit vom Meer entfernt, das wird ja ausgelotet. Da ist keine Gefahr."

„Keine Gefahr?" sagt einer. „In Stockton haben sie auch geglaubt, daß keine Gefahr ist . . . Kannst den Bastard fragen, der war dabei." Der Bastard ist der Obersteiger, hier keine Beschimpfung, nur eine Rangbezeichnung. „Wir haben dort die Sicherheitsprobe gebohrt, auf einmal bricht ein Strahl herein, ein ganz dünner Strahl, aber so stark, daß er einen von uns in die Brust getroffen hat, und der ist umgefallen wie von einer Keule hingehaut . . . Zuerst wollten wir wegrennen, aber dann haben wir den Befehl bekommen, das Loch zu verstopfen. Von oben regnete es Muscheln und Fischlaich und Tang und Schleim, weiß der Teufel, was da für Zeug mit aller Gewalt zu uns herunterwollte . . . Werg und Lehm stopften wir ins Loch, das hat nicht ausgereicht, wir mußten den Stollen mit Sandsäcken und Ziegeln abdichten, schließlich die ganze Strecke mit Zement zumauern. Bis zum Bauch standen wir im Wasser, und keinen Cent haben wir dafür gekriegt."

„Stockton liegt nicht so tief unter dem Meer wie wir hier", sagt der Alte. „In Stockton hört man den ganzen Tag die Schaufelräder der Fähren und die Maschinen der großen Schiffe. Wir in Dudley können nur nachts, wenn gerade nicht gehackt wird, die Ankerketten klirren hören. Dann saust der Anker herunter und beißt sich in unseren Plafond."

„Gefahr ist nicht. Nur Neulinge hören Rauschen und Krachen im Hangenden. Dann markieren wir Alten besorgte Gesichter und brummen, es würde uns nicht überraschen, wenn plötzlich der ganze Pazifik auf uns herunterfiele."

„Das ist nur das Vorspiel. Bevor so ein Neuer am nächsten Morgen einfährt, legen wir ihm Muscheln und Algen und tote Fische vor Ort, einen ganzen Haufen, und schütten ein paar Eimer Wasser darüber. Wird der blaß, wenn er die Bescherung sieht! Das Meer schon da!"

Alle lachen. „Siehst du, Genosse, das gibt's nicht in den Gruben unter der Erde, das gibt's nur unter Wasser. Solche Späße machen wir mit jedem Neuen . . ."

Nach einer Pause: „. . . allerdings, jetzt wird niemand eingestellt, nur abgebaut wird man. Und die Löhne fallen überall. Nur in Wonthaggi geht's gut, dort haben die Kumpels eben einen großen Streik gewonnen."

MERKWÜRDIGES ÜBER HAIFISCHE SOWIE ANDERES, ZUM TEIL VORSINTFLUTLICHES GETIER

Frag nicht viel nach Haifischen, Fremdling.

Merk dir, Fremdling, es gibt Haifisch-Wachtürme, es gibt Badeplätze mit haifischsicheren Netzen, es gibt Haifisch-Alarmglocken, es gibt Berichte über Haifisch-Überfälle in den Zeitungen, es gibt das Lebensretterkorps mit dem Rettungsseil an der Winde, all das gibt es, und dessen rühmt man sich sogar. (Mit Ausnahme der Haifisch-Überfälle.)

Aber Haifische selbst? Haifische gibt es nicht, Fremdling, und wenn es sie gibt, so sind sie nicht der Rede wert. Sogar das Shark Menace Advisory Committee von Sydney hat in seinem Jahresbericht sich selbst die Bedeutung abgesprochen, indem es erklärte, durch Autounfälle kämen unvergleichlich mehr Leute um als durch Haifische, ohne daß man darüber Zeter und Mordio schreie und von Gott und der Welt ein Einschreiten verlange; in Anbetracht der Hunderttausende von Badenden sei die Zahl der Haifischopfer geradezu lächerlich gering.

In dem gleichen Communiqué, in dem der Haifischgefahr-Beratungsausschuß die Haifischgefahr so kategorisch in Abrede stellt, macht er umfassende und kostspielige Vorschläge, um diese Gefahr zu bannen. Erstens: Flugzeugpatrouillen, mit Radio ausgerüstet, sollen die Strandbäder und den vorgelagerten Bezirk des Ozeans beäugen, damit bei ihrem Funktelegramm ein in Bereitschaft liegendes Motorboot unverzüglich gegen den nahenden Feind ausrücke. Zweitens: Ausschreibung hoher Fangprämien für jeden im Hafen erlegten Hai. Drittens: eine permanente haifischsichere Abschließung der zwanzig wichtigsten Badeplätze; solche metallenen Netze würden zwar über eine Million Pfund Sterling kosten, jedoch bei Erhebung eines Pennys per Badegast wäre die Ausgabe bald zu decken.

Aus den Debatten, die sich über die Vorschläge entspannen,

ging deutlich die Unzufriedenheit der Bevölkerung mit den bestehenden Sicherungsmaßnahmen und mit dem Zustand hervor, daß Raubfische im Stadtgebiet auftauchen und sich von den Steuerzahlern abbeißen, was ihnen paßt.

Bislang haben nur einige bevorzugte Badeplätze ein Sicherheitsnetz. Auf den übrigen steht das Korps der Lebensretter, ein philanthropischer Sportklub, als Leibwache da. Wegen dieser freiwillig übernommenen Aufgabe und mehr noch, weil sie sonnengebräunte, gutgebaute, halbnackte Jünglinge sind, erfreuen sich die Lebensretter großer Beliebtheit und werden beim Strandkarneval und bei ihren Paraden von allen bejubelt, insonderheit von den Frauen.

Wenn die gelbsandigen Küstenstriche und das blaunasse Gebiet davor meilenweit punktiert sind von Badenden, bezieht einer der Lebensretter seinen Posten auf dem Wachturm und lugt über den Pazifik; erspäht er die graue Gefahr, so läßt er die Turmglocke, die Sturmglocke dröhnen.

Was nun folgt, ist für den, der es zum erstenmal erlebt, eine erstaunliche Massenszene. Viele Tausende, Männer, Frauen, Kinder, laufen aus dem Wasser uferwärts, nicht gerade panikartig, eher angenehm erregt, denn sie wissen, daß sich der Hai nicht gegen dieses Heer von spritzenden, prustenden und lärmenden Menschen wagen wird, das von der Phalanx der Brandung zurückgeworfen und gespalten wird und endlich, wieder vereinigt, ans Land purzelt.

Hernach geben sich alle neuerlich und unbesorgt dem Surfing hin, dem Sport, sich auf den Rücken der Wellen zu schwingen und von ihnen aufs Festland schleudern zu lassen. Die Bereitschaftsmänner aber hocken am Strand im Sand neben ihrer Kanone, die eine Winde ist. Ein vierhundert Meter langes Seil ist um sie gerollt, sein Ende an einem Korkengürtel befestigt.

Jemand im Wasser stößt Hilfeschreie aus, weil ihn die Wogen abdrängen und ihm die Rückkehr verwehren, weil ihn ein Krampf oder ein Haifisch befiel. Im Nu ist einer der Lebensretter in den Korkgürtel gesprungen und rennt in die See, durch Lauf und Schwimmen das Seil von der Winde abrollend. Er nimmt den Bedrohten oder Verletzten in die Arme, ums Zurückschwimmen braucht sich der Retter nicht zu sorgen, der Kork hält ihn über

Wasser, und ans Land ziehen ihn mit schnellen, regelmäßigen Griffen die anderen Bereitschaftsmänner.

Allerdings, vor dem Biß des Haifisches können auch die flinkesten und kühnsten Retter kein Opfer bewahren. Bevor ein Retter an der Mordstelle anlangt, ist sie ein roter See in blauer See, ein See von Meersalz und Menschenblut. Den Torso des Unglücklichen vermag man manchmal zu bergen, den Hai erwischt man niemals auf frischer Tat; so plump und träge er scheint, so schnell weiß er zu enteilen; nur ein kleiner Leichenfledderer, der Saugfisch, treibt sich am Tatort umher. Tagelang ließ er sich, am Haifischleib festgesaugt, durch die Wasser tragen, um in dem Augenblick, da seines Wirtes Gebiß irgend etwas krachend zerknackt, ins Wasser zu gleiten und an dem Rest des Mahls schmatzend zu schmarotzen.

Einer der Fälle, deren Zeitgenosse wir in Sydney waren, war der des dreizehnjährigen Mädchens Elsie Morrin. Die Kleine hatte an der Mündung des St. George River Schwimmübungen gemacht, als ein Hai frontal auf sie zukam und ihr mit einem Biß beide Arme abriß. Elsie Morrin wurde geborgen, eine Zeitung sammelte 3000 Pfund Sterling zu ihren Gunsten.

Von einem vierzehn Tage später, nahe der Sydneyer Vorstadt Bankstown, ins Netz gegangenen Hai wurde behauptet, es sei jener, der das Mädchen verstümmelte. Vielleicht hat die Zeitung diese Identität des Täters mit dem Verhafteten nur erfunden, um die von ihr veranstaltete Kollekte zu beleben, vielleicht hat Warren Digby das ausgeheckt. Warren Digby hatte den Hai gefangen, und wir wollten ihn darüber ausfragen und über sein Gewerbe im allgemeinen. Wir läuteten und klopften am Tor seiner Haifischfängerei in Rushcutter's Bay, niemand öffnete, so öffneten wir selbst und stolperten allein über den Hof, der zugleich Landungsbrücke ist.

Alte Netze aus Messingdraht lagen auf einem Haufen, Angelhaken aus Nickelstahl, schon mehr Ankerhaken als Angelhaken, lagen auf einem anderen Haufen. Angelstöcke lehnten an der Wand, schwere Stangen, die kann ein Angler nicht einfach mit den Händen festhalten, die muß er in der Düse des Ledergürtels aufstützen wie einen Fahnenstock. Auf jeder Angel ist eine Messingwinde, mittels der der gefangene Hai emporgerollt wird.

„High and dry", das heißt ans Land gezogen, lagen einige Boote. Auch Haifischflossen und Haifischzähne sahen wir und Haifischhäute, Skalps der Gegner, die Warren Digby vom Kriegspfad heimgebracht hat. Sonst aber kriegten wir in der Haifischerei Warren Digbys kein Aas zu Gesicht, der Meister war wohl mit seiner Bemannung auf der Jagd, und so konnten wir niemanden fragen, wodurch die Identität des Hais von Bankstown mit jenem festgestellt wurde, der das Mädchen Elsie Morrin überfallen und beraubt hat.

Trösten wir uns, die letzten Dinge über Haifischfang hätte Warren Digby uns kaum verraten können. Ist er doch mehr oder weniger Amateur, übt sein Gewerbe nur im Umkreis von Sydney aus, hauptsächlich im Interesse der Badenden und neugieriger Jagdgäste, die er auf seine Fahrten mitnimmt.

Die, die dem Haifisch als Rohstofflieferanten auf den Leib rükken, das sind die großen Fänger, und sie kommen von weit her nach Australien, wo sie keine Abgaben bezahlen müssen. Das wäre ja noch schöner, die Vertilgung eines Scheusals zu besteuern, das nicht nur Menschen frißt, sondern auch teure Fische, per Tag so viele, wie sein eigenes Gewicht beträgt, oft bis zu 500 Kilogramm. Selbiges Quantum schnappt der Hai zumeist an den Flußmündungen, an denen es von zarten Lachsen wimmelt, den fleißigen Anglern vor der Nase weg. Er ist somit das widerlichste und schädlichste aller Wassertiere, darüber kann wohl kein Zweifel obwalten.

Andererseits kann kein Zweifel darüber obwalten, daß der Hai das sympathischste und das nützlichste aller Wassertiere ist, man muß die Sache nur vom einzig richtigen Standpunkt aus ansehen, vom Standpunkt der Ausbeutung nämlich. So restlos und so profitabel, wie der tote Haifisch sich ausbeuten läßt, so restlos und profitabel läßt sich nicht sobald jemand ausbeuten.

Da ist vor allem und jedem die Haut, groß wie mehrere Kuhhäute zusammen, weit widerstandsfähiger und demgemäß teurer, zur Transfiguration in Treibriemen, Seile, chagrinlederne Reisetaschen, Aktentaschen, Damenhandtaschen und Damenschuhe vorbestimmt. Da sind die Haifischflossen, kein chinesisches Gastmahl ohne sie. Eine Leber von 40 Kilogramm hat sich der brave Haifisch angemästet, damit nach seinem Tod eine genügende

Menge von Lebertran den schwachen Kindern Kräfte bringe, und Zuckerkranke bedient er aus seiner Bauchspeicheldrüse mit Insulin. Sein Fett wird zu Margarine oder Seife, sein Fleisch zu Fischkonserven und Fischkarbonaden, sein Darminhalt zu Dung, seine Gräten – welch niedliches Wort für solchen Knochenbau – zu Futtermehl.

Nichts geht verloren, und die Fiskalpolitiker, die die Abgabenfreiheit der Haifischjagd als Unrecht empfinden, sind sie im Unrecht? Sind sie im Unrecht, wenn sie erklären, man müsse von den Haifischflotten Jagd- und Gewerbesteuer verlangen, auch auf die Gefahr hin, daß sie abwandern und dann einige Menschen mehr im Haifischmagen ihr Grab finden?

Besagten Magen umschließen Wände, die nicht von Spinnweb sind. Schwerlich kann der sprichwörtliche Straußenmagen vertragen, was ein Haifischmagen nachweislich verträgt: volle Konservenbüchsen, Schiffstaue, Stacheldraht, echte und falsche Gebisse, Menschenköpfe und Menschenleiber mit Haut und Haar. Nicht nur lebende Menschen, auch Leichname, verweste und unverweste, sind ihm willkommen, weshalb „Der Taucher“ von Schiller den gräßlichen Hai des Meeres Hyäne nennt.

Bei dieser Gelegenheit sei ein Vorfall erzählt, weil er alle Schillerschen Balladen in den Schatten stellt, den Fisch des Polykrates zum Beispiel, der nur einen Ring im Bauche trägt, nicht aber ... Nicht aber wollen wir vorgreifen.

James Smith, Besitzer eines Billardsalons in Sydney, vorbestraft, sagte am 8. April zu seiner Frau: „Ich gehe mit einem Freund angeln.“ Dann verließ er die Wohnung und kehrte nicht mehr zurück.

Zehn Tage später wurde bei Coogee Beach ein viereinhalb Meter langer Tigerhai gefangen und ins Aquarium gebracht. Dort lehnte er eine Woche lang jede Nahrung ab, was bei Haien in der Gefangenschaft üblich ist. Hernach aber tat er etwas, was bei Haien in der Gefangenschaft nicht üblich ist, etwas, was in Widerspruch zu seinem eben gerühmten guten Magen steht, etwas, was künftige Verwerter des Balladenstoffes als ekstatische Erfüllung einer übernommenen Rachepflicht hinstellen können.

Unser Tigerhai schien urplötzlich vom Veitstanz befallen zu sein, er schoß durch das Bassin in unvorstellbarem Tempo, peitschte das Wasser wütend mit seinem Schwanz, warf sich hoch. Bestürzt und geängstigt sahen solches die Wächter und das Publikum. Auf einmal hielt der tollgewordene Hai inne, wie die Musik im Zirkus innehält, damit die Menge den Atem klemme vor dem großen Coup. Eine Sekunde, zwei Sekunden. Dann bäumte sich der Tigerhai auf und spie eine unheimliche Sache aus, einen Menschenarm, mit einem tief ins Fleisch einschneidenden Strick um das Handgelenk.

Auf dem Arm waren zwei einander gegenüberstehende Boxer tätowiert, das aber gab keinen Hinweis auf seinen Besitzer. Erst als die Polizei die Haut des Armes spannte und die Fingerabdrücke abnahm, stellte sie fest: der Arm gehört dem abgängigen Billardsalonbesitzer James Smith.

Acht Detektive wurden auf die Spur gesetzt, und sie ermittelten, ein Bootsbauer namens Reginald Holmes habe jemandem anvertraut, James Smith sei von Patrick Brady ermordet worden. Die Polizei kannte Patrick Brady, einen zweiundvierzig Jahre alten Wollscherer, und sie kannte zufälligerweise auch den Bootsbauer Reginald Holmes. Holmes war nämlich ein paar Tage vorher von der Wasserpolizei angehalten worden, weil er wie von Erinnyen gehetzt, demnach mit vorschriftswidriger Geschwindigkeit, auf seinem Motorboot durch den Hafen raste. Er blutete aus einer offenbar von einem Streifschuß herrührenden Stirnwunde, doch da er angab, sich selbst verletzt zu haben, forschte man nicht weiter nach, belegte ihn nur mit einer Geldstrafe wegen Schnellfahrens.

Als die Polizei nun erfuhr, Holmes beschuldige den Brady des Mordes an Smith, wurde Brady verhaftet. Dem Holmes, den die Detektive nicht zu Hause antrafen, hinterließen sie eine Vorladung. Holmes konnte ihr nicht Folge leisten, man fand ihn am selben Abend unter der Rampe der Hafenbrücke, tot, von drei Revolverschüssen durchbohrt.

So war das also! Nicht aus Mutwillen hatte Holmes vor einigen Tagen die Verkehrsvorschriften und seine Stirn verletzt; ohne Zweifel hatten ihn schon damals die Mörder von James Smith als einen gefährlichen Mitwisser umlegen wollen, und Holmes war auf der Flucht vor ihnen, als die Wasserpolizei ihn anhielt. Mit der Verhaftung Bradys wurde die Beseitigung von

Holmes noch dringlicher, jemand lockte ihn unter irgendeinem Vorwand auf die Brückenrampe und erschoß ihn, während ein Eisenbahnzug über die Brücke ratterte und jeden Lärm verschlang.

Wann aber, wie, wo und warum war James Smith ermordet worden? Hatte Smith, da er gefesselt dem Grund des Meeres entgegensank, einen Hai erblickt und an ihn seines Mordes Klag erhoben? . . . Wenn dem so war, kann man dem Hai nicht absprechen, die Klage ordnungsgemäß weitergeleitet zu haben. Seltsamerweise jedoch wurde sie nicht zu Gericht zugelassen, und das Beweisstück, das er produzierte, ebensowenig.

Nein, unsere Ballade schließt, zum Unterschied von der Schillerschen, nicht mit dem Sieg der Gerechtigkeit. Sie schließt vielmehr mit einem englischen Strafgesetzparagraphen, demzufolge kein Mordprozeß stattfinden darf, solange der Leichnam des Ermordeten nicht aufgefunden ist. Und, wie man's auch dreht und wendet, ein Arm ist kein Leichnam. Vergeblich hat der Tigerhai so dramatisch die Aufmerksamkeit auf sich gelenkt. Der zu rächende Arm rief den rächenden Arm nicht herbei.

Das ist der „Shark Murder Case“, der die Sydneyer Öffentlichkeit monatelang in Atem hielt. Er und ähnliche Vorfälle machen es begreiflich, daß für das Sydneyer Aquarium jede Neuerwerbung eines Haifisches eine Attraktion bedeutet, obwohl der Haifisch sozusagen ein Haustier ist.

Auf den Plakaten nennt das Aquarium seine Haie mit Namen, als ob sie auf einen Namen hören, auf einen Namen reagieren würden, als ob je ein Hai persönliche Beliebtheit beim Publikum erworben hätte oder erwerben könnte, als ob ein Hai ein Individuum mit individuellen Eigenschaften wäre und nicht ein anonymer Teil einer anonymen Gewalt. Lächerlich die Genugtuung darüber, daß das von Warren Digby in Bankstown gefangene Exemplar jenes sein soll, das die Bluttat an dem Mädchen Elsie Morrin verübte.

Dennoch drängt sich die Menge im Aquarium von Taronga Zoo Park, um die Haie zu sehen, vor denen sie draußen flüchtet. Zweistöckig und zylindrisch umgibt eine Tribüne das Raubfischbecken, Stühle und Bänke bilden einen Kreis um das Geländer, aber niemand setzt sich, alles lehnt an der Brüstung, Mütter heben ihre Kinder hoch, uns schwindelt bei dem Gedanken, ein Baby könnte hinunterfallen.

Hinter einer Säule, dem Bassin abgewandt, sitzt eine Frau mit gestärktem weißem Häubchen, möglicherweise ein Kindermädchen, die interessiert sich nicht für Haifische und überläßt es wohl ihren Pflegebefohlenen, sich unvorsichtig über den Abgrund zu beugen.

Schulbuben, elterlicherseits täglich ermahnt, sich nicht zu weit vom Strand und von den anderen Badegästen zu entfernen, auf daß der Hai sie nicht schlucke, genießen es hier, den vielberufenen, den einheimischen Feind zu beobachten; sie schlagen Krach, wollen ihn aufscheuchen aus seiner Apathie. Ihre Altersgenossen aus Übersee, die zum Welttreffen gekommenen Pfadfinder, hegen ein exotisches Interesse an den Haien; zurückgekehrt nach Europa oder Amerika, werden sie am Lagerfeuer von Kämpfen mit diesen Bestien erzählen. Ein kleines Mädchen im Cape, blaß, das kastanienbraune Haar in der Mitte gescheitelt und gegen die Ohren zu gekämmt, neigt das Stirndreieck über das Reich der bösen Riesen und starrt ihnen mit großen Augen nach. Äußerlich sind die Haie nicht furchteinflößend und nicht romantisch. Grau und fettig glänzend gleichen sie eisernen Walzen, an denen die Rückenflosse wie ein Steuer oder wie der Propeller eines Torpedos sitzt. Unbeweglich bewegen sich die Eisenkörper im Kreis, als lägen sie auf einem langsam laufenden Band.

Vier solcher Stücke rollen im Aquarium von Taronga Zoo Park, ein Tigerhai wie der, der den Arm von James Smith ans Tageslicht beförderte, und zwei graue Nurse-Sharks, von denen der eine das Mädchen Elsie Morrin um beide Arme gebracht haben soll. Ein Teppichhai hält sich auf dem Grund des Beckens.

Kleine silbergraue Fische schwimmen unbekümmert und regelmäßig über die Kolosse hin, unter ihnen weg, neben ihnen und vor ihnen, in Rachenweite. Der Hai tut ihnen nichts zuleide, lebt von seiner Substanz, träumt, wie die Großmächte, von der Freiheit der Meere. Die Wärter schieben ihm mit Stangen Leckerbissen geradewegs ans Maul, tote Fische, Pferdefleisch. Pferdefleisch ist weiß, also müßte er es sehen, selbst wenn er unfähig ist, dunkle Gegenstände zu erblicken, wie die Eingeborenen behaupten und deshalb vor dem Schwimmen ihre helleren Handflächen und Sohlen schwärzen. Bescheidene Anregung an den Haifischgefahr-Beratungsausschuß: Sollten die Weißen nicht im schwarzen Trikot baden, das sie von den Zehen bis zum Scheitel bedeckt?

So weiß das Fleisch auch sein mag, mit dem man den Hai füttern will, er beachtet es nicht, weicht aus, setzt sein Ringelspiel fort. Nach einigen Wochen wird er eingehen, und ein neuer tritt an seine Stelle, der wird statt „Skipper II" – die Namen sind angeschrieben – „Skipper III" heißen oder „Jackie" statt „Bob".

Pinguine nisten possierlich am Rand des Beckens und tauchen von Zeit zu Zeit ins Raubtierwasser. Da zur Fütterungsstunde Brotkrumen für die kleinen Fische ins Wasser geworfen werden, flattern vom benachbarten Zoo Vögel herbei, stoßen kreischend auf den Wasserspiegel nieder, picken auch vom Haifischrücken Brosamen auf, unbeirrt gleitet der Hai weiter, immer im Kreis, immer im Kreis, es ist schon langweilig, wir suchen andere Bezirke des Aquariums auf.

Groß hängt ein Photo an der Wand wie ein Relief, das Photo eines Delphins, und darunter seine Lebensbeschreibung wie eine Gedenktafel. Dieser Delphin hatte einen Namen wie nebenan die gefangenen Haifische, aber er hat sich diesen Namen gemacht, ohne in Gefangenschaft geraten zu sein. Er ist als einziges Individuum von allen Wassertieren mit seinem Eigennamen in der Legislatur eines Landes verankert.

Pelorous Jack hieß er, wohnte zwischen den beiden Inseln, aus denen Neuseeland besteht, und war von der Leidenschaft beseelt, den Schiffen in der gefährlichen Meerenge als Pilot zu dienen. Wann immer ein Dampfer von Wellington oder einem anderen Hafen gegen die Stadt Nelson fuhr, tauchte Pelorous Jack auf und schwamm so lange, alle Klippen und Untiefen vermeidend, vordem Bug, bis das Schiff den French Pass passiert hatte. Dann kehrte Pelorous Jack zurück, um die Führung des nächsten Schiffes zu übernehmen. Sommer und Winter, Tag und Nacht, bei friedlicher See und in hohem Sturm tat er solches dreißig Jahre lang, und darum erklärte ihn die Regierung von Neuseeland durch ein Gesetz für unverletzlich und bedrohte jeden mit hoher Strafe, der dem Pelorous Jack ein Leid zufügen sollte.

Im November 1916 ward der alte Lotse zum letztenmal gesehen. Sicherlich ist er – aber das steht nicht in der Biographie – mutterseelenallein gestorben, von allen Bewohnern des Meeres geächtet, weil er den Menschen, den Massenmördern am Meeresgetier, gedient, sie sichere Wege geleitet hat, statt sie an den Klippen zerschellen zu lassen.

Wir setzen unseren Rundgang durchs Aquarium fort. In unserem Auge ist noch das Rattengrau der Haifische, während uns bereits ein grelles Treiben von vielen Bühnen entgegenfunkelt. Gläserne Bühnen, nebeneinander, übereinander. An den Soffitten perlt strahlendes Wasser, auf dem Boden leuchtet goldener Sand, und sie sind erfüllt von türkisblauem Glast. Darin tummelt es sich edelsteinfarben und halbedelsteinfarben, Fische aus Onyx, aus Beryll und aus Saphir, etliche wiederum sind durchsichtiges Perlmutter, Platin, Purpur oder orangerotes Metall. Lurche lauern unter Miniaturgebirgen, Tintenfische lassen langsam und heimtückisch aus ihrem Leib Gliedmaßen hervorwachsen, an deren Ende der Sauger wie ein starres böses Auge ist. Eine Aufschrift an jedem Glastheaterchen besagt, welches Stück vom Leben im Ozean hier gespielt wird, welche Prominenten auftreten.

Manch andere australische Prominenz würde hierhergehören, ebenso wie sie in die Menagerie oder ins Terrarium gehören würde, denn hierzulande ist noch die Fauna einer Zeit erhalten, da es in der Tierwelt die heute herrschenden Klassen nicht gab. Säugetiere tragen Gefieder und legen Eier; Darmkanal und Harnröhre münden gemeinsam; sie brüten Eier aus und nehmen dann den Nachwuchs an die Mutterbrust, als schriebe die Naturgeschichte nicht ausdrücklich vor, daß Säugetiere nur lebendige Junge zur Welt zu bringen haben.

Auf der Veranda des Brisbaner Museums lebt in einem gläsernen Wasserbehälter der Lungenfisch Barramanunda. Er atmet mit Kiemen im Wasser und mit der Lunge in der Luft, er brauchte nicht zu erschrecken, wenn der Fluß, in dem er wohnte, austrocknete, für ihn und seinesgleichen wohnt sich's ebenso gut im Schlamm.

Von einem ihrer Urtiere sprechen die Australier, die sich ihrer Haifische schämen, mit dem ganzen Stolz des Alleinbesitzers. Sie nennen es Platypus. Gemeint ist das Schnabeltier, Ornithorhynchus, ein Säugetier mit richtigem Entenschnabel, zu Wasser und zu Land zu Hause, das auf dem Wasserspiegel laufen kann wie ein schwerer Seevogel und sich mit Gift und Krallen verteidigt. Ebenso viele Bücher wie über Napoleon sind über das Schnabeltier geschrieben worden, doch seinem Ruhm und seiner Vielseitigkeit zum Trotz ist es in die niedrigste Kategorie der Säugetiere verwiesen, nur weil es seine Notdurft nicht sub ultraque verrichtet, sondern in einerlei Gestalt.

Der Ameisenigel (Echidea), ihm verwandt durch Stamm und Sinn, hat einstens auch Europa bewohnt, wie Skelettfunde aus der Juraformation beweisen; in Australien lebt er noch, Australien ist das Land, wo die Sintflut die vorsintflutlichen Tiere nicht ertränkt hat, wo die Fossilien atmen.

Da gerade dieser, der geologisch älteste Kontinent, der jüngste ist, den der weiße Mensch entdeckte, hat sich die Fauna der Urzeit ein paar Jahrhunderttausende lang an die Freiheit gewöhnt, sie mag, altvorzeitisch wie sie ist, die Gefangenschaft nicht leiden und schickt sich an, auszusterben. Nahe vom Carpentaria Golf halten sich die Letzten aus dem Geschlecht der Ameisenigel und Schnabeltiere versteckt, in Sydney stehen sie nur ausgestopft und nichtssagend im Museum; im Aquarium finden wir sie nicht und kehren zu den Haifischen zurück.

Die machen noch immer ihren monotonen Rundgang im Gefängnishof. Auch sie ein altes Geschlecht, auch sie durchschwammen heil die Sintflut und hatten damals mehr Fraß als je zuvor und je nachher; auch sie wollen lieber sterben als in der Gefangenschaft als Schauobjekt dienen. Sie stehen im Hungerstreik, die Fütterungsstunde ist resultatlos verlaufen, und die Zuschauermenge verläuft sich ebenfalls.

Die Pfadfinder sind zum Zoo hinaufgestiegen, wo es für Bubenaugen abenteuerliche Tiere zu sehen gibt. Dingos zum Beispiel, wilde Hunde, die die verwahrlosten Nachkommen entlaufener Haushunde sind. (Sicher ist das übrigens nicht.) Auf den Bäumen sitzt der Koala, mit dem die Natur die Erfindung des Teddybären vorweggenommen hat. Lachvogel und Leierschwanz zeigen in der Voliere ihre Künste, der eine akustische, der andere optische. Riesenkänguruhs und Zwergkänguruhs hüpfen umher, und manches europäische Säugetier hat in Australien ein Beuteltier zum

Vetter, der Dachs, der Maulwurf, der Wolf, der Fuchs, der Bär, das Eichhörnchen.

Vor solcher Konkurrenz können die Haie nicht bestehen, mögen sich auch graus-grausige Geschichten an sie knüpfen. Nur das blasse junge Mädchen, dessen braunes Haar ein weißes Stirndreieck frei läßt, ist noch da. Ihre großen Augen starren in das Bassin, so wie sie vor einer Stunde hinabgestarrt haben, sie folgen unausgesetzt einem trägen Hai, an dem nichts Besonderes zu sehen ist, dem, der dem Mädchen Elsie Morrin . . .

Und plötzlich fällt uns ein: das ist Elsie Morrin. Ihr Cape verhüllt ihre Arme, denn sie hat keine. Die Frau mit der weißgestärkten Haube, die noch immer geduldig-gelangweilt hinter der Säule sitzt, ist ihre Krankenschwester.

Vor drei oder vier Monaten hatte Elsie Morrin den runden Kopf dieses Haies hart vor sich gesehen, war sie Aug in Aug diesem Monstrum gegenüber. Dann klaffte ein Schlund auf und schloß sich wieder, während mit einem gräßlichen Krachen ihre Knochen barsten, ihr Fleisch zerriß. Verschwunden waren ihre Arme in dem Schlund.

Eigentlich sollten wir auf das Mädchen zutreten und sie fragen, ob sie Elsie Morrin ist, ob sie zum erstenmal im Aquarium ist oder ob sie täglich hierherkommt und warum sie den Hai so unverwandt ansieht. Wir unterlassen es, haben wir doch nicht einmal bei dem Fänger Warren Digby festgestellt, ob dieser Hai wirklich dieser Hai ist, und wir bringen nun auch nicht in Erfahrung, was das Mädchen denkt, dieweil ihr weißes Stirndreieck über das Bassin gesenkt ist und ihre großen Augen den quermäuligen, rattengrauen Unhold verfolgen.

Brütet sie Rache oder glaubt sie, er werde sich unversehens in einen Ritter mit goldenem Schuppenpanzer verwandeln, vor ihr liebend niederknien und ihr als Brautgeschenk ihre beiden weißen Arme mit allen zehn Mädchenfingern daran überreichen?

DIE ANBETUNG DES HEILIGEN LAMMES

Also ward es offenbart Johannes, dem Theologen: „Das Lamm ist würdig, zu nehmen Kraft und Reichtum und Weisheit und Ehre und Lob."

Weil dieses geschrieben steht in der Offenbarung Johannis, Kap. V, Vers 12, und (wie nicht verhehlt sei) auch aus anderen Gründen, ward dem mystischen Lamm ein Tempel aufgerichtet in Sydney, der großen Stadt am Saume der südlichen Meere.

Und um dem Lamm zu geben Kraft und Reichtum und Weisheit und Ehre und Lob, prangt sein Bildnis auf den Fenstern dieses Tempels, einmal in ganzer Figur an himmlisch blauem Bande hängend, oder besser gesagt: schwebend, ein andermal als Brustbild en face, idealisiert und mit einer Aureole, von üblichen glasgemalten Schafsköpfen unterschieden durch die Pracht lieblicher Locken um und um.

Auch die Briefmarken des Landes Australien befolgen das Wort Johannis, des Theologen, sie geben Preis und Lob dem Lamme und seinem ersten Apostel. Und diesem ersten Apostel des Lammes sind all seine Sünden vergeben, so wenig er sie auch jemals bereut hat. Sie waren ihm schon vergeben, alldieweil er noch auf Erden wandelte, und nach seinem Tode wurden sie ausgelöscht aus dem Buche der Schuld, und er ward heiliggesprochen am hundertsten Jahrestag seines Todes, um der Kraft und des Reichtums und der Weisheit und der Ehre und des Lobes willen, welche er empfahen durch das Lamm.

Es lebet noch dieses Apostels Samen und seines Samens Samen, und es leben noch die Herden, die er gezüchtet hat, und sie beide stehen in Ansehen als die ersten Familien im Lande; noch stehet sein Kastell im Tale von Camden, und wenn ein Fürst kommt von jenseits des Meeres, so kehret er daselbst ein, und es gibt der Festlichkeiten viel. Und in dem Kastell ist auf die Gitter geschmiedet und über den Portalen gemeißelt des Apostels Leitspruch: Fide et opera, durch Treue und Arbeit.

Aber die opera waren nicht von ihm getan, sondern von armen

Schächern in Ketten, und durch fides hat er sich nicht ausgezeichnet, der Apostel des Lammes. Johannes hieß er, wie der Theologe des Neuen Testaments, dem er sonst nimmermehr glich, und sein Nachname war Macarthur.

Und er war über das große Wasser gekommen im Jahre 1790 nach der Geburt Christi, mit einem Regiment von Söldnern, die der König von England ausgesandt hatte, auf daß sie die aus seinem Reiche verbannten Schächer überwachen mögen im Lande der Verbannung.

Die Hauptleute dieser Truppe von Häschern, Bütteln und Ordnungshütern lösten ihre Aufgabe, indem sie die Gefangenen entweder für sich arbeiten ließen oder zu eigenem Nutzen an Farmer vermieteten, weibliche Sträflinge schändeten, einlangende Waren mit Beschlag belegten und zu Wucherpreisen verkauften, Getreide zu Rohspiritus brannten und diesen als „Rum" bezeichneten, weshalb sie ihrerseits vom Volke als das „Korps des Rumausschanks" bezeichnet wurden.

Zahlmeister dieser Wuchergesellschaft in Uniform war Kapitän John Macarthur, und der wucherischste, geldgierigste und skrupelloseste von allen, und als er die Uniform ablegte, wurde er erst recht Beherrscher der ganzen Kolonie.

Selbst während einer Hungersnot spekulierte Macarthur in Nahrungsmitteln. Von einem endlich in den Hafen einlaufenden Hilfsschiff mit Lebensmitteln befürchtete er den Preissturz seiner aufgespeicherten Waren und denunzierte deshalb der Behörde, das Schiff habe Tee an Bord. (Außer der Flotte der Ostindischen Kompanie durfte kein Fahrzeug, das Tee mit sich führte, in einem britischen Hafen Ladung löschen.) Die Zollbeamten durchsuchten Kajüten und Luken. Vergeblich. Da zeigte ihnen der Vertreter von Macarthur in einer Kabine ein winziges Päckchen Tee. Woher hatte er davon gewußt? Hatte er selbst die Mitnahme veranlaßt, das Päckchen eingeschmuggelt? Gleichwohl, das Schiff mußte Anker lichten, ohne Rettung bringen zu können und ohne dem Warenlager Macarthurs Konkurrenz zu machen.

Die Gouverneure Seiner Britischen Majestät, einer nach dem anderen, mühten sich, die Tyrannei Macarthurs zu brechen; einen nach dem andern, fünfe im ganzen, brachte Macarthur zu Fall. Sogar dem Gouverneur Bligh, der einige Jahre vorher als

Kapitän der „Bounty" durch seine Brutalität eine Meuterei seiner Matrosen hervorgerufen hatte, waren die Methoden Macarthurs zu brutal, und er versuchte, ihn vor Gericht zu ziehen. Daraufhin ließ ihn Macarthur auf ein Schiff verschleppen und setzte einen militärischen Geschäftsfreund in das Amt des Gouverneurs ein.

Solche Zwischenfälle hinderten Macarthur nicht daran, das Lämmlein zu hüten; auf seinem unentgeltlich gekauften Grund bei Parramatta weideten Bengalschafe, nicht viele für ein so großes Gebiet. Zu dieser Zeit brachten zwei Offiziere, Kapitän Waterhouse und Leutnant Kent (die sind die wahren Stifter des australischen Exportartikels), vom Kap der Guten Hoffnung eine Herde Gordon-Merinos mit (die sind die wahren Ureltern des australischen Exportartikels).

Macarthur wollte den ganzen Posten Schafe an sich bringen, wie er es mit jeder Fracht tat, um die Konkurrenz auszuschalten. Aber die beiden Offiziere lehnten es ab, Macarthurs Monopol auch auf Schafe ausgedehnt zu sehen, und verteilten sie an sechs Farmer. Aus unaufgeklärten Gründen gingen alle jene Tiere ein, die nicht in den Besitz Macarthurs gekommen waren – auf dem gleichen Grund und im gleichen Klima, wo fürderhin Millionen und aber Millionen ihrer Rassegenossen wuchsen, blühten und gediehen.

Jedoch auf der einzigen Schafweide Australiens, die heute als Schafweide aufgelassen ist, weil hier die Tiere vom harten Erdboden fußkrank werden, auf der Weide von Elizabeth Garden und Camden, starben die Merinos nicht. Just hier haben sie sich zugunsten Macarthurs vermehrt, und Macarthur vermehrte sie noch durch Ankäufe.

Unter anderem ersteigerte er bei einer Auktion aus den königlich englischen Ställen in Kew einige Widder und Mutterschafe, gleichfalls Merinos von spanischem Geblüt. In den englischen Parlamentsakten war festgelegt, daß der Versuch, auch nur ein einziges Schaf von der Insel England auszuführen, dem Verbrechen des Hochverrats gleichzusetzen, mit Zuchthaus und Einbrennen des Sträflingsmals auf den Handrücken zu strafen sei.

Dadurch ließ sich Macarthur nicht schrecken, denn er war ein kapitalkräftiger Kapitän, und er brachte trotz einiger Schwierigkeiten seinen Kauf nach Australien, wo er nach wie vor Männer und Frauen züchtigte, die einst ein Gesetz übertreten hatten.

Vor allem empörte sich John Macarthurs rechtlicher Sinn dagegen, daß gerichtlich Verurteilte jemals wieder frei werden durften, jemals aufhören sollten, ihm und seinesgleichen als Sklaven zu dienen. Wer von den Sträflingen die Freilassung anstrebte, wurde vermittels der neunschwänzigen Katze oder des Galgens von solchen Wünschen geheilt. Wer bedingt frei war, ein „ticket o'leave-man", den brachten Macarthur und seine Getreuen mit Denunziation und Verleumdung hurtig in den alten Stand zurück. Gegen die frei ins Land gekommenen Siedler aber, die die Emanzipationsbestrebungen der Sträflinge unterstützten und sich für die Einstellung der Sträflingstransporte aus England einsetzten, organisierte er Boykott und Überfälle.

Ihm stand der Sinn nach weiteren unentgeltlichen Ländereien und Arbeitsheeren, er wollte den ganzen Kontinent sein eigen nennen, die Knute als Zepter schwingen und unter einem Thronhimmel aus Galgen unumschränkt regieren über Untertanen in Ketten.

In seiner Bewerbungsschrift um dieses Reich, gerichtet an den britischen Staatssekretär Hobart, erklärte er, daß die drei Widder und fünf Schafe, die er 1797 von Captain Waterhouse gekauft, binnen sechs Jahren sich auf viele hundert vermehrten, das Gewicht der Schur von zweieinhalb Pfund per Schaf auf fünf Pfund gestiegen und die Qualität der Wolle besser sei als die der spanischen. So könne er sich denn erbötig machen, binnen zwanzig Jahren hinreichend Wolle zu produzieren, um die bisherige, jährlich zwei Millionen Pfund Sterling kostende Einfuhr aus Spanien und anderen Ländern nach England überflüssig zu machen. Als Gegenleistung verlangte er „nur", so viel Land in Besitz nehmen und so viele Sträflinge verwenden zu dürfen, wie ihm beliebe.

Der Boden frei und die Arbeiter unfrei, das waren ideale Voraussetzungen für eine rentable Produktion, aber das Mutterland zögerte, einen einzigen Untertan mit ganz Australien zu belehnen. Macarthur mußte sich damit begnügen, riesige, aber begrenzte Territorien und viele, aber zählbare Sträflinge zugemessen zu erhalten.

Wie John Macarthur der Apostel der Lämmerzucht ist, so ist

Thomas Sutcliffe Mort der Apostel des Wollhandels, und sein Standbild erhebt sich groß auf Macquarie Place. Von ihm, Thomas Sutcliffe Mort, sind keine Gewalttaten und Niederträchtigkeiten überliefert, er war ein tüchtiger Geschäftsmann, und er würde staunen angesichts seiner Heiligenstatue: „Nie im Leben habe ich daran gedacht, dem öffentlichen Wohl zu dienen oder gar der Menschheit. Ich habe mich als Wollauktionator etabliert, weil ich rascher zu meinem Geld kommen wollte, sonst nichts."

Ob so oder so, das von Mort begonnene Geschäft hat merkantile Weltbedeutung gewonnen, er ist der Ahnherr der Sydneyer Wollbörse. Sein Gewölbe in George Street, in dem er bei seiner ersten Auktion am 15. September 1843 sage und schreibe zwei Ballen Wolle anbot, war klein und hatte keine bunten Kirchenfenster, aber es war ein organisatorischer Fortschritt. Bisher hatte ein Teil der Züchter die Schur nach London verschifft und mußte warten, bis sie dort losgeschlagen wurde und die Bezahlung rund um Südafrika nach Australien kroch. (Die Nabelschnur des Kabels und den Kaiserschnitt des Suezkanals gab es noch nicht.) Der andere Teil der Züchter fuhr die flockige Ernte mit sechzehn vorgespannten Ochsen zur nächsten Stadt, wo der Einkäufer dem Verkäufer das angebotene Fell über die Ohren zog.

An ihren Arbeitern konnten sich die Züchter schadlos halten. Das taten sie denn auch gründlich, und die Ausbeutung wurde nicht geringer, als die regelmäßigen Auktionen des Meisters Mort rasche Profite sicherten und technische Neuerungen diese Profite vervielfachten. Der Schere folgte die Hand-Haarschneidemaschine, dieser die elektrische, die erste australische Textilfabrik erstand (selbstverständlich im Zuchthaus von Parramatta), die Dichte und Länge der Wolle wuchs, das Gewicht eines Vlieses stieg von zweieinhalb Pfund auf nahezu das Dreifache, die Zahl der Schafe auf das Zehnfache, und die Arbeitszeit dementsprechend. Nur die Löhne stiegen nicht, und noch an der Verpflegung der Scherer, die diese selbst bezahlen mußten, verdienten die Besitzer der Schafstationen bis zu hundertfünfzig Prozent.

Da brach in den neunziger Jahren der Schererstreik aus, ein allumfassender Ausstand und Aufstand mit Zusammenstößen zwischen Polizei und Streikern und zwischen Streikern und Streikbrechern, mit Feuersbrünsten und Todesopfern. Schiffsladungen „Arbeitswilliger“ von den Inseln Australiens, Gesetz und Gericht, Polizei und Presse wurden gegen die Scherer aufgeboten, die das Recht auf Koalition und Normierung der Arbeitszeit verlangten und höhere Löhne dafür, daß sie während eines relativ kurzen Aufenthalts auf der Schafstation eine übermenschlich schwere Arbeit bei Tag und Nacht leisteten.

Vor und nach der Schur gibt das Schaf wenig zu tun. Wahrlich, schon seiner Bescheidenheit wegen würde es verdienen, als Fensterheiliger geehrt zu werden. Mit wahrer Lammsgeduld weidet es, begnügt sich mit den kargen Grasnarben der Steppe oder Halbwüste, läßt seine Locken wachsen und folgt dem Leithammel überallhin, in den Stall, auf neue Weiden oder zum Haarschneider,

Kein Wolf bedroht in Australien die Herde, kein Frost wird ihr gefährlich. Um die Schafe mit Arsenik vor Wollwurm und Krätze zu schützen, genügen ein paar Hirten, und die achten auch darauf, daß der fliegende Dornbusch, Bindi-eye, seine Stacheln nicht in die Lämmerbeine treibe. (Die Schäferhunde tragen Schuhe, wenn der Bindi-eye zu wandern beginnt.)

Sind die Wolleballen stadtwärts abgegangen, dann gibt es ein halbes Jahr lang keine Schererei mehr, und der Eigentümer der Schafstation kann ruhig einen Urlaub antreten. Ohne viel menschliches Zutun rammeln die Widder, lämmern die Schafe, sprießen die Vliese. Wenn alles gut geht, kann sich die Herde inzwischen um ein Drittel vermehren und der nächste Ernteerlös um ein paar tausend Pfund Sterling.

In Konjunkturzeiten trug ein Schaf seinem Herrn jährlich dreizehn Schilling zu. Das scheint nicht viel zu sein, aber es läppert sich zusammen, denn ein mittlerer Züchter besitzt bis zu fünfzigtausend Schafe, der reiche hat eine Million Schäflein ins trockene gebracht.

Die Krise hat auch die Schafkönige nicht verschont. Sie verdienen längst nicht mehr dreizehn Schilling pro Schaf und Jahr, viele haben pro Schaf und Jahr fast den gleichen Betrag für Kredite an die Bank abzuzahlen; deshalb erstreben sie mehr denn je die Wiederkehr der Macarthurschen Zeiten, sind Anhänger der „Douglas Credit Reform“ (einer Bewegung, der eine dilettantische Währungsreform vorschwebt) oder Mitglieder der agrarischen

Landpartei oder Geldgeber faschistischer Gruppen oder alles gleichzeitig.

Vor der Krise exportierte Australien Wolle für 61 Millionen Pfund Sterling jährlich; während der Krise fielen die Preise so, daß 1930 nur für 28 Millionen Pfund Sterling Wolle losgeschlagen wurde. Im gesegneten Jahr 1924 hatte ein Ballen 33 Pfund Sterling 13 Schilling 10 Pence gebracht, im verfluchten Jahr 1931 brachte er nicht mehr als 10 Pfund Sterling 6 Schilling 4 Pence oder 8,04 Pence per Pfund. (Ein Ballen wiegt 313 Pfund.) 1933 wurden nur zweieinhalb Millionen Ballen (gegen drei Millionen des Vorjahrs) verkauft, aber der Preis war nicht schlecht: 19 Pfund Sterling 7 Schilling 8 Pence pro Ballen oder 15,03 Pence pro Pfund.

Der Schafbestand Australiens ist im letzten Jahr um mehr als anderthalb Millionen Köpfe zurückgegangen. Noch immer aber grasen 111 738 000 Schafe in Australien, ein Siebentel aller Schafe der Welt, und dieses Siebentel liefert ein Viertel aller Wolle der Welt, da die australischen Schafe „auf Wolle" gezüchtet sind und schwerer wiegende Vliese haben als ihre auch „auf Fleisch" gezüchteten Kollegen in anderen Ländern.

Dank dem Schaf beherrscht Australien den Wollmarkt der Welt, und das Schaf beherrscht Australien, es hat mit seiner Entwicklung die des Kontinents bestimmt.

Dem Schaf zuliebe, ihm neue Weideplätze zu suchen, wurde der Riegel gesprengt, den die Blauen Berge dem Küstengebiet vorgeschoben hatten.

Dem Schaf zuliebe folgte man dem Lauf der Flüsse und erschloß das Landesinnere.

Dem Schaf zuliebe nahm man den Weizenbauern Land.

Dem Schaf zuliebe vernichtete man ganze Waldungen durch Feuer oder Gurgelschnitte in den Baumstamm.

Dem Schaf zuliebe glaubte man, die Eingeborenen ausrotten zu müssen.

Dem Schaf zuliebe schuf man die Wege für Ochsengespänne und später für Lastautos, auf denen die Wolle hafenwärts rollt. Dem Schaf zuliebe baute man Eisenbahnstrecken in Gebiete, in die kein Passagier fährt. Dem Schaf zuliebe beschleunigte man den Verkehr der Frachtschiffe, während die Passagierdampfer die Schnelligkeit ihrer von Europa nach Amerika fahrenden Kollegen nicht mitmachen und so langsam fahren wie vor dreißig Jahren.

Dem Schaf zuliebe (und in diesem Falle auch dem Weizen zuliebe) richtete man gegen die unermeßlichen Heere des wilden Kaninchens Schutzwälle auf, darunter einen Drahtzaun von zweitausend Meilen Länge und für 200 000 Pfund Sterling Kosten.

Das Schaf ermöglichte es, kraft des Geldes, das es einbrachte, alle Fertigwaren aus dem Ausland zu kaufen, und hemmte solchermaßen die Entwicklung der australischen Industrie.

Das Schaf trieb die Landarbeiter zu gewerkschaftlichem Zusammenschluß.

Das Schaf bestimmte die Zollpolitik.

Das Schaf wiegte die Regierungen in den Wahn, daß der Reichtum Australiens unerschöpflich sei, daß das Schaf auch weiterhin immer alles bezahlen werde, wie es geweissagt ist in der Offenbarung Johannis: „Denn das Lamm wird sie weiden und leiten zu den lebendigen Wasserbrunnen, und Gott wird abwischen alle Tränen von ihren Augen."

Dieses biblische Vertrauen hat dem Schaf jenen Tempel aufgerichtet, von dessen bunten Scheiben es in himmlischer Milde herablächelt, als wolle es der Gemeinde zu seinen Füßen die Gnade hundertprozentiger Gewinne und dauernder Hausse gewähren. Glaubet an mich! Seid voll Zuversicht! Hängt doch von der Börsenstimmung, von den Aufträgen der Wollmakler fast alles für Australien ab; der Verlauf eines Börsentages der Sydneyer Wollbörse ist weit wichtiger als der Verlauf einer Regierungssitzung.

Nach streng wirtschaftswissenschaftlicher Terminologie ist die Sydneyer Wollbörse keine Börse, sondern eine Auktion, weil die Ware als Ganzes vorhanden ist, wenn auch nicht im sakral gefensterten Börsensaal. Die Dauerwellen aller Schafe von Neusüdwales und vieler Schafe aus den Nachbarstaaten und aus Neuseeland rollen, von Jute umhüllt, in den Hafen von Sydney und branden hier in die Speicher von Millers Point und Pyrmont.

Sägeförmig ist das Glasdach jedes Speichers gezackt, wie das der Diamantenbörse in Amsterdam, dort wie da, damit das Tageslicht gerecht und gleichmäßig über die Ware flute, kein Schatten auf sie husche und über ihre wahre Qualität hinwegtäusche, obwohl die Einkäufer sicherlich Männer sind, denen kein Lichtreflex ein X für ein U vormachen könnte.

In weißleinene Ordensmäntel gehüllt, durchschreiten Ritter des Goldenen Vlieses die sonnenhellen Straßen zwischen den Ballen und greifen hinein in die klaffenden Pakete ungewaschener, unentschweißter und daher aneinanderpickender Schafhaare, prüfen mit freiem Auge Farbe und Glanz, mit der Lupe die Kräuselung und den Schweißgehalt und mit den Fingerspitzen die Zartheit, stellen auf diese Weise haargenau fest, mit welcher von den 848 registrierten Wollsorten von Merino oder Crossbred sie es zu tun haben (im Jahre 1800 unterschied man nur acht Sorten), und kritzeln in ihr Exemplar des Verkaufskatalogs kabbalistische Zeichen.

Von allen Küsten kamen sie, aus Yorkshire in England vor allem, aus Japan, Belgien, Frankreich, Deutschland, Holland, Amerika und Italien, um am Nachmittag des Tages, an dem sie, in Leinenmäntel gehüllt, die Musterung der Ballen vorgenommen haben, in Hemdsärmeln unter den glasgemalten Lämmern zu sitzen. Amphitheatralisch steigt das Schiff der Kathedrale an, auf jedem Kirchenstuhl steht der Name des Besitzers in großen Lettern und dem Altar zugekehrt, so zwar, daß dem Hohenpriester kein Irrtum unterlaufe, er nicht dem Lohmann zuschanze, was Karematsu rechtens ersteigerte oder Gaullier oder Haughton.

Unten in einer Ecke ducken sich die Züchter, meist solche mit kleinerem Schafbestand. Bäuerliche Typen. Mißtrauisch schielen sie auf die Herren, die zu ihren Häupten walten. Sie haben ihre Wolle selbst in die Speicher gefahren und wollen dabeisein, wenn sich ihr Schicksal entscheidet. Es entscheidet sich gewöhnlich innerhalb einer, höchstens dreier Sekunden.

Der Priester auf der Kanzel hält den Katalog wie eine Bibel in der Hand, sein Kruzifix ist der Holzhammer. Im Katalog ist allerhand gedruckt, Rubriken mit Buchstaben und Formeln, geheimnisrauschend und unverständlich dem Mann ohne Schafverstand. D 9 steht zum Beispiel in der ersten, EJM IONA Mudgee in der zweiten und Bku E 4 Bku W 1 in der dritten Rubrik; nur die Zahl der Ballen (Rubrik 4) ist auch dem Laien verständlich, mindestens fünf Ballen werden als ein Posten versteigert.

Die Neunmalweisen in den Rängen verstehen die gedruckten

Zauberformeln, wie sie auch verstehen, was sie im Speicher zu jeder Katalognummer hinzugekritzelt haben; nun warten sie, bis die Ware ihrer Wahl drankommen wird.

Von der Kanzel her wird die erste Nummer ausgerufen und der Ausrufpreis dazu. Ein Sturm bricht los, daß auf den Scheiben die goldenen Lämmer zu beben beginnen, als fühlten sie atavistisch die Angst ihrer europäischen Ahnen vor dem Geheul der Wölfe.

Gesetzte Männer springen auf, toben wie Berserker, falls Berserker so toben; solide Finger, und zwischen den Fingern Bleistifte, zielen und schießen wie Revolver.

„Sechzehn, sechzehn", schreien sie, den Ausrufpreis wiederholend. Sie haben diesen Schrei in der gleichen Sekunde begonnen. Alle, die sich in der Schauhalle zum Kauf entschlossen, hatten diesen Willen vormittags in ihrem Exemplar des Katalogs verzeichnet und nachmittags nur auf ihr Stichwort gelauert. Prompter konnte fürwahr kein Einsatz erfolgen; die Männer sind emporgeschnellt, vier in der ersten Bank, hart an des Altares Stufen, zehn in der dritten, fünf in der neunten Reihe, acht im rechten Halbkreis, fünf im linken Halbkreis, „sechzehn, sechzehn", brüllen ihre Lungen, ihre Arme, ihre Hände, ihre Finger, alle gleichzeitig.

Und doch muß einer der erste gewesen sein, es gibt keine Gleichzeitigkeit in mathematischem und börsenmäßigem Sinne, einer muß der erste gewesen sein, und er, der erste Bieter, gilt als der Käufer, solange kein höheres Angebot erfolgt. So wäre mit einem einmaligen „sechzehn" die Aufgabe getan, aber jeder schreit „sechzehn" und immer wieder „sechzehn", um zu beteuern, daß er und nur er mit seinem „sechzehn" allen anderen weit voraus war.

Da dringt ein Ruf in den Orkan: „eins", und ab ebbt der Orkan. Was für sechzehn Pence per Pfund so vielen eines Kampfes auf Leben und Tod wert schien, für sechzehn Pence plus einen Farthing, also erhöht um das Viertel eines Pennys, ist es den meisten keinen Farthing wert. Manche sind bereit, noch einen Farthing zu opfern, und sinken erst auf ihren Sitz zurück, wenn der Hammer fällt, ihre Felle weggeschwommen sind.

Während ein Kleinzüchter, der mit Beben dem Wolfsgeheul

um seine Schafe gelauscht hat, die Ecke im Saal, die Wollbörse, die Stadt, vielleicht das Leben verläßt, wird die nächste Nummer verhandelt. Lärm wie vorhin, „fünfzehn, fünfzehn“, „eins, eins“, Hammerschlag.

Die Einkäufer aus Bradford in England, der Hauptstadt der Tuchverarbeitung, sind die ganz Großen des Markts, sie kaufen am meisten, die Wolle, die im Jahr durch ihre Zentralstelle, das „Bradford Conditioning House“ geht, würde ausreichen, dreißig Millionen Männer mit Anzug, Mantel und Strümpfen zu bekleiden.

Gleich nach den Engländern kommen die Japaner Mitsui, Mitsui-Bishi und die kleineren Großkapitalisten: sie überbieten und unterbieten einander nicht, ein Kontrollbeamter, von ihrer Regierung entsandt, achtet darauf.

Japan, seiner Wichtigkeit für Australien bewußt, fordert für die Teilnahme an den Sydneyer Wollkäufen Vorzugszölle und will nur mit Waren bezahlen – Bedingungen, deren Annahme beinahe den Boykott Englands durch Australien bedeutet –, andernfalls aber seinen Bedarf aus Südafrika decken und die eigene Wollproduktion forcieren. Vor einigen Jahren hat Japan aus Australien Corriedaleschafe zu Züchtungszwecken eingeführt (der Sowjetunion wurde der Abtransport bereits bezahlter Zuchtschafe von der australischen Bundesregierung verboten), und schon die bisherigen Ergebnisse der japanischen Wollproduktion beunruhigen das australische Geschäft.

Eine zweite Gefahr droht aus Deutschland. Keineswegs die einer Konkurrenz auf dem Schafwollmarkt. Das ist lange vorbei; ein Jahrhundert ist vergangen, seit Deutschland jährlich 90000 Ballen seiner sächsischen Flocke nach England verkaufen konnte und Australien nur 14000 verschiffte. Das Wachstum der Schafherden auf deutscher Weide hielt mit dem Wachstum des Textilwesens nicht gleichen Schritt, die dreieinhalb Millionen Schafe konnten und können kaum ein Zehntel des deutschen Wollbedarfs decken, und so war Deutschland lange Zeit hindurch die zweitgrößte Kundschaft Australiens. Nach dem Kriege rückte es an die vierte Stelle, und nach Hitlers Machtantritt, mit Devisenschwund und Zwangsautarkie im Gefolge, geriet Deutschland noch weiter nach hinten. Durch Nachrichten über Wollstra und andere künstliche Spinnfasern versucht es, Preise und Stimmung zu drücken.

In der Tat, wenn Schafwolle ohne Schafwolle erzeugt werden könnte, müßte Australiens Haupteinnahmequelle versiegen. Aber die Propheten der Sydneyer Börse halten fest an der Bibel und am Glauben, daß alle Widersacher unterliegen werden, wie es geschrieben steht in der Offenbarung Johannis, des Theologen, Kap. XVII, Vers 14:

„Diese werden streiten mit dem Lamm, und das Lamm wird sie überwinden, denn es ist ein Herr aller Herren und ein König aller Könige, und mit ihm sind die Berufenen und die Auserwählten und die Gläubigen. Amen."

WIR FAHREN ZUM ÖLSCHIEFER

Über Newnes wird viel diskutiert, hinter Newnes steht ein großes Fragezeichen. So viele Schätze Australien auch besitzt, gerade den wichtigsten Treibstoff, Petroleum, ist es genötigt einzuführen, im Jahr 335 Millionen Gallonen (1 Gallone = 4,54 Liter), und 11 Millionen Pfund Sterling dafür zu bezahlen.

Um wenigstens Benzin nicht aus der Ferne beziehen zu müssen, sollte für 10 Millionen Pfund Sterling eine hydrogenetische Anlage errichtet werden, die jährlich aus 300000 Tonnen Kohle 50 bis 60 Millionen Gallonen Leichtöl liefern sollte; aber ausländische Ratgeber meldeten sich, man möge zunächst abwarten, welche Ergebnisse die Fabrik der Imperial Chemical Industry Ltd. in Billingham-on-Tees (England) mit dem Bergiusverfahren erzielen werde, und das Projekt rückte in neblichte Fernen. Australien braucht jedoch seine Öle sofort und bringt nur schwer das Geld auf, sie im Ausland zu kaufen; wo also sie hernehmen?

Es gibt Öl im Inland. Hauptlager ist Newnes, und deshalb wird viel über Newnes diskutiert; verhältnismäßig leicht erfahren wir, wo es liegt: 140 Kilometer nordwestlich von Sydney. Laut Fahrplan zweigt von der Strecke Sydney–Broken Hill in Newnes Junction eine Pendellinie nach Newnes ab; dorthin fahren dreimal in der Woche Züge: Montag, Mittwoch und Freitag. Im Besitz dieser Auskunft, gehen wir eines Freitags zum Schalter, verlangen eine Fahrkarte nach Newnes und hören, daß die Teilstrecke aufgehoben ist.

Von da an wird die Recherche verzwickt, doch machen wir endlich einen Kenner der Verhältnisse ausfindig, und der sagt uns, was wir ohnehin schon wissen: die Züge der Hauptstrecke halten nicht mehr in Newnes Junction, weil die Zweigbahn eingestellt ist. In Newnes gäbe es nichts mehr zu besuchen, seit das Werk stillsteht.

„Und wenn man dennoch hinfahren will, wie kommt man hin?“

„Bis Lithgow fährt man mit der Bahn, und von dort sind es noch achtzig Kilometer."

„Wie macht man diese achtzig Kilometer? Im Auto?"

„Im Auto? Erstens können Sie kein Auto ins Abteil mitnehmen, zweitens ist zwischen Lithgow und Newnes nur Urwald und Felsengebiet, und drittens ist das Betreten des Werks verboten. Also kann man nicht nach Newnes fahren."

So fuhren wir denn nach Newnes. Wir fuhren im Auto, zunächst westwärts über die Blauen Berge. Die sind einst der Wall gewesen, der die an der Ostküste Australiens Angesiedelten an der Ostküste festhielt; ein Vierteljahrhundert lang glückte es keinem, den Gebirgszug zu erklimmen, keinem flüchtigen Sträfling und keiner der Expeditionen, die es versuchten. Den letzteren galt der Befehl des Gouverneurs King, „die ebenso nutzlosen wie schimärischen Versuche, die unbesteigbaren Blue Mountains zu besteigen, unbedingt zu unterlassen". Als aber das Agrarkapital neue Viehweiden brauchte, trat das Verbot des Gouverneurs automatisch außer Kraft, die alpinistischen Versuche erschienen nun ebensowenig schimärisch wie nutzlos, im Gegenteil, sie erschienen real und versprachen Nutzen.

Den einzigen Widerstand bot die Natur. Intakte Jungfrau, kalt wie Felsen, wild und widerborstig, wehrte sie sich gegen alle, die sich an sie heranmachten; sie preßte die Schenkel zusammen, hielt die Hände vor, biß, kratzte und stieß. Gegen ökonomische Gelüste konnte solche Abwehr nichts ausrichten. 1813 wurde die keusche Bergschöne von drei jungen Draufgängern, Wentworth, Blaxland und Lawson, bezwungen, und seither läßt sie jeden drüber.

Den Verkehr bringt die Autostraße heran, eine breite, makadamisierte, ansteigende Rampe. An ihren Kämmen, das heißt an der Stelle, zu der jeweils der Blick des Fahrers reicht, glitzert silbern eine Pfütze; kommt aber das Auto näher, so ist der Silbersumpf wieder weit vorne. Eine Luftspiegelung.

In schnittigen Autos sitzen je ein Herr mit Chefgesicht und ein Mädchen, wohl seine Angestellte; in Medlow Bath, Hotel Hydro Majestic, von dessen eingebauten Betten sich die jungen Mädchen lüsterne Sagen zuflüstern, werden die ungleichen Paare Weekend verbringen.

Alpinistisch ausgerüstet marschiert eine Gruppe junger Leute den Kurrajong Heights entgegen, eine andere, bescheidener, wandert den Jenolan-Grotten zu, diesem Atelier eines Rodin aus Titanengeschlecht, eine dritte, noch bescheidener, will am Warragamba-Fluß picknicken, und wieder andere, noch bescheidener, sind Liebespaare, und ihnen ist jedes Plätzchen recht.

Mai 1813. Während in Europa die Truppenmassen Napoleons und die seiner Gegner jeden Feldweg in eine Heerstraße verwandelten, war es rings um Sydney, der aufschießenden Hauptstadt eines Weltteils, so einsam, daß Todesmut dazu gehörte, in die nächste Umgebung vorzudringen. Jene drei Passanten, Wentworth, Blaxland und Lawson, streckten sich, wenn des Tages mühevolle Wanderung und Kletterung zu Ende war – Gedenksteine bezeichnen die Stellen –, im unheimlichen Dickicht hin, der Nachtruhe zu pflegen, wie man so sagt.

Nachtruhe! Opossums streiften ihre Köpfe, Wallabies und Wombats stolperten über ihre Köpfe, Dingos durchheulten drohend die Schwärze, aus dem Gestrüpp flackerte ein grünes Doppellicht und dort wieder eines und dort wieder eines. Menschenaugen? Raubtieraugen? Kaum eingenickt, sprangen die drei erschrocken wieder auf, ein jäher Schmerz hatte sie geweckt, sie glaubten, von einer Pythonschlange gebissen oder von einem Skorpion gestochen zu sein. Es waren Ameisen. Freilich, die australischen Ameisen verstehen das Beißen, sie bohren Löcher in Steine, zersägen Holzpfähle, auf denen Häuser stehen, und die Soldatenameise, ein Insekt mit Gardemaß, ein Zentimeter lang, rückt in Reih und Glied gegen den Feind vor.

Wentworth, Blaxland und Lawson vermochten in der ersten Woche ihrer Expedition trotz übermenschlicher Energie nur siebenundzwanzig Kilometer hinter sich zu bringen – alle drei Minuten flitzt eines ihrer Nachtquartiere an unserem Auto vorüber.

Vom Plateau hinter Katoomba fällt eine Felsenwand tief in eine bizarre Welt hinab. Unter uns recken sich riesenhaft Menschengestalten aus Stein, einige stehen einander auf Kopf und Schultern wie Akrobaten, balancieren Kugeln und Keulen. Eine steinerne Bierflasche, das entsprechende Glas neben sich, beherrscht das Gelände, auf das die Natur Architekturen gewürfelt hat, Kathedralen, Burgen, einen Hafen mit Kränen und Schiffen und eine schnurrige Menagerie.

Weit höher als im böhmisch-sächsischen Elbsandsteingebirge sind hier die Prebischtore und Basteien, und anders als dort bietet sich von der Logenbrüstung das ganze Ensemble aus rotem Stein auf einmal dar; zwischen den Dekorationen „Grüner Wald" und vor dem Hintergrund „Blaue Berge" überwölbt ein Kuppelhorizont aus blauzitterndem Äther die bewegte Szenerie.

Auf annehmbarer Chaussee fährt unser Auto weiter, beim Dorf Blackheath bezeichnet ein kleiner Obelisk das letzte Nachtlager von Wentworth, Blaxland und Lawson, dann kommt Lithgow, eine Stadt der Bergwerke und einer Waffenfabrik. Hier nehmen wir Benzin, Abschied vom Wegebau und Richtung nach Nord. Buschwerk und Boden müssen Anno Wentworth, Blaxland und Lawson genauso ausgesehen haben wie heute, die drei aber kamen gar nicht bis hierher, sonst wären sie, so waghalsig sie waren, entmutigt umgekehrt.

Etwas wie einen Pfad gibt es, das läßt sich nicht leugnen, er führt durch eine Wüste aus schwarzem, schwerem Kot, ein Pfad, in dessen Mitte sich Eukalyptusbäume aufgepflanzt haben. An einigen Stämmen hängen Starhäuschen, aber niedriger, als Starhäuschen gewöhnlich hängen. Es sind nur vier Brettchen, keine Vorderwand, ein Star müßte darin erfrieren. Wir halten an, das ist kein Zeitverlust; auch wenn der Wagen fährt, ist hier sein Tempo nicht größer, als wenn er steht.

„Blue Gum House" hat eine ungelenke Hand auf eines der Starhäuschen gekritzelt, auf einem anderen klebt ein Zettel mit den Worten „Kevin Fitzgerald". Wir fragen unsere Begleiter nach dem Zweck dieser Brettchen. Zu unseren Häupten fängt jemand zu kichern an; verlegen und beleidigt schauen wir aufwärts. „Das ist Kookaburra, der Lachvogel, und das sind Briefkästen für die Farmen im Busch", wird uns Bescheid, „der Postbote kann nicht zu jeder abgelegenen Farm laufen."

Warum sind die Kästen nicht abgesperrt?

Im Gezweig prustet es höhnisch los, es klingt, als ersticke da oben jemand vor Lachen.

„Abgesperrt? Und wer soll den Schlüssel haben?"

Der Adressat selbstverständlich, der Mister Kevin Fitzgerald oder das Blue Gum House. Damit kommt er einfach hierher oder gibt den Schlüssel dem, den er schickt.

Lebhafte Heiterkeit auf der Galerie. „Der Adressat kann doch nicht aufs Geratewohl hierherreiten, fünf Meilen, acht Meilen vielleicht, und hinterher fünf oder acht Meilen zurück. Das würde sich selbst dann kaum lohnen, wenn er wüßte, daß hier ein Brief für ihn liegt."

Wie kommt der Adressat unter solchen Umständen zu seiner Post? Wieder schallt es von der Höh, jetzt lachen drei oder vier, Kookaburra Nummer eins hat wohl Freunde herbeigerufen, weil es so komische Fragen zu hören gibt. Mit Mühe vernehmen wir die Auskunft: „Wenn jemand mal zu Besuch auf die Farm geht, so nimmt er den Brief mit."

Weiter dringt unser Wagen durch den Urwald vor, der uns unwegsam dünkt, den Inhabern der Briefkästen aber wohl eine Poststraße mit brausendem Verkehr bedeutet.

Ein Felsenberg spreizt sich vor uns, laut Landkarte Mount Bald, 3848 Fuß hoch; werden wir durch ihn hindurchfahren müssen? Zum Glück oder Unglück schlingt sich ein Gürtel um seine Hüfte, er trennt den Oberkörper vom Unterleib und ermöglicht unserem Auto, an der Taille von Mount Bald entlangzurutschen.

Schmal und quatschweich ist der Pfad, er windet sich wie eine von Magenkrämpfen befallene Schlange, daher der Name Serpentine. Keine Barriere grenzt ihn ein, Steinbrocken, losgerissen von der Wand zu unserer Linken, verengen die Fahrrinne. Nur zwei Möglichkeiten scheinen vorhanden, entweder stürzt die linke Felswand auf uns, oder wir stürzen die rechte Felswand hinab. Kookaburra ist auch hier, er lacht, und schon sehen wir eine dritte Möglichkeit vor uns. Diese: hier ewig steckenzubleiben.

An einer scharfen Kurve sitzt nämlich ein Auto, gramgebeugt vorgeneigt. Wann mag es gewesen sein, vor Tagen, vor Wochen, vor Monaten, daß der Wagen die Lehmschicht unter sich nahm und flugs weiterzurollen gedachte? Aber sie erwies sich als zäh, und mochte er auch knirschen und rütteln, sie hielt ihn fest umfangen, ließ ihn nicht mehr los, die Liaison war zur Ehe geworden. Und vor uns steht das Problem, auf einem Schlingpfad, der ungefähr ebenso breit ist wie unser Auto, an einem anderen Auto vorbeizukommen.

Wir umschiffen dieses und andere Fährnisse; wie aber wird sich unser Rückweg gestalten in Dämmerung und Dunkel? Hoffentlich gibt es in Newnes einen Gasthof, wo wir übernachten können. Kookaburra lacht sich einen Ast.

Endlich sind wir in Newnes. Nicht nötig, sich nach einem Hotel zu erkundigen, wir sehen selbst, daß es keines gibt. Die Läden sind geschlossen, verschalt. Wirtshäuser haben keine Tür mehr, durch die klaffende Maueröffnung tritt niemand ein, denn er bekäme nichts, auch wenn er bezahlen könnte. Über einem Hauseingang baumelt eine Tafel „Zu verkaufen“, auf einigen Lokalen ist mit Kalk gemalt „Zu vermieten“, die Mehrheit der leerstehenden Häuser und Wellblechhütten bietet sich nicht einmal an. Wer soll denn mieten, wer soll denn kaufen? Das Dorf ist wüst verfallen.

Jedoch nicht unbevölkert. Am Straßenrand sitzen Männer, ein Stückchen Holz statt einer Zigarette zwischen den Lippen, sie schauen mißtrauisch auf das einfahrende Auto; auch die Fensterrahmen füllen sich mit Augen. Kommen wieder Herren an, um das Werk zu untersuchen und zu erklären, daß es nichts tauge?

Niemand lebt in Newnes von etwas anderem als von der Arbeitslosenunterstützung; ein einziger Kaufmann hat einen Laden. Kein Warenweg führt aus der Welt hierher, wie kein Menschenweg von hier in die Welt hinausführt. Eingestellt ist der Bahnverkehr, und es lohnt sich keiner Firma, Lieferwagen kaputt zu machen auf der unbeschreiblichen Strecke, die wir eben beschrieben haben. Am allerwenigsten können Arbeitslose mit ihren Familien und ihren Habseligkeiten fort; selbst wenn die Bahn noch führe, der Weg gangbar wäre, wo fänden sie eine Bleibe? Sie, die man einst als Lohnarbeiter hierherzog, als man ihrer bedurfte, müssen bleiben, obwohl man ihrer nicht mehr bedarf.

Die Werkanlage ist mit der Welt verbunden, ihr Telefon funktioniert nach wie vor. Rechts und links vom Eingang zum Werk ist der Buschwald mit Stacheldraht abgesperrt. Das Haus des Pförtners liegt erhöht, das gutgepflegte Gärtchen senkt sich sanft zur Straße hinab. Von seiner Warte aus sieht der Pförtner jeden Ankömmling von weitem. Wie ein Prellbock stellt er sich uns entgegen, fragt nicht, wer wir seien, sagt einfach, daß wir nicht weiterfahren dürfen.

Wenn das Bundesministerium die Besichtigung des Werks bewilligt, wird dem Pförtner der Besucher telefonisch angekündigt. Wir sind nicht angekündigt, und der Pförtner ist durch nichts zu bewegen, ein Auge zuzudrücken. Er kann seine Stellung nicht aufs Spiel setzen, er steht als einziger Bewohner von Newnes in Lohn und Brot.

Gegenüber ragt das Werk, sehen können wir es sehr gut, nähern dürfen wir uns nicht. Dreißig Rundtürme steigen unregelmäßig einen Hügel empor, einige in Gruppen, Schulterfühlung haltend, einige einzeln. Sie sind aus Walzeisen und fußen auf Ziegelfundamenten. Dreimal so hoch wie die Destillationstanks sind die Schornsteine und dreimal so hoch wie die Schornsteine die Felsenmauern des Mount Wolgan, die das Werk in einem Halbkreis umschließen. Die Front des Retortenhauses verschwindet hinter einem Gewirr von Röhren, senkrechten, schrägen, waagerechten Röhren. Eine Schütte für Wachsgewinnung, Schienen und Karren einer Schmalspurbahn, geborstene Röhren, zerbrochene Maschinenteile, Latten – auf allem wächst Rost, Moos oder Gras.

Nirgends ein Bohrturm, geschweige denn die Pinienhaine von Bohrtürmen, die Baku und Mossul umsäumen. Der Boden hier schimmert nicht von opalenen Pfützen, und im Erdinnern liegt nicht wie in Baku oder Mossul ein See aus Öl oder ein Strom aus Öl, den man bloß ans Tageslicht zu pumpen braucht.

Das Öl von Newnes ist kein Erdöl, obwohl es gleichfalls aus der Erde geholt wird, und ebensowenig kann es als Pflanzenöl oder Tierfett im Sinne der Warenbörse gelten, obwohl es von Pflanzen und Tieren stammt, von Pflanzen und Tieren einer vergangenen geologischen Ära. Generationen und aber Generationen von ihnen haben unter uns ihr Massengrab, der schiefrige Mergel, der ihre Grabplatte ist, war wohl auch ihr Mörder, er hat sie erdrückt, erstickt, wie in einer Presse lagen die Toten, sie hatten kaum Raum zu verwesen, ihr Leichenfett durchtränkte die Wände der Gruft.

Millionen von Jahren ist das her. Sechzig Jahre ist es her, seit ein paar Tramps beim Anzünden des Lagerfeuers staunend merkten, daß der Stein schneller Feuer fing als das Holz. Bald machte man sich daran, den Ölschiefer wieder in Öl und Schiefer zu teilen.

Ähnlich dem Zinnober, den man zur Quecksilbergewinnung aus dem Bergwerk hackt, werden die Schieferplatten losgebrochen und geschwelt und destilliert. Bei verschiedenen Temperaturen scheiden verschiedene der flüssigen, flüchtigen Kohlenwasserstoffe aus, in jeder der Retorten eine andere Art von Öl.

An allen Stellen, wo sich Ölschiefer fand, nahm man dieses Verfahren auf, und es wurde, lange bevor das Auto, die Benzinmotoren und die Ölfeuerung die essentielle Bedeutung von heute hatten, ein einträglicher Gewerbezweig. Paraffin für Kerzenfabrikation, Naphtha für Linoleum, Firnis und Lack, schwere Maschinenöle wurden hergestellt, Fabriken, Schiffe, Gasanstalten beliefert, innerhalb eines halben Jahrhunderts 153 Millionen Gallonen Öl aus dem heimischen Schiefer gewonnen.

Auf hundert Millionen Tonnen wird der Ölschieferbestand von Neusüdwales geschätzt, jede Tonne ergibt 80 bis 120 Gallonen Rohöl. Um das reichste der Lager, Newnes-Capertee mit 20 Millionen Tonnen, industriell auszubeuten, wurde 1905 in London die Commonwealth Oil Company gegründet. Sie hat das Werk erbaut, vor dem wir stehen, zwei Millionen Pfund Sterling investiert, Kerosin und andere Öle erzeugt, Dividenden gezahlt und auf dem internationalen Petroleummarkt mitgesprochen. Bis 1922 der internationale Petroleummarkt mitsprach und der Betrieb von Newnes eingestellt wurde.

Zehn Jahre lang stand nun das Werk still. Dann begann sich die Labor Party für die Wiedereröffnung einzusetzen. Die Schwierigkeit, den Ölimport zu bezahlen, trieb dazu und die Notwendigkeit, Arbeitsmöglichkeiten zu beschaffen. Ein Entwicklungs- und ein Untersuchungskomitee, ein Staats- und ein Bundeskomitee traten auf den Plan, aber nur eine provisorische Inbetriebsetzung kam zustande, und binnen Jahresfrist sah Newnes wieder aus wie im Jahrzehnt vorher. Die Commonwealth-Ölraffinerie und die großen privaten Bankinstitute lehnten eine Beteiligung ab, teils wegen der hohen Investitionskosten, teils mit dem Hinweis, die ausländischen Trusts würden immer in der Lage sein, Öl zu billigeren Preisen und mit besserem Verteilungsapparat auf dem australischen Markt zu placieren.

Viel wird in Australien darüber gestritten, warum das Werk lahmgelegt wurde, viel wird darüber erzählt, daß Gas und andere Nebenprodukte systematisch vernichtet worden seien, um die Rentabilität des Werkes herabzusetzen, allgemein wird behauptet, daß die Hauptlieferantin Australiens, die Anglo-Persian Oil Company, und ihr Präsident Sir John Cadman die Inbetriebsetzung von Newnes verhindern. Um diesen mißtrauischen Erörterungen ein Ende zu machen, wurde ein Fachmann eingeladen, das Werk einer Prüfung zu unterziehen und darüber zu befinden, ob sich die Wiederbelebung empfehle. Wer aber aus der weltumspannenden Ölbranche würde und könnte es wagen, dem Willen des weltumspannenden Sir John Cadman mit einem entgegengesetzten Gutachten zu widersprechen? Wer wäre andererseits, wenn er das Verdikt von Sir John Cadman bestätigt, vor dem Verdacht gefeit, er tue solches nur auf Befehl von Sir John Cadman?

Ihr würdet nicht erraten, wer der Experte ist. Kein Geringerer als Sir John Cadman. Und sein Revisionsurteil über das Urteil, das gefällt zu haben man ihm zur Last legt, bestätigt sein erstrichterliches Urteil, das Todesurteil über Newnes. Er tut es natürlich nicht allein, weil anglo-persisches Erdöl die Konkurrenz des Schieferöls fürchtet, sondern weil jede neue Rohstofferschließung, wo immer in der Welt sie auch erfolgt, die Aktien der alten Gesellschaft zum Sinken bringt. Zu einer Zeit, da nationalökonomische Weisheit aufgeboten wird, um Maßnahmen zur Einschränkung der Produktion auszuhecken, können verantwortungsvolle Wirtschaftskapitäne nichts anderes tun, als sich der Erschließung neuer Quellen widersetzen.

Im australischen Bundesparlament berichtete Minister Dr. Page über den hohen Besuch in Newnes: „Am 22. Oktober hat Sir John Cadman die Anlage in Newnes besichtigt und am 25. Oktober dem Ministerpräsidenten Lyons und den Ministern Vincent und McLachlan mitgeteilt, er könne sich nicht für die Inbetriebnahme des Werkes aussprechen.“ (Gelächter bei den Labor-Abgeordneten.)

Minister Dr. Page (fortfahrend): „Nach Sir John Cadmans Ansicht ist die vom Newnes Investigation Committee aufgestellte Schätzung der Produktionskosten zu niedrig; außerdem erachtet er die Retortenanlage nicht als ausreichend für die Behandlung des geförderten Öls. Von seiten der Minister wurde Sir John Cadman darauf aufmerksam gemacht, daß die von ihm angezweifelte Kostenaufstellung von maßgebenden Autoritäten errechnet worden sei und daß die Retortenanlagen beträchtliche Zeit in Betrieb standen und sich als vollkommen geeignet erwiesen. Daraufhin erklärte Sir John Cadman, er werde, obwohl er keinen sehr günstigen Eindruck von der Nutzbarmachung der Anlage in Newnes gewonnen habe, zwei Fachleute aus seinen Betrieben nach Australien entsenden, damit sie eine neuerliche Überprüfung vornehmen."

Abgeordneter James (Labor): „Das ist eine Komödie! Sir John Cadman ist nur hier, um die Interessen der großen Petroleumkompanien zu vertreten."

Abgeordneter Beasley: „Und die treiben Schindluder mit uns."

ILLUSTRATIONEN ZU EINEM LENIN-ZITAT

„Was ist das doch für ein originelles (‚originalnaja') kapitalistisches Land", sagt Lenin, da er Australien anläßlich der Parlamentswahlen 1913 einer Analyse unterzieht, „wo die Arbeiter das Oberhaus beherrschen und vor kurzer Zeit auch das Unterhaus beherrscht haben, ohne daß dadurch das kapitalistische System in irgendeiner Weise gefährdet war."

Das Problem war auch für Europa wichtig. Vom deutschen Kaiserthron herab war wenige Jahre vorher das Volk aufgerufen worden, zwischen sich und den Sozialisten, diesen vaterlandslosen Gesellen, das Tischtuch zu zerschneiden. In Rußland wurden Sozialisten verfolgt und verbannt, in anderen Ländern wurde die Unmöglichkeit eines sozialistischen „Zukunftsstaats" zu beweisen versucht, völliger Zusammenbruch der Wirtschaft und offene Anarchie beschwörend prophezeit.

Inzwischen aber rückte in Australien die Arbeiterpartei zur Parlamentsmehrheit auf und übernahm sogar die Regierung. Und was geschah? Nichts, keine der düsteren Voraussagen erfüllte sich. „Seht hin, die sind anders als unsere Sozialisten", riefen die europäischen Regierungen und ihre Parteien, „die sind staatserhaltend und national."

„Jawohl", antworteten die reformistischen Arbeiterführer, „in Australien ist gezeigt, daß wir Sozialisten zu regieren verstehen, ohne den Staatsapparat und das Eigentum anzutasten."

Diese Auffassungen wehrt Lenin mit der Feststellung ab, daß die australische Labor Party keine sozialistische Partei sei, nicht einmal nominell. „Sie ist in Wirklichkeit eine liberal-bürgerliche Partei, während die sogenannten australischen Liberalen Konservative sind."

Lenin weist darauf hin, daß eine solche Verschleierung von Parteizielen durch sonderbare und unrichtige Parteinamen nicht vereinzelt dasteht: in Amerika nennen die Sklavenhalter von gestern ihre Partei „demokratisch", und in Frankreich seien die kleinbürgerlichen Feinde des Sozialismus als „Radikal-Sozialisten" zusammengeschlossen. Nicht nach ihrem Aushängeschild also sei die wahre Bedeutung einer Partei zu beurteilen, sondern man müsse ihren Klassencharakter und die historischen Bedingungen ihres Landes untersuchen. Er tut das selbst und schreibt in seinem (deutsch bisher nicht erschienenen) Artikel in der „Prawda" vom 26. Juni 1913:

„Der Kapitalismus in Australien ist noch immer sehr jugendlich. Das Land beginnt erst, sich zu einem selbständigen Staat zu entwickeln. Die Arbeiter sind meist Einwanderer aus England. Sie haben England zu einer Zeit verlassen, als die liberale Arbeiterpolitik in diesem Lande fast uneingeschränkt herrschte und die Masse der englischen Arbeiter aus Liberalen bestand. In England besteht noch heute die Mehrheit der qualifizierten, geschulten Fabrikarbeiter aus Liberalen und Halbliberalen, was ein Ergebnis der außergewöhnlich vorteilhaften Monopolstellung ist, die England in der zweiten Hälfte des vergangenen Jahrhunderts besaß. Erst jetzt beginnen die Arbeitermassen Englands (wenn auch langsam), sich dem Sozialismus zuzuwenden.

Und wenn in England die sogenannte ‚Arbeiterpartei' ein *Bündnis* zwischen den nichtsozialistischen Gewerkschaften und der äußerst opportunistischen ‚Unabhängigen Arbeiterpartei' darstellt, so stellt in Australien die Arbeiterpartei eine *reine* Vertretung der *nicht*sozialistischen Gewerkschaften dar.

Die Führer der australischen Arbeiterpartei sind Gewerkschaftsbeamte, also ein Element, das allenthalben ein äußerst gemäßigtes, dem Kapital gehorsames (‚kapitaloposlushnij') ist, aber in Australien ganz friedlich und rein liberal.

Die Verbindung der einzelnen Staaten Australiens zu einem einheitlichen Australien ist noch sehr lose. Der Arbeiterpartei kam es zu, auf Festigung dieser Verbindung, auf Schaffung einer Zentralregierung hinzuwirken.

Die Arbeiterpartei in Australien hat das durchgeführt, was in anderen Ländern die Liberalen durchführten: einen gemeinsamen Zolltarif für das ganze Land, ein gemeinsames Schulgesetz, eine gemeinsame Grundsteuer und eine gemeinsame Fabrikgesetzgebung.

Selbstverständlich wird sich mit der schließlichen Entwicklung und Konsolidierung Australiens zu einem selbständigen kapitalistischen Staat die Lage der Arbeiter verändern, und ändern wird sich die *liberale* ‚Arbeiterpartei', indem sie einer *sozialistischen* Arbeiterpartei Platz machen wird. Das Beispiel von Australien bildet bloß eine Illustration zu den Bedingungen, unter denen *Ausnahmen* von der Regel möglich sind. Die Regel ist eine sozialistische Arbeiterpartei in einem kapitalistischen Land. Die Ausnahme ist eine liberale Arbeiterpartei, und sie kann sich, dank besonderer, für den Kapitalismus im allgemeinen nicht normaler Bedingungen, nur eine Zeitlang entwickeln.

Jene Liberalen in Europa und Rußland, welche versuchen, das Volk die Überflüssigkeit des Klassenkampfes zu ‚lehren', indem sie auf das Beispiel Australiens hinweisen, betrügen nur sich selbst und die anderen. Es ist lächerlich zu glauben, man könne die australischen Bedingungen (die einer unentwickelten jungen Kolonie, besiedelt von liberalen britischen Arbeitern) verpflanzen in Länder mit längst gegründeter Staatsmacht und entwickeltem Kapitalismus."

Noch heute besteht in Australien der von Lenin betonte Einfluß der eingewanderten englischen Arbeiter – die verschiedenen ökonomischen Epochen, in denen die Arbeiter das Mutterland verließen, sind im Tochterland wie Schichtenlinien erkennbar. Schon vor der manchesterliberalen Periode, schon in der Zeit, da die ursprüngliche Akkumulation des Kapitals abschloß und die industrielle Revolution, der Übergang von der Manufaktur zur Industrie sich vollzog, hatte England den zwei Menschenalter währenden Sträflingstransport nach Australien begonnen.

In dieser Kategorie der ersten weißen Bewohner Australiens fanden sich unfreiwillige Abgesandte der vielfach schattierten englischen Arbeiterbewegungen, Mitglieder von Thomas Hardys Londoner Korrespondierenden Gesellschaft, die schottischen Menschenrechtler Muir, Gerard und Margarot, Anhänger der französischen Girondisten und Anhänger der Jakobiner, ludditische Maschinenstürmer, Kämpfer für die irische Unabhängigkeit, die Bristoler Chartisten Frost, Jones und Williams, und Männer der 1838-Charte aus anderen Industriebezirken, Pioniere des Trade-Unionismus und Kommunisten.

Sie brachten ihre Lehren in das weltenfern entlegene Inselexil mit, wo sie sich tiefer verankerten als, um die Formulierung Lenins anzuwenden, „in den Ländern mit längst gegründeter Staatsmacht und entwickeltem Kapitalismus".

Die freiwillige Einwanderung, die der Lohnarbeiter, „die England zu einer Zeit verlassen hatten, als die liberale Arbeiterpolitik in diesem Lande fast uneingeschränkt herrschte", senkte neue Saaten in den australischen Boden. So sproß und wuchs es auf den jungfräulichen Fluren, aber nicht von einheitlicher Frucht, sondern Kraut und Rüben durcheinander, und selbst die waren Kreuzungen.

Die Labor Party, die einander oft widersprechenden Ideen in sich vereinigend, war schon bei ihrer Gründung liberal und ist es geblieben. Sie läßt jedes ihrer Mitglieder nach seiner Fasson selig werden und jedes Nichtmitglied auch, und wenn die Seligkeit ausbleibt, dann ist es eben keineswegs Schuld der Partei. Von einer theoretischen Schulung ihrer Mitglieder entdeckt man auch nicht die leiseste Spur, und wie sollte auch eine theoretische Ausbildung vorgenommen werden, wo keine Theorie vorhanden, die Partei eine Partei ohne Doktrin ist? Wohl interessiert sich mancher Labor-Mann für Gesellschaftskunde, fast jeder aber hängt einem anderen System an. Bei manchen Diskussionen glaubt man, im Chaos des Frühsozialismus zu Gaste zu sein, und kaum ist dieser Gedanke aufgetaucht, da holt auch schon ein verspäteter Frühsozialist vergilbte Blätter hervor, eine Broschüre, aus der er seine Weisheit schöpft, ein Familienerbstück.

Die Labor Party hat schon vor dem Kriege ihr Glück errungen, das den europäischen Sozialdemokraten erst nach dem Krieg beschieden war: das Glück, die Regierung bilden zu dürfen. Aber der Zeitunterschied ist nicht der einzige Unterschied.

In Europa erteilte der Kapitalismus den Sozialdemokraten die Prokura, wenn er seine Existenz durch revolutionäre Wellen bedroht sah; in diesem Falle suchte er sich Prokuristen aus, die ebensolche Feinde der Revolution waren wie er selbst und die sich nach beendigter Gefahr verabschieden ließen.

Anders in Australien. Die 1890 in Stadt und Land und auf dem Meer (den Wollschiffen und Küstendampfern) einsetzenden großen Lohnbewegungen und die Erregung darüber, daß die Regierung alle Machtmittel zugunsten der Unternehmer anwandte, gebaren den Wunsch der Arbeiter nach einer eigenen politischen Vertretung.

Vorher schon waren drei Arbeiterführer als Vorpatrouille der Labor Party am politischen Horizont erschienen: Dr. Maloney wurde 1889 in Melbourne gewählt, Frank Cotton und Arthur Rae kandidierten in Sydney.

Gegen diese Arbeiterkandidaten läutete insbesondere der Klerus der „Orange", der protestantischen Nordirländer, die Sturmglocke und zeterte von den Kanzeln gegen die Hetzer, die sich an Gesetz und Obrigkeit versündigen, die sparsamen Bürger zwingen wollen, ihr durch Fleiß erworbenes Vermögen mit müßiggängerischen Habenichtsen zu teilen.

Ein Priester nur stellte sich an die Seite der drei Vorkämpfer. Er blieb auch in den weiteren Kämpfen ihr Freund, und wir sahen sie, Frank Cotton, Dr. Maloney und Arthur Rae, schmerzerfüllt dabeistehen, als fünfundvierzig Jahre später er, der Friedenspriester Arthur Rivett, auf der Rednertribüne in Sydney Domain starb.

Für die nächsten Wahlen gründeten die Gewerkschaften eigene Wählerligen, und beim ersten Wahlgang fielen ihren Kandidaten 36 Sitze im neusüdwalisischen Parlament, 10 im victorianischen und 16 im queenslandischen zu.

Nach diesen Siegen erklärte sich die Wählerliga jedes Bezirks unter dem Namen „Labor Party" in Permanenz, ohne sich mit den Labor Parties der anderen Bezirke zu vereinigen, und bis zum heutigen Tage gibt es nur selbständige Ortsgruppen der Labor Party, aber keine zentrale Labor Party.

Einige Jahre lang unterstützten die Labor-Abgeordneten als „reine Vertretung der nichtsozialistischen Gewerkschaften" die bürgerlichen Regierungen, wofür sie Konzessionen auf gewerkschaftlichem Gebiet erhielten. Um die Jahrhundertwende erlangten sie in den Staatsparlamenten die Mehrheit, bildeten Regierungen und 1904 zum erstenmal die Bundesregierung.

Die Wahlsiege der Labor Party waren nicht Siege über eine andere Massenpartei, es gab keine. Bislang hatten sich Einzelpersonen zur Wahl gestellt, teils Anhänger von Schutzzöllen, teils Anhänger des Freihandels, im Parlament in zwei einander scharf bekämpfende Gruppen geschieden. Auf beiden Seiten gab es Konservative und Liberale, die Liberalen waren in der Mehrheit, denn liberal war die Mehrheit der Wähler, Kleinfarmer und Arbeiter.

Im Augenblick, da die Labor Party ins Parlament einzog, waren freilich die mörderischen Gegensätze zwischen Freihändlern und Schutzzöllnern keine mörderischen Gegensätze, überhaupt keine Gegensätze mehr, Konservative und Liberale reichten einander die Bruderhand, handelten konservativ und nannten sich liberal. Gemeinsam ging es gegen die neuen Liberalen, die sich Labor Party nannten.

Mit besonderer Heftigkeit wurde das „Caucus"-System der Labor-Abgeordneten angegriffen. Auch der Bundesministerpräsident Australiens, Deakin, den die Labor-Abgeordneten mit ihrem „Caucus" so oft unterstützt hatten, machte ihnen diesen Caucus zum Vorwurf, allerdings erst, nachdem er seinen Platz einem Labor-Mann geräumt hatte und in Opposition stand.

Die Angriffe gegen den „Caucus" spielen noch heute eine Rolle in den Parlamentsdebatten, die Konservativen verlangen sein Verbot, weil er die freie Meinung der Abgeordneten vergewaltige; die parlamentarische Rede werde überflüssig und sinnlos, denn der durch den Caucus gebundene Abgeordnete dürfe sich nicht von ihr überzeugen lassen.

Wer aber, zum Teufel, ist das, dieser Wauwau, der verfluchte Caucus? Er ist nichts anderes als der Fraktionsbeschluß. In der Klubsitzung der Labor Party wird das Programm der bevorstehenden Parlamentstagung durchgesprochen und über die Stellungnahme abgestimmt. Hernach hat jedes Mitglied Fraktionsdisziplin zu halten, das heißt im Abgeordnetenhaus so aufzutreten, wie es die Mehrheit seiner Parteigenossen beschlossen hat, auch wenn er im Klub zur Minderheit gehörte.

Für die australische Labor Party bedeutet der Fraktionsbeschluß allerdings mehr als für die Parlamentsgruppen in Europa. Er ist ihr Ersatz für das nicht vorhandene Programm und die nicht vorhandene Theorie. Ohne diesen einzigen, wenig liberalen und wenig individualistischen Zwang würde der Liberalismus und Individualismus der Labor-Abgeordneten so weit gehen, daß im offenen Hause jeder eine andere Stellung einnähme, je nachdem, welches Weltanschauungssystem er sich konstruiert oder vom Urgroßvater her ererbt hat.

Labor, im Parlament die Mehrheit bildend und dort durch den Caucus zu taktisch fester Einheit zusammengeschlossen, im Lande auf einer starken, der stärksten Massenbasis fußend, auf den Gewerkschaften, schien den Regierungsapparat dieses reichen, von keiner kriegerischen Invasion bedrohten Landes für alle Zeiten in den Händen zu halten und sich zu ungeahnter Blüte entfalten zu wollen.

Die Labor-Führer hätten Lenins Urteil überlegen belächelt, das ihrer Partei nur eine kurze Spanne der Entwicklung zugestand. Sie waren überzeugt, ein ewiges Arbeiterparadies zu schaffen, aus dem die Arbeiter niemals vertrieben werden können.

Dieweil sie es schufen, lockte die Schlange: Iß diesen Apfel, und du wirst sein wie Gott Kapital und anerkannt von allen Bürgern um deiner Weisheit und Milde willen. Die Labor-Regierung erlag der Lockung, sie führte genau das durch, „was in anderen Ländern die Liberalen durchführten: einen gemeinsamen Zolltarif für das ganze Land, ein gemeinsames Schulgesetz, eine gemeinsame Grundsteuer und eine gemeinsame Fabrikgesetzgebung".

Ähnliche Regierungsbeschlüsse folgten. Nur eine Miniatur in ihrer Galerie ist der Baby-Bonus, jedoch diese Miniatur illustriert vielleicht besser als ein Kolossalgemälde die Staatskunst und den Liberalismus der Labor Party.

Der Baby-Bonus ist 1912 von der Labor-Regierung Andrew Fisher zwecks Förderung der Kinderzeugung erlassen worden und bestand in einem Staatsgeschenk von 5 Pfund Sterling bei der Geburt eines Kindes. Mit Ausnahme der schwarzen Eingeborenenfrauen hatte jede zur Mutter gewordene Australierin darauf ein Anrecht, ob Millionärin oder Bettelfrau, denn die Arbeiterregierung lehnte es ab, einen Klassenunterschied zu machen, sie huldigte dem von Anatole France formulierten Grundsatz: „Das Gesetz in seiner erhabenen Majestät verbietet es gleichermaßen den Armen wie den Reichen, unter Brückenbögen zu schlafen und im Bäckerladen ein Brot zu stehlen . . ."

Nicht die Werktätigen verwahrten sich dagegen, daß die Wohlhabenden den gleichen Betrag erhielten wie sie, sondern es protestierten die Wohlhabenden. In Zuschriften an die Zeitungen und in Beschlüssen ihrer Vereine erklärten sie, eine solche Prämie sei beleidigend, keine Frau von Ehre werde sich ihr höchstes Glück, das der Mutterwerdung, durch eine Vergütung, eine Entschädigung, eine milde Gabe, ein Trinkgeld entwerten lassen.

Das Labor-Ministerium war sehr betroffen. Es hatte eigens darauf verzichtet, den Baby-Bonus als Anspruch jeder werktätigen Frau oder jeder Frau eines Werktätigen, jedes Steuerzahlers niedrigerer Kategorie im Gesetz zu verankern, es hatte den kostspieligen und ungerechten Weg der Gleichheit gewählt, nur um jeden Hauch von Voreingenommenheit für eine Klasse zu vermeiden. Und nun schrien die Begüterten, der Baby-Bonus sei ein Almosen und entwürdigend, und proklamierten geschlossen, ihn nicht anzunehmen.

Auf den Sturmwellen des Boykotts steuerte die Kriegsflotte der bürgerlichen Opposition im Bundesparlament gegen die Fisher-Männer. Deren Boot drohte zu kentern. Es kenterte nicht. Denn Andrew Fisher vermochte eine Statistik vorzulegen, derzufolge der Baby-Bonus bei allen Neugeburten abgehoben worden war, zu hundert Prozent, also einschließlich der Boykotteure.

Zwanzig Jahre lang wurde der Scheck an jeden Säugling ausgegeben; erst die Regierung des Anti-Labor-Mannes Lyons schränkte die Prämie auf Familien mit einem Jahreseinkommen von weniger als 260 Pfund Sterling ein, und auch diese bekamen statt fünf Pfund nur vier. Nun protestierte die Labor Party. Aber sie protestierte nicht gegen den Abzug von einem Pfund, sie protestierte dagegen, daß man den Bonus den Reichen wegnahm, wodurch „the maternity allowance is now in the nature of charity“, die Mutterschaftsbegünstigung jetzt den Charakter von Wohltätigkeit trägt. (Labor Year Book, 1934/35.)

Wenn die Labor Party über das, „was in anderen Ländern die Liberalen durchführten“, hinauszugehen versuchte, wie zum Beispiel in Queensland, wo sie einen Teil der Nahrungsmittelindustrie und des Nahrungsmittelhandels verstaatlichte, geschah es, ohne die privatkapitalistische Konkurrenz anzutasten. Binnen wenigen Monaten gelang es den Privatunternehmern, die neuen Betriebe zu korrumpieren, die Angestellten der staatlichen Fleischerläden und Bäckereien tauschten ihre Ware gegen die schlechtere des privaten Händlers um, der ihnen dafür eine Provision zahlte, die Produkte der staatlichen Konservenfabrik wurden von den Privatfabriken unterboten, und die staatliche Lebensmittelversorgung endete mit einem Kladderadatsch.

Auf der Linie der Arbeiterpolitik setzte die Labor Party die alten Einwanderungsbeschränkungen gegen ausländische Arbeiter (die zünftlerische Forderung der Trade Unions), vor allem gegen farbige, energisch und mit der patriotischen Begründung fort: Reinhaltung des britischen Charakters von Australien.

In der Tat wurden während der Konjunktur die Löhne hochgehalten und so „den Liberalen in Europa und Rußland, welche versuchen, das Volk die Überflüssigkeit des Klassenkampfes zu ‚lehren', indem sie auf das Beispiel Australiens hinweisen", die Handhabe dazu gegeben, sich selbst und die anderen zu betrügen.

Was aber war das endgültige Ergebnis dieser Schutzzölle gegen die Einfuhr von Arbeitskraft? Der größte Teil Australiens, insbesondere die heißeren Gebiete, blieb unbesiedelt, das Fabrikwesen entwickelte sich nicht, und die industrielle Reservearmee wuchs stärker, als sie durch eine vollkommen freigegebene Einwanderung je hätte wachsen können.

Daß die Labor-Führer den Weltkrieg nicht als einen imperialistischen erkannten und daß sie sich für die Entsendung australischer Truppen auf den Kriegsschauplatz einsetzten, war selbstverständlich; wie hätten sie, Nichtsozialisten, anders entscheiden sollen, wenn selbst die europäischen Sozialdemokraten nicht anders entschieden? Ministerpräsident Andrew Fisher verkündete bei Kriegsausbruch, Australien sei bereit, „den letzten Mann und den letzten Schilling" für die Unterstützung des Empires herzugeben, und am 4. August wurde der deutsche Dampfer „Pfalz", als er den Melbourner Hafen verlassen wollte, durch einen Kanonenschuß gestoppt: der erste Schuß des Weltkrieges wurde also in Labor-Australien abgegeben.*

* Bei dieser Gelegenheit seien zwei andere Vorfälle aus dem Weltkrieg erwähnt. Der Mann, der in der New Yorker Hochbahn die Aktentasche Franz von Papens mit einer anderen vertauschte und auf Grund des so erbeuteten Materials die Kriegserklärung Amerikas an Deutschland mit veranlaßte, war ein Australier, Guy Gaunt aus Ballarat, jetzt Vizeadmiral. – Ferner wurde der erfolgreichste deutsche Kampfflieger Richthofen abgeschossen, während er über den australischen Schützengräben mit dem Leutnant W. R. May aus Melbourne und dem Kanadier Roy Brown in einem Luftgefecht begriffen war. Als die Australier unter dem zertrümmerten roten Fokker die Leiche erkannten, stammelten sie: „Christ, we got the bloody baron – Herrgott, wir haben den roten Baron erwischt."

Bereits vor 1914 hatte die Labor-Regierung obligatorische Waffenübungen eingeführt, aber in dem Defense Act war nur vom Heimatschutz innerhalb Australiens die Rede. Teils um dem Gesetz nicht zuwiderzuhandeln, teils in der Auffassung, eine Freiwilligenarmee kämpfe besser als eine Zwangsarmee, wurden so wie in England, nur Freiwillige angeworben, allerdings mit allen Mitteln.

Zu Zehntausenden fuhren Australier davon, beordert, den im Weltkrieg vereinzelt gebliebenen Versuch einer Landung auf feindlichem Boden zu machen; viertausend türkische Kanonen, ausnahmslos Fabrikat von Vickers-Armstrong (England), mähten die Freiwilligen auf Gallipoli nieder.

Ende 1915 trat der Labor-Mann William H. Hughes das Amt des Bundespremiers an. Auf einer Reise nach England war er von Lloyd George und den „Times" mit dem Lob bedacht worden, er verdiene, Premierminister des ganzen Empires zu werden. Ob es wegen dieser Schmeichelei war, oder ob man ihm schon damals das Geschenk von 25 000 Pfund Sterling versprochen hatte, das er nach dem Krieg bekam, wie dem auch sei, Billy Hughes kehrte heim, fest entschlossen, die allgemeine Dienstpflicht (Conscription) in Australien durchzusetzen.

England und Neuseeland führten sie 1916 ein, in Australien ging das nicht so leicht. Eine Gegenagitation von mächtigem Ausmaß begann. An ihrer Spitze stand Percy Brookfield, Labor-Mitglied des Parlaments in Neusüdwales, ein Schüler des englischen Arbeiterführers Tom Man, der zu Anfang des Jahrhunderts in Australien gewirkt hatte. Brookfield entfaltete in den Silberbergwerken von Broken Hill und in der Sydney Domain eine große Anti-Conscription-Bewegung und entlarvte den Plan von Billy Hughes, jeden Streik durch Einberufung der Führer zu den Waffen unmöglich zu machen und durch Einführung der Dienstpflicht den Gewerkschaften das Rückgrat zu brechen. (Kurz nach dem Krieg fand Percy Brookfield einen plötzlichen Tod: ein Geisteskranker fuchtelte auf einem Bahnhof mit einem Revolver herum und erschoß Brookfield, der ihm die Waffe entreißen wollte. Gleichzeitig erschien in den Zeitungen die Nachricht, daß Hughes von patriotischen Bürgern die Ehrengabe von 25 000 Pfund Sterling erhalten hatte.)

Eine andere Gruppe, die Industrial Workers of the World, störte die Dienstpflichtagitation durch unbeanstandbare „Werbungs"-Plakate: „Zu den Waffen! Kapitalisten, Geistliche, Politiker, Redakteure und andere Hinterlandspatrioten, euer Land braucht euch in den Schützengräben; Arbeiter, tut das, was eure Herren tun!"

Unter den Iren Australiens, den Sinnfeiners, bestand gleichfalls keine Neigung, England durch allgemeine Dienstpflicht zu unterstützen; ihr Sprecher war kein Geringerer als der Erzbischof von Melbourne, Dr. Mannix, dem man schwer zu Leibe rücken konnte.

Eklatanter als je zuvor tat sich beim Gros der Labor-Abgeordneten ihr Liberalismus kund. Krieg? Ja. Massentransporte auf die Schlachtfelder? Ja. Aber Dienstpflicht? Zwang? Nein und abermals nein!!

Von zweiundsiebzig seiner Parteigenossen im Bundesparlament konnte Billy Hughes nur sechs für die Einführung der Dienstpflicht durch Parlamentsbeschluß gewinnen. Selbst in seinem Ministerrat (der war allerdings nicht von ihm, sondern durch den Caucus zusammengestellt) fand Hughes keine Mehrheit. Er entschloß sich, seinen Willen im Wege eines Plebiszits durchzusetzen, und dabei fiel ihm – wohl zum erstenmal – ein, sich der internationalen Arbeiterorganisationen zu bedienen. Billy Hughes erbat von den französischen und belgischen Führern der Zweiten Internationale Beschlüsse und Botschaften an die australischen Genossen: „Stimmt für die allgemeine Dienstpflicht!"

Überdies wandte sich Hughes, ohne daß seine Partei davon wußte, an den englischen General Birdwood, in dessen Armeeverband die australischen Truppen kämpften, er möge diese beeinflussen, den Volksentscheid mit einem einmütigen Ja zu beantworten. General Birdwood verfaßte einen flammenden Aufruf. Es nützte nichts. Die australischen Soldaten stimmten mit überwältigender Mehrheit gegen die Dienstpflicht; die Ziffern wurden offiziell nie veröffentlicht, doch sollen 106 000 Nein- und nur 40 000 Ja-Stimmen gezählt worden sein. Die in Australien vorgenommene Abstimmung unter der Zivilbevölkerung ergab 1 160 033 Nein gegen 1 087 557 Ja.

Auf Geheiß von Hughes war in den australischen Abstimmungslokalen jeder Mann einem Kreuzverhör darüber unterworfen worden, warum er sich bisher nicht zum Militärdienst gemeldet habe.

Ermutigt durch das Mißtrauensvotum des Volkes gegen Hughes, schloß ihn die Labor Party wegen undemokratischer Beeinflussung der Abstimmung aus ihren Reihen aus. Weder aber übernahm die Labor Party die neue Regierung, noch hinderte sie Hughes daran, ein anderes Ministerium, das einer Nationalen Koalition, zu bilden; mit Billy Hughes traten einige Labor-Abgeordnete aus der Labor Party aus und vereinigten sich, ohne mit einer Wimper zu zucken, mit den Konservativen zu einer bürgerlichen Partei.

Hughes ordnete abermals einen Volksentscheid an, 7. November 1917. Diesmal wurde Australien nicht offen gefragt, ob Dienstpflicht eingeführt werden solle, sondern nur, ob es mit den Regierungsvorschlägen zur militärischen Verstärkung einverstanden sei. „Nein", antworteten die Soldaten. „Nein", antwortete die Mehrheit der Bevölkerung.

So lieferte Australien dem Weltkrieg nur Freiwillige und hat nicht seinen letzten Mann hergeben müssen. Der andere Teil des Versprechens von Andrew Fisher aber wurde wahrgemacht: den letzten Schilling hat Australien hergegeben. Die Regierung hatte seinerzeit mit großmannssüchtiger Geste erklärt, alle Kosten zurückzuzahlen, die England für die australischen Truppen und Schiffe im Krieg auslegen würde, und diese Schuldensumme ist bis zum heutigen Tag auf 794 Millionen Pfund Sterling angelaufen.

Dennoch wirtschaftete Australien weiter, als ob es aus dem vollen zu schöpfen hätte. 1927 ward Canberra geboren, ein „Weißer Elefant", eine überflüssige, defizitäre Einrichtung. Canberra ist eine Hauptstadt ohne Bevölkerung und mit ungeheuren Verwaltungskosten. Da weder Sydney seiner Rivalin Melbourne, noch Melbourne seiner Rivalin Sydney gönnen wollte, die allaustralische Kapitale zu sein, wurde auf neutralem Urwaldgebiet Canberra errichtet, nach dem Muster von Washington. Allerdings werden von Washington aus 48 Staaten mit hundertzwanzig Millionen Menschen regiert, während das britische Dominion

Australien aus sechs Staaten mit kaum sieben Millionen Bewohnern besteht und nur wenige Ressorts zentralistisch verwaltet werden.

Zwar war es keine Labor-Regierung, die diese unzeitgemäße Stadt gründete, aber Labor saß in allen Parlamenten, ohne die Rivalität zwischen den Staaten zu schlichten, ohne die kostspielige und reaktionäre Lösung des Problems zu verhindern. Der reaktionäre Grundgedanke bei der Erbauung von Canberra war: die Hauptstadt sollte weder in einem Industriegebiet noch an einem Seehafen liegen, um dem Einfluß der Straße nicht ausgesetzt zu sein. Aus der gleichen Erwägung hatte Ludwig XVI. die Stände nicht nach Paris, sondern nach Versailles einberufen, 1789 ...

Mit diesem Register von Schuld und Schulden konnte Australien der Krise nicht begegnen, und als nach zwölfjähriger Opposition wieder eine Labor-Regierung (Scullin 1929) ans Ruder des Commonwealth gelassen wurde, geschah es, damit sie zu einer von den Ministerpräsidenten der Bundesstaaten beschlossenen allgemeinen Lohnreduktion und zur Einschränkung sozialer Einrichtungen ihre Mitwirkung leihe und dann demissioniere.

Die von Lenin vorausgesagte Änderung in der Struktur der Labor Party vollzieht sich vor allem in der Form innerer Opposition. Von der Labor Party spaltete sich die etwas radikalere, aber nicht marxistische State Labor Party ab, deren Führer Jack Lang (äußerlich dem deutschen Abgeordneten Gustav Noske zum Verwechseln ähnlich) 1930 die Premierministerschaft von Neusüdwales erlangte.

Anderthalb Jahre darauf wurde er vom britischen Gouverneur abgesetzt. Langs Gegner beschuldigen ihn, seine Abberufung selbst eingefädelt zu haben; Langs Anhänger hingegen erklären, er habe seine Politik konsequent verfolgt, obwohl er voraussah, wegen dieser Politik abgesetzt zu werden. Jedenfalls hat der zur Vertretung der Arbeiterinteressen gewählte Lang freundlich grüßend sein Amt verlassen, als ihm ein Beamter der Krone per sofort kündigte.

Auch durch die Existenz der Kommunistischen Partei wird die Struktur der Labor Party beeinflußt. Bei den letzten Wahlen gab es achtzigtausend kommunistische Wähler, einige Gewerkschaften stehen unter kommunistischer Führung; das Verbot, ihre Presse mit der Post zu befördern und ihre Literatur auf den „Plätzen der freien Rede" zu verschleißen, eine hohe Kaution, die für jede Wahlliste verlangt wird, die Wahlgeometrie und viele Verfolgungen erschwerten den Kommunisten die Erlangung eines Mandats.

In der wirtschaftlichen Lage der arbeitenden Klasse Australiens läßt sich, obwohl das Land von der Natur begünstigt ist wie wenige, kaum eine Spur vom Arbeiterparadies entdecken.

Lange bevor die Labor Party in Erscheinung trat, hatte Marx festgestellt, wie der Kapitalismus seine Eroberung der Welt durch die Eroberung Australiens beendet habe, „so daß fast jedes Postdampfschiff die Hiobspost einer Überfüllung des australischen Arbeitsmarktes – ‚glut of the Australian labour-market' – bringt und die Prostitution dort stellenweise so üppig gedeiht wie auf dem Haymarket in London".

Selbst während der Herrschaftsperiode der hohen Löhne gab es Arbeitslosigkeit; zu der von Marx als eine ihrer Ursachen gebrandmarkten „Konkurrenz, welche der Import englischer Waren selbst dem kleinsten Handwerker macht", ist heute die Konkurrenz der japanischen Waren getreten, und die Arbeitslosigkeit ist seither ins Ungemessene gewachsen. Die Elendsbezirke, einst nur Lumpenproletariat beherbergend, schließen nun die Arbeitervorstädte ein; wenn auch der lokalpatriotische Bürger nichts davon wissen will, es sieht in den Stadtteilen Wooloomooloo, Pyrmont, Surry Hills, Ultimo, Redfern und Paddington schlimmer aus als in Whitechapel zu Marxens Zeiten.

Und die Prostitution? So respektgebietend sich in London der Hurenauftrieb bei Haymarket und Piccadilly Circus in den letzten zwei Menschenaltern vergrößert hat, das nächtliche Angebot bei Little Lon (liebevoller Diminutiv für Little Lonsdale Street) in Melbourne und zwischen Palmer Street und King's Cross in Sydney kann sich vor London in Ehren sehen lassen.

Durch die Herrschaft der liberalen Arbeiterpartei, die sich, wie Lenin es ihr vorhergesagt, „dank besonderer, für den Kapitalismus im allgemeinen nicht normaler Bedingungen nur eine Zeitlang entwickeln" konnte, wurde also das kapitalistische System in keiner Weise gefährdet. Sogar seine ärgsten Schwären bestehen in Australien im gleichen erschreckenden Ausmaß wie in anderen Ländern.

DIE GEFAHREN DER BODYLINE

Die Sache mit der Bodyline ist eine Sportsache, aber sie spielt tief in die Politik hinein. Über Australien schreiben und die Sache mit der Bodyline weglassen, hieße den Vatikan schildern und des Papstes nicht Erwähnung tun, oder – doch wir können uns nicht mit Vergleichen aufhalten, wenn wir die Bedeutung von Kricket für Australien und von Bodyline für die internationale Politik darlegen wollen.

Zum Unterschied von den Pferderennen, dem allgemeinen Glücksspiel, ist Kricket der nationale Sport. Kricket hat Australien „auf die Landkarte gesetzt". Diese Redewendung, in Australien gang und gäbe, charakterisiert die Ehrgeize dieses Kontinents. Ist er ja erst vor kurzem in die Landkarten der Welt eingezeichnet worden, zunächst nur als Kontur, so wie ihn die Umsegler vom Umsegelschiff aus sahen, und am Ende des 18. Jahrhunderts kam zu dem Umriß noch ein Ringelchen, die Siedlung Botany Bay, später Sydney genannt.

Was sonst auf dem Kontinent vorhanden war, wußten nicht einmal die Inwohner des Ringelchens, denn keine andere Ortschaft, kein Flußlauf, kein See war noch „auf die Landkarte gesetzt". Da machten sich Entdecker auf, nahmen die Gefahren des Urwalddurchdringens, die Anstrengungen des Stromdurchschwimmens, die Beschwerden des Felsenerklimmens, nahmen Tod durch Hunger, Durst und Entkräftung auf sich, um neue Gebiete „auf die Landkarte zu setzen".

Und als das Land schon ziemlich erschlossen war, war noch lange nicht jede Siedlung auf der Landkarte eingezeichnet, obzwar jede Siedlung sich darum bemühte und sich beizeiten ringelte. Wer durch eine große Schafherde oder einen Mineralfund oder sonstwie einem Ort zur Ehre des Eingezeichnetwerdens verhalf, von dem sagte man anerkennend: Er hat uns auf die Landkarte gesetzt. Heute, nachdem die Kartographie auch innerhalb Australiens ihr Werk vollendet hat, ist die Wendung metaphorisch und ironisch und wird zumeist im Sinne von „bloßstellen" gebraucht.

So war es aber nicht gemeint, als wir sagten, das Kricketspiel habe Australien auf die Landkarte gesetzt. Dank dem Kricket steht Australien in regelmäßigerem und engerem Besucherverhältnis zum Mutterland als Kanada und Indien, die weit mehr Bewohner haben und England näher liegen.

Mitte der siebziger Jahre fuhr eine australische Kricketmannschaft über See, um bei Lord's, dem Londoner Kricketplatz, ihr Können zu zeigen. London betrachtete das nicht einmal als exotische Sensation, geschweige denn als eine sportliche. Kricket war englisches Monopol auf englischem Boden, schon im 15. Jahrhundert war es unter anderem Namen gespielt worden, seit dem Jahre 1550 hieß es Kricket. Cromwell war ein Kricketer gewesen, Frederick Louis Prinz von Wales war 1751 beim Kricketspiel durch einen Ballwurf getötet worden, seit 1744 galten die gleichen Regeln, und seit 1787 trainierte der Marylebone Cricket Club regelmäßig bei Lord's und siegte anderthalb Jahrhunderte lang turmhoch über alle anderen Mannschaften in England.

Wenn sich also ein paar Kolonisten damit vergnügt haben, zwischen Buschnegern und Känguruhs die Künste des Mutterlands nachzuahmen, und sich jetzt in London zeigen wollten – was kann dabei herauskommen?

Allerhand kam dabei heraus. Das Wicket, die Dreieinigkeit der Holzpfosten, die vom Ball des Gegners unberührt zu erhalten Aufgabe jeder Mannschaft ist, die drei Pfosten des englischen Wickets, die noch niemals von Nichtengländern getroffen worden waren, sie purzelten wie Kegel.

Der Mann, der sie vor allem schützen sollte, war kein Geringerer als W. G. Grace, Kricketkönig der Vereinigten Königreiche von Großbritannien und Irland. Großmächtig, mit einem Bart wie ein Schild, das Bat, den Schläger, schwungbereit, abwehrbereit, schlagbereit in den Händen, erhob er sich überlegen neben dem ihm anvertrauten Wicket – er konnte es trotz Bart und Bat nicht vor den heransausenden Bällen Australiens bewahren.

Binnen wenigen Stunden hatten die Hinterwäldler von der unteren Erdhälfte die englischen Kricketer besiegt und Australien auf die Landkarte gesetzt.

Die wirtschaftlichen Gründe der Tatsache, daß Old England in seinem alten Nationalsport auf eigenem Boden von Grünschnäbeln aus neuem Land geschlagen wurde, waren die Aufhebung der Sträflingsverschickung nach Australien und die Entdekkung der Goldfelder dortselbst. Dadurch wurde es dem australischen Unternehmer schwer, seine Arbeitskräfte bei der Stange zu halten, zu verhindern, daß sie sich als Goldgräber, Schafzüchter, Farmer oder Kaufleute etablierten. Er mußte sie durch höhere Löhne und bessere Behandlung an sich fesseln, und so willigte er schließlich sogar ein, die bis dahin unbeschränkte Arbeitszeit der Betriebe einzuschränken und den Arbeitern und Angestellten wöchentlich einen Nachmittag freizugeben. Wo Platz ist, sind auch Spielplätze, und es gab viel Platz in Australien, man hatte nicht weit zu laufen, wenn man spielen wollte. Sogar im Winter konnte man trainieren, Australiens Städte kennen keinen Schnee. (Auf das bißchen Schnee am Gipfel des Kosziusko-Berges sind die Australier sehr stolz.)

Seit jenem Zusammentreffen in London fährt die Ländermannschaft, in deren Land der Winter kommt, zu den Antipoden, bei denen eben Sommer ist; einmal die Engländer nach Australien, das andere Mal die Australier nach England.

Alljährlich sind die Briten beider Hemisphären aufgewühlt von der bangen Frage: Wer wird diesmal die Asche heimholen? Aus Furcht und Hoffnung ward die Sache mit der Bodyline geboren — bevor jedoch einem in die Geheimnisse des Kricketspiels nicht eingeweihten Lesepublikum die Sache mit der Bodyline erklärt wird, muß noch anderes erklärt werden.

Zum Beispiel das Heimholen der Asche. In Australien und in England weiß jeder genau, daß damit der Sieg im jährlichen Kricketkampf gemeint ist. Was das mit Asche zu tun hat, weiß man allerdings nicht genau. Einige Historiker behaupten, die „Sporting Times“ haben nach dem ersten Sieg der Australier eine satirische Todesanzeige veröffentlicht, das englische Kricket sei gestorben, sein Leichnam verbrannt und die Urne nach Australien gebracht worden; auf diesen Hohn sollen die Engländer mit dem feierlichen Gelübde geantwortet haben, die Asche wieder zurückzuholen. Einer anderen Überlieferung zufolge hat der australische Spielleiter nach dem Sieg über England die drei ruhmreich verteidigten Pfosten in Flammen aufgehen lassen, damit auch fürderhin kein Engländer sie treffe. Ob so oder so – fest steht, daß die Asche nicht existiert, um die alljährlich auf Leben und Tod gefochten wird.

Dabei wird kein Kampfmittel verschmäht: die Sache mit der Bodyline, von der wir später sprechen wollen, ist nur das letzte in der langen Reihe von Kampfmitteln, mit denen der Gegner aus dem Feld geschlagen werden soll.

Die englischen Mannschaften bestehen aus Amateuren und Professionals. Man darf sich das nicht etwa so vorstellen, daß Gentlemen und Berufsspieler ebenbürtige Klubkameraden sind. Im Gegenteil. Damit niemand im Publikum glaube, alle Spieler der gleichen Sportklasse gehörten auch zur gleichen Gesellschaftsklasse, wird der Rangunterschied besonders betont. Es gibt eigene Ankleidekabinen für Gentlemen und eigene Ankleidekabinen für Berufsspieler, und die Gentlemen betreten den Platz durch einen Eingang, der „nur für Herrschaften" bestimmt ist, während die Profis durch einen anderen, sozusagen durch den „für Dienstboten und Lieferanten" kommen.

Der erste Engländer, der diese strenge Trennung aufzuheben wagte, war Mister Percy Fender, Kapitän des Kricketklubs von Surrey. Er zog mit seiner gesamten gemischten Mannschaft durch die gleiche Pforte auf dem „Pitch", dem Spielfeld, ein. Diese rebellische Tat büßte Mister Percy Fender bitter: niemals wurde er Kapitän der Ländermannschaft Englands, obwohl ihm diese Würde unzweifelhaft jahrelang und jahrzehntelang gebührt hätte.

„Jahrzehntelang?" Ist das nicht ein bißchen übertrieben?

Keineswegs. Kricket kennt keine Altersgrenze, man kann jung sein wie ein Boxer oder alt wie ein Golfspieler. Kricket kann man von Kindesbeinen an spielen bis zum Lebensabend. Um dies zu illustrieren, sei, bevor wir auf die Sache mit der Bodyline zu sprechen kommen, von Phil Mead berichtet, dem Batsman von Hampshire, der mit den Engländern Anno 1912 nach Australien kam. Er hütete das Wicket schlecht, und so sahen ihn die Australier vor dem Krieg nicht mehr. Erst 1928 erschien er wieder unter den Auserwählten und erzielte beim Wettspiel in Brisbane 72 Punkte.

„Bravo, Phil Mead", belobte ihn der Obmann von Brisbane nach dem Match, „Sie sind ein großer Kricketer. Sie können es mir glauben, ich bin ein alter Veteran, ich habe 1912 noch gegen Ihren Vater gespielt." Wir alten Fußballer vernehmen diese Episode mit Neid, denn wenn wir heute zu einem Wettspiel antreten würden, hielte man uns nicht für unsere Söhne, sondern für unsere Väter, bestenfalls.

Kricketer halten länger durch, obwohl ihnen die Dienstjahre nicht immer zum Aufstieg in den Rang des Länderkapitäns verhelfen. Nehmen wir die drei englischen Heroen, die an der Sache mit der Bodyline entscheidend beteiligt sind: Larwood, Mister Jardine und Voce. Nicht zufällig haben wir dem Namen Jardine ein „Mister" vorangesetzt und solches bei Larwood und Voce unterlassen. Mister Jardine betreibt den Beruf eines Kricketers als Sport, während die beiden anderen den Sport als Beruf betreiben. Deshalb spricht Jardine den Voce niemals als „Mister Voce" an, und Voce sagt zu Jardine nicht einfach Jardine, sondern Mister Jardine. Zeitungen und Rundfunk Englands machen die gleiche Unterscheidung zwischen dem Spieler und dem Herrn Spieler.

Verstandesfrage: Wer von den drei englischen Heroen ist der Länderkapitän, Larwood, Mister Jardine oder Voce? – Ganz richtig! Es ist Mister Jardine.

Die Wirtschaftskrise macht allerdings auch vor dem Kricketplatz nicht halt, sie tritt ein durch Herrschaftstore und Domestikenpforten. Heutzutage kommt es vor, daß ein Gentleman zum Berufsspieler wird oder daß ein Klub seinen Profi nicht mehr bezahlen kann, und dann hört über Nacht der eine auf, ein Herr zu sein, wogegen der andere als Herr aufwacht, vergleichbar jenem Neuvermählten, der erfährt, daß keine Mitgift vorhanden ist und er demnach eine Liebesheirat geschlossen hat.

Das sind natürlich nur Grenzfälle, zwischen ihnen liegt der Normalfall: die Amateure ziehen mehr Geld aus der Klubkasse als die Profis, und darum nimmt man es in England mit den Eingangstor-heiten und Herr-lichkeiten heute nicht mehr allzu genau. In Australien hat man sie nie ernst genommen, ganz jedoch – das sei offen ausgesprochen, bevor wir auf die Sache mit der Bodyline kommen –, ganz hat sich Australien von dem englischen Vorbild nicht freizuhalten vermocht.

So war zum Beispiel Jack Ryder nicht Kapitän der Australier auf ihrer 1930-Reise nach England, weil sie befürchteten, Ryders rauhe Manieren könnten von dem feinen Publikum bei Lord's als shocking empfunden werden. Aus dem gleichen Grund wurde Ironmonger, der beste slow-bowler (Langsamschleuderer) unter dem Kreuz des Südens, niemals zu einem Spiel unter dem nördlichen Sternenhimmel entsandt. Ironmonger rühmt man nach, er „lasse den Ball sprechen", das heißt, er könne mit ihm machen, was er wolle. Eines kann er jedoch mit dem Ball nicht: ihn bei Lord's gegen die englischen Pfosten schleudern. Denn Ironmonger war Müllkutscher, ehe er Kricketamateur wurde. (In Australien sind alle Kricketspieler Amateure, was man vielleicht auch so ausdrücken könnte, daß alle Professionals sind.) Außerdem rutscht dem Ironmonger das große australische Adjektiv „bloody" und das große australische Substantiv „bastard" auch beim Wettspiel durch die Zähne, während sich die anderen Spieler (mit Ausnahme von Jack Ryder) dieser Ausdrücke nur bei Trainingsspielen bedienen.

Offiziös wird die Nichtentsendung Ironmongers damit begründet, daß er den Ball werfe; er werfe ihn mit gebogenem Arm, statt ihn vorschriftsmäßig aus der Schwingung des gestreckten Arms zu schnellen. Warum läßt man ihn dann bei innerstaatlichen Wettspielen antreten, he?

Gegen Eddie Gilbert wird der gleiche Einwand erhoben, und hier ist die Ursache noch klarer. Eddie Gilbert ist Australneger, und daß ein Schwarzer im Namen Australiens gegen England antritt, kommt nicht in Frage. Einige Neunmalweise behaupten mit hochgezogenen Augenbrauen, der Knochenbau der Eingeborenen, insbesondere der des Ellenbogens, verwehre diesen, den Ball nach den Regeln des Marylebone Cricket Clubs zu schleudern.

Vor uns liegt ein Filmstreifen, Eddie Gilbert beim Schleudern, keine Spur von Armbeugung. Und sprächen nicht andere Gründe dagegen, die Lüge von seiner Armkrümmung hätte den armen Eddie nicht davor geschützt, in die Sache mit der Bodyline verwickelt zu werden.

Nun soll es aber mit den Einleitungen und Anspielungen ein Ende haben, wir wollen rundheraus sagen, was die Sache mit der Bodyline ist.

„Bodyline" bedeutet, daß der Ball nicht gegen das aus den drei Pfosten bestehende Wicket geschleudert wird, sondern in der Richtung auf den Körper (body) des Mannes, der das Wicket zu verteidigen hat. Diese Taktik wendet England gegen Australien an, gebraucht aber das Wort „Bodyline" niemals, ja es erklärt sogar, jedermann, der diesen Ausdruck verwende, sollte gefedert und gerädert, geteert und entehrt werden. Spielen dagegen dürfe man Bodyline, wenn man es nur mit dem richtigen Namen nenne: „Leg Theory Bowling." Ob der Batsman dabei getroffen werde, mache nichts aus.

Was liegt wirklich daran, denkt auch ihr, was liegt wirklich daran, wenn der Ball einen Spieler trifft?

Ihr denkt eben in Tennisbällen oder in Fußbällen, und das ist ein Denken im hohlen Raum. Der Kricketball ist kein hohler Raum. Wohl ist sein Kern nur Kork, seine Hülle jedoch ist Leder und Vulkanfiber, und er wiegt nicht weniger als sechs Unzen. Stellt euch mal vor, daß er aus zwanzig Schritt Entfernung mit einer Stundengeschwindigkeit von neunzig Meilen gegen den Unterleib, gegen das Herz oder gar gegen den Kopf eines Menschen saust.

Aber, wendet ihr ein, der Mann, gegen den die massive Kugel saust, kann doch ausweichen.

Nein, ausweichen kann er nicht, denn dann würde der Ball, dem der Schleuderer eine ganz bestimmte Fälsche gegeben hat, auf den Boden aufschlagen und, seitlich springend, das Wicket umwerfen. Der Batsman steht nämlich nicht unmittelbar vor dem Wicket, sondern seitlich davor, so daß der Ball, der den Batsman verfehlt oder vom Batsman verfehlt wird, das Wicket trifft.

Schlägt der Batsman den Ball nur ab, um sich zu schützen, so kann er ihn nicht dirigieren, wohin er will, der Ball fliegt infolge seiner Fälsche in die linke Hälfte des Spielfelds, dem Gegner geradewegs in die Hände.

Beim normalen Kricket sind die Spieler auf das ganze Feld verteilt. Ist Bodyline im Spiel, dann postiert der Kapitän der Bodyliner seine Mannschaft auf die linke Seite, das „Legfield". Also nicht zufällig gefährdet oder verletzt der Wurf den Körper, Absicht liegt vor, die Helfershelfer des Täters haben schon vorher ihre Stellung bezogen und lauern auf die Beute.

Der ärgste Bodyliner heißt Harold Larwood. Er hat den englischen Journalisten, die ihm bei seiner Rückreise nach Suez entgegenkamen, erklärt, sein australischer Aufenthalt sei ein Spießrutenlaufen gewesen, die Zuschauer hätten ihn beschimpft, im Kino sein Bild ausgepfiffen, ihm Drohbriefe geschrieben, und er habe sein Hotel nicht ohne Polizeibedeckung verlassen können. Das mag wahr sein. Wir hörten australische Sportfanatiker von Larwood sprechen, sie waren blaß vor Empörung. Gleichzeitig aber funkelte in ihren Augen Verzückung. Keiner, der nicht von den poetischen Bewegungen des ehemaligen Kohlenkumpels Larwood schwärmte, vom Rhythmus seines Schwungs und sogar davon, daß seine verletzenden Bälle auf einen Millimeter genau treffen, wie Projektile eines Meisterschützen.

Sie zollen dem gehaßten Feind fast die gleiche Bewunderung wie ihrem geliebten Freund Don Bradman. Dieser Don ist kein spanischer Don, sondern ein australischer Donald, zärtlich abgekürzt. Nie gab es einen herrlicheren Batsman als Don Bradman. Betritt man in einem Kleinbürgerhaus das Zimmer der Söhne und Töchter, so findet man die Wand mit Photos von Don Bradman tapeziert. Von Don Bradmans Ruhm leben Zeitungen, Zeitschriften und Filme. Selbst England hat ihm die höchste Ehrung zuteil werden lassen, die England einem Ausländer zuteil werden läßt: Don Bradmans wächsernes Konterfei steht zu London in Madame Tussauds Panoptikum. (Katalognummer 264.)

Diese Anerkennung ehrt England ebenso, wie es Australien ehrt, daß es bei aller Wut gegen Larwood ihm Anerkennung nicht versagt. Jedoch für Mister Jardine, den Kapitän der Engländer, den Auftraggeber der Bodyliner, lassen die Australier keine mildernden Umstände gelten, und wenn sie ihn „bastard“ nennen, schwingt der übliche freundliche Unterton nicht mit. Nach dem letzten Wettspiel höhnten sie, Jardines Eltern seien auf die australischen Erfolge ihres Sohnes so stolz, daß sie beschlossen hätten zu heiraten.

Die Australier haben Grund zum Haß gegen die Bodyliner. Fielen doch diesen Kopfjägern die Spielleiter Australiens Bill Woodfull und Bert Oldfield zum Opfer, welch letzterer in der Liebe des Volkes nicht weit hinter Don Bradman rangiert.

Schlimm ist es, Sportlieblinge des Lieblingssports verletzt vom

Pitch wegtragen zu sehen. Schlimmer aber ist es fürwahr, daß man, um die eigenen Schädeldecken zu retten, dem Engländer den seit fast zwei Menschenaltern umkämpften Sieg in die Hände spielen muß. Sollen wir uns durch Bodyliner von der Landkarte jagen lassen?

Die Sache mit der Bodyline sprang aus den Sportrubriken in die Leitartikel, die drohende Sprache der Presse war diesmal nicht Ursache, sondern Wirkung der Volkserregung.

„Auge um Auge, Zahn um Zahn", riefen die ganz Ungestümen und verlangten, Eddie Gilbert solle auch Bodyline spielen und dem Harold Larwood mal zeigen, was eine Harke ist.

Weil aber das Zeigen einer Harke eine in Australien unbekannte Wendung ist und weil die australischen Sportbeherrscher lieber Körperverletzung und Niederlage dulden als mit einem Schwarzen bei Lord's einziehen wollten, verzichteten sie auf Eddie Gilberts rächenden Arm und lehnten den radikalen Vorschlag ab.

Der Board of Control, jene Sportbehörde, die das australische Kricket in der internationalen Sphäre beaufsichtigt, mußte der Volksstimmung in anderer Weise Rechnung tragen. Diese in Australien höchst unbeliebte Instanz schickte an die in Australien noch unbeliebtere englische Instanz, den Marylebone Cricket Club, einen Protest, Protest gegen Bodyline, Protest gegen absichtliche Körperverletzung, Protest gegen „unsportsmanlike action".

Noch nie hatte jemand gewagt, den Engländern so etwas vorzuwerfen, ihnen vorzuschreiben, was fair, was sportsmanlike ist.

Vorsitzender des Marylebone Cricket Club ist Viscount Hailsham, durch seine Tätigkeit als Aktionär des Rüstungskonzerns Vickers-Armstrong nicht an friedlichen Beilegungen interessiert. Von oben herab wurde den australischen Meuterern geantwortet, Bodyline sei weder erlaubt noch verboten, denn es stehe nicht in den Spielregeln. Ebensowenig gäbe es eine Vorschrift, wohin der Bowler zu zielen habe und wo die Fieldsmen aufzustellen seien. With kind regards, und so weiter.

Australien verwandelte sich in einen Vulkan, als diese Antwort bekannt wurde. Wie Feuer und Lava schlug die Empörung hoch, die australische Erde bebte, und das Band, das sie mit dem Mutterland verknüpfte, bebte mit. Die Herren in England gehen mit Körperverletzungen gegen uns vor, und nachher wird vom grünen Tisch aus noch erklärt, das sei vollkommen in Ordnung, jeder Engländer dürfe mit uns umspringen, wie es ihm beliebe!

Möge England seine Kricketpartner und seine Schafwolle aus Südafrika beziehen, das ist uns immer noch lieber, als daß das Leben unseres Don Bradman und unserer anderen Helden länger gefährdet wird und Marylebone das mit seinem Hohn begleitet.

Eines Morgens fand man in Sydney die Statue von Albert dem Gütigen, Gatten der Königin Victoria, beschädigt. Auf den Sokkel hatten die Täter das Wort „Bodyline" gemalt und gegen den Kopf des Prinzgemahls einen Stein geschleudert; sie waren keine Larwoods gewesen, denn sie hatten nur das Ohr abzubrechen vermocht. Das Attentat kam nicht in die Zeitung, aber ein Photo des Denkmals hält das Ergebnis der Tat fest. Vor dem Palast des Gouverneurs zogen doppelte Wachposten auf. Der Abfall der Tochterlande schien unvermeidlich.

Im Australia-House in London ist ein Thron für abgesägte australische Ministerpräsidenten aufgerichtet, auf ihm sitzt der High Commissioner, sozusagen Gesandter des australischen Commonwealth beim englischen Hof. Nie noch war einem High Commissioner Australiens in London, nie einem britischen Kolonialminister die Hölle so heiß gemacht worden wie in den Tagen der Bodyline-Debatte. Das englische Kabinett trat zusammen, um in der Sache mit der Bodyline eine Entscheidung zu fällen, eine schwere Sache. Nach den Kricketregeln hatte Marylebone recht, und selbst wenn Marylebone unrecht gehabt hätte, konnte man diese erlauchte Kricketbehörde nicht desavouieren, England als höchste Sportinstanz der Welt nicht bloßstellen. Aber man mußte auch den Australiern entgegenkommen, ihre Absage der nächsten Wettspiele hätte die Kette zerrissen, mit der seit sechzig Jahren diese beiden Teile des Empire aneinandergeschmiedet sind.

Erfahren in der Behandlung von Rebellionen, fand das British Empire einen Ausweg. Zwar wurde Bodyline nicht durch einen Kabinettsbeschluß verboten, jedoch dem Marylebone Cricket Club nahegelegt, für das Länderspiel keinen Bodylinespieler aufzustellen. Larwood, Voce und die anderen „erkrankten".

Damit aber Australien sich nicht einbilde, es habe auch den Kapitän Englands, einen englischen Gentleman, gezwungen, strafweise im Winkel zu stehen und neidisch dem Spiel zuzusehen, wurde die Nichtteilnahme Jardines anders motiviert. Reuters Office verlautbarte, Mister Douglas Jardine sei zu einer Tigerjagd in Indien eingeladen worden und habe im Hinblick darauf gebeten, ihn vom Match gegen Australien zu dispensieren; der Marylebone Cricket Club habe nach längerer Beratung beschlossen, dem verdienstvollen Capt'n ausnahmsweise diesen Urlaub zu bewilligen.

Die Australier empfanden das immerhin als Sieg und erzählten lachend, die Eltern-Jardines hätten sich wieder entlobt.

Vorläufig hat die Sache mit der Bodyline die Landkarte der Welt nicht verändert.

ANMERKUNGEN

8 *Electric Liner* – (engl.) Überseedampfer.

13 *Centenary* – (engl.) Jahrhundertfeier.

British Passport Control ... – (engl.) Britische Paßkontrolle ... Gültig für beliebig viele Reisen innerhalb von zwölf Monaten vom heutigen Datum an. Zeitweiliger Besucher.

15 *Poincaré* – Raymond Poincaré (1860–1934), 1912 bis 1913, 1922 bis 1924 und 1926 bis 1929 französischer Ministerpräsident, 1913 bis 1920 Staatspräsident.

16 *Reichsbischof Müller* – Hitler plante in den ersten Jahren des Dritten Reiches, eine evangelische Reichskirche unter dem Reichsbischof L. Müller zu errichten. Der Plan wurde 1935 aufgegeben.

23 *Poeta laureatus* – (lat.) lorbeergekrönter Dichter. Seit dem 15. Jahrhundert Ehrentitel für den Hofdichter des englischen Königshauses.

British Defense Committee – (engl.) Britischer Verteidigungsausschuß.

34 *pro ecclesia et pontifice* – (lat.) für Kirche und Papst.

35 *„Das Neue Tage-Buch“* – Von 1933 bis 1940 erschienene, von Leopold Schwarzschild herausgegebene Zeitschrift der deutschen Emigration.

Marcuse – Ludwig Marcuse (1894–1971), bürgerlicher Literatur- und Theaterkritiker, emigrierte 1933 nach Frankreich, 1939 in die USA, wurde Professor für Philosophie an der Universität von Kalifornien.

36 *Mensendieck* – Die holländisch-amerikanische Gymnastikreformerin Bess Mensendieck (1884–1958) entwickelte eine spezielle Frauengymnastik.

37 *Parlate l'italiano? ... Fate attenzione, I miei amici vogliono attaccarvi ... Non so* – (ital.) Sprechen Sie italienisch?... Geben Sie acht. Meine Freunde wollen Sie überfallen... Ich weiß nicht.

Outer Harbor – (engl.) Außenhafen.

38 *Vicki Baum* – Vicki Baum (1888–1960), Autorin vielgelesener, z. T. verfilmter Unterhaltungsromane, lebte seit 1931 in Hollywood.

Theodor Lessing – Theodor Lessing (1872–1933), idealistischer Geschichts- und Kulturphilosoph, von Faschisten ermordet.

Erich Baron – In der Weimarer Republik Herausgeber einer für die Verständigung mit der Sowjetunion wirkenden Zeitschrift „Das neue Rußland“. 1933 im Gefängnis ermordet.

Franz Braun – Antifaschistischer Publizist, 1933 im Gefängnis ermordet.

38 *Mierendorff* – Carlo Mierendorff (1897–1943), sozialdemokratischer Reichstagsabgeordneter, von 1933 bis 1938 im KZ.
Neubauer – Theodor Neubauer (1890–1945), kommunistischer Reichstagsabgeordneter, von 1933 bis 1939 im Zuchthaus und KZ, danach illegal tätig, im Juli 1944 erneut verhaftet. 1945 hingerichtet.

53 *Trebitsch-Lincoln* – Internationaler politischer Agent, 1920 Pressechef bei Kapp-Lüttwitz, ging 1925 nach China, wurde dort politischer Berater der Kuomintang.

55 *c'est entendu* – (franz.) einverstanden.

57 *Albert Londres auf der „Georges Philippar"* – Der französische Journalist Albert Londres kam im Sommer 1932 beim Brand des Ozeandampfers „Georges Philippar" im Golf von Aden um.

60 *Max Hölz* – Max Hölz (1889–1933) organisierte 1920 den bewaffneten Kampf der Arbeiter im Vogtland gegen den Kapp-Putsch, war 1921 einer der Führer des Mitteldeutschen Aufstands, hatte anarchistische Tendenzen, wurde 1921 von einem Sondergericht auf Grund einer fingierten Mordanklage zu lebenslänglichem Zuchthaus verurteilt. Kisch setzte sich für seine Freilassung ein und gab 1927 Hölz' „Briefe aus dem Zuchthaus" heraus. Hölz wurde 1928 auf Grund einer allgemeinen Amnestie freigelassen.

76 *St. Vincent de Paul* – Vincent de Paul (1576–1660), Almosenverwalter des französischen Königs und Leiter der Caritas in ganz Frankreich, Stifter des Ordens der Lazaristen und des Ordens der Barmherzigen Schwestern.

84 *Ceterum censeo* – (lat.) Mit dem Satz „Ceterum censeo Charthaginem esse delendam", „im übrigen meine ich, daß Karthago zerstört werden muß", schloß der ältere Cato (234–149 v. u. Z). jene seiner Reden vor dem römischen Senat.

89 *prohibited immigrant* – (engl.) Person, der die Einwanderung untersagt ist.

99 *Supreme Court* – (engl.) Oberstes Gericht eines australischen Bundesstaates.

104 *Cäsar super grammaticam* – (lat.) Cäsar (steht) über der Grammatik.

109 *K. C.* – (engl.) King's Counsel; Anwalt der Krone.

116 *apologia pro sua vita* – (lat.) Selbstverteidigung.
Lang – Dr. John Dunmore Lang (1799–1878), Geistlicher, Politiker und Autor vieler Bücher über Australien; setzte sich für die Einstellung der Deportationen nach Australien und für die freie Einwanderung ein. Verteidigte die Rechte Australiens gegenüber Großbritannien.

127 *Wobblies* – Slangbezeichnung für die Mitglieder der I.W.W.

130 *Liberté, Fraternité, Egalité ou la mort* – (franz.) Freiheit, Brüderlichkeit, Gleichheit oder Tod.
der (bis dahin) „blutigste aller Adolfe" – Adolphe Thiers (1797–1877), 1871 bis 1873 erster Präsident der Dritten Republik, schlug den Aufstand der Pariser Kommune 1871 nieder.

133 *Captatio benevolentiae* – (lat.) Haschen nach Wohlwollen; Werbung um die Gunst des Lesers oder Zuhörers.
139 *Australia del Espiritu Santo* – (span.) Australia vom Heiligen Geist.
177 *K. C. M. G.* – (engl.) Knight Commander of St. Michael and St. George; Ritter des Michaels- und Georgsorden. Dieser britische Orden wird für bürgerliche und militärische Verdienste verliehen.
179 „*Who's who in Labor?*" – (engl.) „Wer ist wer in der Arbeiterbewegung?" Titel des Handbuches.
183 *Pater Patriae* – (lat.) Vater des Vaterlandes.
Trial – (engl.) Prozeß.
198 *Fiat oeconomia, pereat mundus* – (lat.) Es blühe die Wirtschaft, wenn auch die Welt untergeht!
199 *Minority Movement* – (engl.) Minderheitsbewegung.
203 *Stout* – (engl.) starkes Porterbier.
207 *Odds* – (engl.) Wettchancen.
Racketeer – Erpresser, auch Schieber.
Gambler – (engl.) Glücksspieler.
219 *Greyhounds* – (engl.) Windhunde.
229 *Shark Murder Case* – (engl.) Haifisch-Mordfall.
Thomas Hardys Londoner korrespondierende Gesellschaft – Erste politische Organisation englischer Arbeiter Anfang der neunziger Jahre des 18. Jahrhunderts. Ihre Hauptforderung war das allgemeine Wahlrecht. Nachdem ihren Führern Thomas Hardy und Horn Took 1794 ein Prozeß wegen Hochverrats gemacht worden war, bei dem beide freigesprochen werden mußten, wurde sie 1794 zerschlagen.
ludditische Maschinenstürmer – Als Ludditen (nach ihrem Anführer Ludd) wurden die englischen Arbeiter bezeichnet, die zu Beginn des 19. Jahrhunderts die Textilmaschinen zerstörten, in denen sie die Ursache der zunehmenden Arbeitslosigkeit und Verelendung des Proletariats sahen.
die 1838-Charte – Programm der Chartisten, der ersten revolutionären Massenbewegung des englischen Proletariats. Die Hauptforderung der Charte war die Ausdehnung des Wahlrechts auf alle Engländer. Das Unterhaus lehnte die Charte ab, der Aufstand der Chartisten 1839 wurde niedergeschlagen.
266 *Defense Act* – (engl.) Gesetz über die Landesverteidigung.

AtV

Band 30

Egon Erwin Kisch
Aus Prager Gassen und Nächten

200 Seiten
14,80 DM
ISBN 3-7466-0033-2

Der junge Egon Erwin Kisch fand den Stoff für seine Lokalfeuilletons auf den Straßen und Plätzen Prags, in den Cafés und Kneipen, den Wärmestuben und Asylen. Er beobachtete Vagabunden, Hundefänger, Flößer, Hopfenpflücker, das morgendliche Markttreiben, Versteigerungen und Razzien. Bereits die Reportagen seines ersten Buches offenbaren einen unbestechlichen Blick für den „Humor der Tatsachen“, die Ironie der Dinge und alltäglicher Geschehnisse.

AtV

Band 72

Egon Erwin Kisch
Prager Kinder

Mit einem Nachwort von Dieter Schlenstedt

140 Seiten
12,80 DM
ISBN 3-7466-0080-4

Als Lokalredakteur der „Bohemia“ stand Kisch in der Tradition Zolas, der den „Lesern das zeigte, woran sie tagtäglich ahnungslos vorübergingen“ oder unbewußt beteiligt waren. Die zweite Sammlung seiner „Streifzüge“ enthält „Szenen aus Spelunken“, eine kurze Erzählung über die letzten Stunden im Dasein einer Braut, „Anekdoten aus dem Nachtleben“, Histörchen über Mensur-Riten, Asyle für Kriegsinvaliden und gefallene Mädchen, Heiratsvermittler und den Bericht eines unglücklichen Droschkengauls. Da der Reporter häufig „soviel des Spaßigen erfuhr, daß ihm der Spaß verging“, mehren sich satirische Töne.